本书受"山西大学博士后科研经费资助"
（科研项目编号：rsc0248）

成成记忆

一个被称作为红色中学的地方

孙 杰⊙著

中国社会科学出版社

图书在版编目（CIP）数据

成成记忆：一个被称作为红色中学的地方/孙杰著．—北京：中国社会科学出版社，2017.3

ISBN 978 - 7 - 5203 - 0037 - 7

Ⅰ.①成…　Ⅱ.①孙…　Ⅲ.①太原成成中学—校史—1924 - 1945
Ⅳ.①G639.282.51

中国版本图书馆 CIP 数据核字（2017）第 054348 号

出 版 人	赵剑英
责任编辑	孙铁楠
责任校对	韩海超
责任印制	张雪娇

出　　版	中国社会科学出版社
社　　址	北京鼓楼西大街甲 158 号
邮　　编	100720
网　　址	http://www.csspw.cn
发 行 部	010 - 84083685
门 市 部	010 - 84029450
经　　销	新华书店及其他书店

印　　刷	北京君升印刷有限公司
装　　订	廊坊市广阳区广增装订厂
版　　次	2017 年 3 月第 1 版
印　　次	2017 年 3 月第 1 次印刷

开　　本	710×1000　1/16
印　　张	19.5
插　　页	2
字　　数	254 千字
定　　价	88.00 元

凡购买中国社会科学出版社图书，如有质量问题请与本社营销中心联系调换
电话：010 - 84083683

目　　录

绪论 ……………………………………………………………（1）

第一章　成己成人：学校教育中的成成师生 ……………（11）

　第一节　成成中学创办之前的学生运动 ……………（11）

　　一　北京渊源：太原共产党和共（社）青团的
　　　　领航者 ………………………………………（12）

　　二　太原局势：大中学校学生反帝爱国运动的
　　　　新篇章 ………………………………………（19）

　第二节　成成中学办学初期的历史镜像 ……………（30）

　　一　成成中学办学初期的教育活动 ……………（30）

　　二　成成中学创办初期的教育位序 ……………（43）

　第三节　成成中学办学思想的价值变迁 ……………（49）

　　一　"教育救国"：传统与现代的结晶 …………（49）

　　二　"革命救国"：时代的需要与使命的转换 ……（57）

第二章　先锋桥梁：爱国运动中的成成师生 ……………（65）

　第一节　成成中学学校领导权的党派之争 …………（66）

　　一　武新宇校长时期：党在成成中学第一次掌握
　　　　领导权 ………………………………………（66）

二 刘墉如校长时期：巩固党对成成中学的

领导权 ……………………………………… （70）

第二节 成成中学学生爱国运动的角色变迁 ………… （81）

一 校外校内：从参加进步组织到成立各种进步

组织支部 …………………………………… （82）

二 幕后台前：从第一次反会考运动到第二次反

会考运动 …………………………………… （85）

三 组织引领：从抗日反帝同盟会到暑期学生抗日

救国会 ……………………………………… （90）

第三节 成成中学学生爱国运动的历史位序 ………… （92）

一 省域比较：太原大中学校学生爱国运动的价值

追溯 ………………………………………… （93）

二 全域视野：山西大中学校学生爱国运动的价值

探寻 ………………………………………… （105）

三 "到农村去"："一二·九"学生运动的

延伸 ………………………………………… （110）

第三章 投笔从戎：抗日战争中的成成师生 …………… （114）

第一节 历史背景："山西全省人民都在对日

作战" ……………………………………… （114）

一 "模范战区"："唯中哲学"的战略抉择 …… （115）

二 "独立自主"：创建三大敌后抗日根据地 … （119）

三 "各界救国"：工、农、青、妇联合抗日 ……… （123）

第二节 举校从军："驰骋晋西北，长驱大青山" …… （133）

一 转战晋西北（1937 年 8 月—1938 年 8 月）：

从课堂到战场 ……………………………… （134）

二 挺进大青山（1938 年 8 月 2 日—1938 年底）：

从绥中到绥南 ……………………………… （142）

三 留守大青山(1939年1月—1945年9月):

从相持到胜利 …………………………………… (149)

第三节 追思怀远:反观全国青年学生的人生

选择 ……………………………………………… (154)

一 抗日战争烽火中的全国大中学校学生 ……… (154)

二 世界学联在中国 ……………………………… (164)

三 延安青年运动:抗日战争中青年学生运动的

榜样 ……………………………………………… (168)

第四章 以身报国:个体视域中的成成师生 ………… (173)

第一节 教师形象——以杜心源老师为中心的个案

分析 ……………………………………………… (173)

一 个人成长:川至初露,师大定向 …………… (174)

二 教育教学:红色教师,投笔从戎 …………… (178)

三 革命工作:民大晋绥,革命育人 …………… (184)

第二节 学生形象——以阎氏三兄弟为中心的个案

分析 ……………………………………………… (190)

一 成己成人:"在民族存亡的时刻,责任促使他们

离别课堂,走出校门" …………………………… (191)

二 血沃青山:"我这三个舅舅已经都

牺牲了" ………………………………………… (194)

三 精神永存:"每个有血性的中国人都会

这么做" ………………………………………… (198)

第五章 价值追溯:"成成精神"的历史意义与当代

价值 ……………………………………………… (202)

第一节 何谓"成成精神" ………………………………… (203)

一 成己成人的民族精神 ………………………… (203)

二 举校从军的抗日壮举 …………………………（204）

三 血沃大青山的英雄气概 ………………………（206）

四 知识分子与工农群众相结合的革命范例……（207）

第二节 "成成精神"的历史意义 …………………（209）

一 举校从军，组建游击队，首创中学师生抗日
救国模式 ………………………………………（209）

二 共赴国难，转战晋西北，创建大青山抗日游击
根据地 …………………………………………（212）

三 宣传抗日，配合动委会，维护抗日民族统一
战线大业 ………………………………………（215）

四 委身敌后，承担新使命，献身各级各类抗日
民族活动 ………………………………………（219）

第三节 "成成精神"的当代价值…………………（223）

一 学校教育：以爱国主义为导向，权利教育与责任
教育并举，实现公民教育内在平衡 ………（224）

二 社会教育：以集体主义为旋律，强调公民责任，
养成社会公德意识 …………………………（228）

附录 ……………………………………………………（236）

附录一 新中国成立前成成中学教职员名单…………（236）

附录二 "七七"事变前太原成成中学师生中共党员和
党的外围组织成员统计表 ………………（243）

附录三 成成中学学生参与组织活动一览表…………（246）

附录四 太原成成中学在大青山牺牲的革命烈士
英名录 ………………………………………（254）

附录五 （民族革命战争战地总动员委员会游击第四支
队太原成中同学）为号召全国青年参战宣言
（1938 年 2 月 7 日）………………………（259）

附录六　成成学院宣言 ……………………………（261）

附录七　20 世纪 20 年代初山西各级各类学校情况
　　　　统计表 ………………………………………（263）

附录八　成成中学师生抗日游击队的相关文献
　　　　记载 ………………………………………（268）

附录九　大青山抗日游击根据地大事年表
　　　　（1937—1945 年） ……………………（275）

附录十　太原成成中学大事记（1924—1949 年）……（279）

参考文献 ……………………………………………（290）

致谢 …………………………………………………（303）

绪　论

　　太原成成中学是"五四"新文化运动之后，在中国知识分子兴起办学热潮之际，由北平师范大学晋籍毕业生创办的一所私立学校。太原成成中学从创办之初，就以"自力勤俭、学业精良、注重觉悟、想民为国"而著称。从武新宇担任成成中学第二任校长以来，成成中学的领导权就掌握在中国共产党手中。在中共北方局、山西省工委、太原市委的领导下，成成中学的师生们同各兄弟院校一起积极参加和组织了延绵不断的学生抗日救亡运动。成成中学不仅培养了大批革命干部，掩护过中共北方局、中共山西省委、中共太原市（工）委的一些党的领导干部；而且诞生了当时山西省的"三个第一"：第一个教师队伍中有了共产党员、第一个共产党员出任学校校长、第一个成立中共地下党支部。在抗日战争开始之后，全校师生员工在一律自愿原则的基础之上组成"成成中学师生抗日义勇队"，并经周恩来的批准，于1937年10月10日正式组成"成成中学师生抗日游击队"。成成中学师生抗日游击队在清源成立以后，因抗日战争形势变化而转战晋西北，在参加一二〇师的一系列反击日军战斗中得到实战锻炼之后，编为战动总会晋察绥边区工作委员会游击第四支队，并决定与大青山支队一起挺进绥远敌占区，参加创建大青山抗日游击根据地。成成中学师生同大青山支队一起开辟与创建大青山抗日游击根据地的绥中、绥西、绥南地区，并在发展和坚持大青山抗日游击根据地直至大青山抗日游击战争胜利的革命活动中发挥了知识分子应有的重要作用。

一　思想的探索：主题与脉理

本书以太原成成中学为主要研究对象，本着教育史"原生态"研究的宗旨，运用以历史学为本位的田野调查工作方法，力图将教育制度史、教育思想史与教育活动史三者结合起来，以期达到历史学研究对于社会变迁进程理性关怀的研究宗旨。

（一）时间跨度

《成成记忆：一个被称作为红色中学的地方》时间跨度为1924年至1945年，以太原成成中学在1924—1945年的师生爱国运动为个案，对成成中学1924—1937年办学实践活动和1937年10月—1945年9月在抗日活动中的爱国运动进行个案研究。

（二）整体结构

本书以太原成成中学在1924—1945年师生爱国运动为个案，从学校教育中的成成师生、爱国运动中的成成师生、抗日战争中的成成师生、个体视域中的成成师生，以及"成成精神"的历史意义与当代价值等五个方面展开研究，力图构建一个能体现"成己成人"之"成成精神"内涵特征的研究路线图。

（三）篇章结构

本书以太原成成中学为研究对象，从成成中学发展的五个方面对其成长历程加以考证和叙述，并在分析成成中学发展历程的基础之上，回顾与总结成成中学在成长过程中的利弊得失与经验教训，进而从中提炼出对当今中学教育改革与发展的有益借鉴和重要启迪，以期达到历史学研究对于社会变迁进程理性关怀的研究宗旨。其中：绪论部分主要说明本书的主题与脉理，综述与本书相关的研究成果，介绍研究的具体内容、研究方法、创新和不足之处。

本书的主体结构主要由以下五个部分组成。

学校教育中的成成师生为本书的第一部分，包括成成中学创办之前的学生运动、成成中学办学初期的历史镜像和成成中学办学思想的价值变迁三个方面。本部分的主要研究内容为：从1924年创办至1937年迁校清源，成成中学初期的办学时间为13年。我们试通过成成中学校史资料、曾经在成成中学教学和学习的教师与学生的回忆文章及同时期其他方面的文章，从学校名称的由来、办学实践的回顾、成成中学在同时期中学的位序等方面，来深描成成中学创办初期的历史镜像。成成中学的办学思想在1931年之前基本上是"教育救国论"占统治地位。从1931年之后，由于全国及山西社会形势的变化，成成中学的办学思想呈现出了由"教育救国"向"革命救国"的理念转变和价值变迁。

爱国运动中的成成师生为本书的第二部分，包括成成中学学校领导权的党派之争、成成中学学生爱国运动的角色转换和成成中学学生爱国运动的历史位序等三个方面。本部分的主要研究内容为：从武新宇担任成成中学第二任校长以来，成成中学的领导权就掌握在中国共产党手中。虽然这期间有诸如段丽卿的短期逆流，但是从第四任校长刘墉如之后，成成中学的领导权就一直被中国共产党所掌握。鉴于当时太原的革命形势，武新宇和刘墉如校长的活动主要以地下活动为主，对教师和学生的引领和教育主要也是以隐蔽的方式展开。诚然，当时中国社会所面临的特殊局面，使得大多数青年都拥有救亡图存的爱国觉悟；但是，青年知识分子把觉悟转化为自觉的行动，把处于潜意识的爱国思想转化为公开的爱国行为，更需要青年导师对他们进行正确教育和引导。成成中学的教育实践，就充分表明了广大青年知识分子在中国共产党的正确领导和教育下，最终选择抗日救国道路的光荣革命历程。

抗日战争中的成成师生为本书的第三部分，包括历史背景、举校从军和追思怀远等三个方面。本部分的主要研究内容为：从1937年8月成成中学整体搬迁至太原市清源县城内办学到1945年抗日战争结束，成成中学师生的抗日革命活动随着战事的变化而变化，抗日革命活动的地点、方式等也随着战事的发展而变化。[①] 我们从成成中学抗日革命活动组织名称的不断变化就可窥其一斑：成成中学抗日活动的组织名称经历了由"成成中学师生抗日义勇队"到"成成中学师生抗日游击队"，再从"第二战区民族革命战争战地总动员委员会游击第四支队"到"保安二区游击第四支队"，再从"八路军大青山支队四支队"到"晋西北军区大青山骑兵支队独立营"，直至1942年3月撤销骑兵支队建制成立塞北军分区，从此四支队作为一个独立建制单位已不存在。同样，成成中学师生围绕大青山地区开展的抗日革命活动，也随着山西乃至全国抗日革命活动形势的发展而变化，呈现出大青山抗日游击根据地自身的地域特质。本研究试图围绕成成中学师生挺进大青山建立抗日游击根据地的革命活动历程，在结合山西乃至全国抗日革命活动大背景的基础之上，以转战晋西北、挺进大青山、留守大青山为纲，以各阶段的典型性革命事件为目，呈现成成中学师生抗日革命活动的主要历程。

个体视域中的成成师生为本书的第四部分，包括以杜心源老师为中心的个案分析和以阎氏三兄弟为中心的个案分析等两个方面。本部分的主要研究内容为：成成中学师生抗日义勇队是一个特殊的群体，是一个由教师和学生共同组成的特殊群体。同样，这个特殊的群体是由无数个具有鲜明个性特征的个体所组成，正是具有鲜明个性特征的教师个体和学生个体的存在，才使得这个

---

① 成成中学师生的抗日革命活动历程，可参见《太原成成中学大事记（1924年—1949年）》。

群体具有更加顽强的生命力和强大的战斗力。我们试以杜心源老师和学生群体中的特殊个体阎氏三兄弟为例,来全面呈现成成烽火背后那充满人格魅力特征的个体形象。

"成成精神"的历史意义与当代价值为本书的第五部分,包括何谓"成成精神"、"成成精神"的历史意义、"成成精神"的当代价值等三个方面。本部分的主要研究内容为:在炮火中诞生的成成中学师生抗日游击队,经受了抗日战争中炮火的洗礼。成成中学师生抗日游击队从 1937 年 10 月 10 日成立至 1945 年 9 月的战斗岁月里,转战晋西北,挺进大青山,为创建、坚持、扩大、巩固大青山抗日游击根据地,建立游击区的党组织和抗日民主政权,粉碎日伪军对游击区的"扫荡"和治安强化运动,瓦解国民党顽固派的阴谋,发展抗日民族统一战线,开展伪军、伪组织的转化工作,联合蒙满等各族各阶层各种信仰的爱国人士一致抗日,与大青山李支队一起战斗在大青山上,做出了卓越的贡献和不朽的功勋。成成精神是以爱国主义为核心的民族精神的时代体现,是中国共产党领导成成中学师生在抗日战争革命实践中所体现的知识分子的大局意识和爱国精神。成成精神有着丰富的内涵,具体而言,可概括为:成己成人的民族精神,举校从军的抗日壮举,血沃大青山的英雄气概,知识分子与工农群众相结合的革命范例。

本书的五部分内容试图采取系统研究与重点深入研究相结合的研究思路,力图体现历史与逻辑的统一性,纲下各目采用时间与问题相互结合的方式开展研究,力求构建一个能反映太原成成中学作为红色中学的发展全程的整体性框架。坚持以成成中学学校教育为主,并结合成成中学与同时期山西省及全国中学教育的比较研究,力求在注重成成中学自身发展历程的基础之上,探究其在本省以及全国中学教育发展历程中的地位及教育价值。

（四）探索意义

第一，教育史学意义。本书主要围绕太原成成中学展开研究，对于发掘山西中学教育史的内在价值和补充、丰富区域教育史研究，都具有一定的学术价值。

第二，历史借鉴意义。本书通过回顾与总结太原成成中学办学过程中的利弊得失与经验教训，在某种程度上可为当今中学教育发展提供历史借鉴。

第三，方法论意义。本书在研究的过程中，在史料收集、整理与分析等方面力图运用合作导师行龙先生所倡导的以历史学为本位的田野调查工作方法，必然会对教育学其他领域研究提供方法论的借鉴。

二 内容的拓展：思想与学术

学术研究是一个不断累积的过程，此种累积不仅体现在个体的学术生涯上，也体现在学术活动本身的传承上。前人研究综述是学术研究的起点。本书主要就关于中学教育的国内外研究进行系统梳理，力求在理解前人研究原意的基础之上，探寻自我研究空间。

研究太原成成中学的史料主要包括：资料汇编、地方志、期刊、回忆录与传记等。笔者已从以下四个方面展开了项目前期研究相关资料的收集工作：（1）资料汇编。研究太原成成中学的发展历程，首先要凭借的原始资料主要是民国时期以及新中国成立以来成成中学以及官方的教育资料里关于此方面的记载。此类资料主要包括：①国民政府和山西省教育厅编写的有关民国时期全国教育统计资料和山西教育资料，山西省政府统计处编写的山西教育统计资料，以及当时山西省各个行政公署主编的教育资料等；②新中国成立以来有关中学教育的政策法规，以及山西省、太原市有关中学教育的政策法规；③太原成成中学档案室所保存的相关原始资料。这些资料内容丰富，为研究太原成成中学提供了第一手的可靠资料。（2）地方志。地方志的史料价值很高，但是有关太原成成中学的史料比较分散。本研究所使用的教育志为：《山西通志》（第三十七卷）、《太原教育志》、《太原教育史料》等。（3）期刊。期刊主要为：①民国时期的相关教育报刊：《教育杂志》《新教育》《新教育评论》《中华教育界》等；②民国时期山西省的相关教育报刊：期刊主要为《山西教育研究》（民国二十一年创刊）、《山西教育会杂志》（民国八年创刊，民国十二年停刊）、《小学教育》（民国十四年创刊，民国二十六年停刊）、《山西教育公报》（民国六年创刊，民国二十六年停刊）、《教育通讯》（民国三十五年创刊）；报纸主要为《中央日报》《阵中日报》等。③新中国成立以来的相关教育报刊：《山西教育》《晋阳学刊》《山西文史资料》《山西档案》《太原教育》等。（4）回忆录和传记。回忆录是历史事件的当事人对过去经历的再现，可以弥补其他历史资料的不足。本研究选用的主要为太原成成中学成立以来在该校从教和上学的部分代表人物的回忆录和传记等。

1. 笔者还没有查找到与本研究直接相关的国外研究资料。

2. 国内关于中学发展历程的个案研究还没有全面展开。笔者能查找到的相关研究资料为：（1）王伦信、曹彦杰、陈锦杰《新中国中学教育改革研究》（上海教育出版社 2008 年版），从中学学制改革、课程、中学量化考察和高考等几个方面，对新中国成立以来的普通中学教育的发展历程进行整体研究；（2）卓晴君、李仲汉《中小学教育史》（海南出版社 2000 年版），客观真实地反映了新中国中小学教育事业 50 年的发展全过程；（3）谢长法主编《中国中学教育史》（山西教育出版社 2009 年版），从中学的建立入手，对民国时期中学教育的发展历程进行了较为全面的研究。

3. 关于成成中学的专题研究。（1）学术论文：①贾国振《抗日战争中的太原成成中学》（《党史文汇》1995 年第 6 期），主要介绍了"九一八"事变以后太原成成中学的抗日活动。②张墨、张文、张蓉《怀念父亲——记太原成成中学首任董事长张聘珍》（《党史文汇》2006 年第 2 期），主要介绍了张聘珍先生在 1928—1932 年在太原成成中学的教育活动。（2）学术专著：阎百真《成成烽火——成成中学师生抗日游击队纪实》（中共党史出版社 2009 年版），再现了抗日战争期间由成成中学培育、从成成中学走出的一批热血青年的英雄壮举与革命情怀。

综观以上关于中学教育的相关研究资料，我们不难发现：至今还没有系统研究成成中学发展历程的个案研究论文或专著。但是，前人从不同学科领域、运用不同的研究方法对中学教育（尤其是山西教育）的研究成果，为本研究提供了必备的史料基础和理论参考。因此，我们有必要从整体上厘清成成中学发展的基本脉络和核心问题，并在此基础之上分析成成中学成为红色中学的变迁历程。

三 价值的估定：创新与不足

本书试图运用合作导师行龙所倡导的以历史学为本位的田野调查工作方法，并本着教育史"原生态"的研究宗旨，对成成中学发展历程进行历史的、实证的研究，力图使区域中学（特别是红色中学）教育研究薄弱的状况有所改观，尽量使研究成果比以往的研究更加细致和完善。

（一）研究方法

1. 史料分析法

"史料为史之组织细胞，史料不具或不确，则无复史之可言。"[①]本书在史料收集上，力求从以下两个方面展开：第一，对包含太

---

① 梁启超：《中国历史研究法》，上海古籍出版社 1999 年版，第 40 页。

原成成中学的文献资料（主要为省志、地方志、报刊等）进行全面收集；第二，利用人类学社会学田野调查方法，收集散落于民间的教育史料，以补充和丰富已有的文献资料。在对文献资料进行收集的基础之上，经过综合分析与研究使其成为撰写本书的基本材料。

2. 计量史学法

新中国成立以来的山西教育界已经注意到教育的规划和统计工作，留下了不少与太原成成中学相关的数据资料，"运用计量方法所产生的后果是为那些至今尚未开始进行系统研究的领域增添了新的研究范围"①，研究中对这些数据材料将做较全面的收集，通过数据的形式直观地表现出来，并通过采用基本的计量方法进行定量分析，并在此基础之上，运用教育学理论对数据进行必要的教育学分析。

3. 逻辑演绎法

逻辑演绎法是与史料分析法相互联系的方法，在史料分析法的基础之上，需要按照逻辑进行推理，高度概括现有的研究成果。具体来说，在研究过程中，就是依据太原成成中学的资料进行正确的推理，以及理论基础、演进轨迹的描述，从而得到合乎学校教育发展规律的推断，总结并概括出恰当的结论，以完善或修正现有教育史学理论，并在此基础之上提炼出符合时代发展需求的教育理论。

（二）拟创新之处

第一，研究视角层面。以太原成成中学在1924—1945年间师生爱国运动为个案进行研究，是目前教育史学领域首次对地方红色中学文化资源开展的专门研究。

---

① ［英］杰费里·巴勒克拉夫：《当代史学主要趋势》，杨豫译，上海译文出版社1987年版，第137页。

第二，研究方法层面。运用以历史学为本位的史料分析和计量史学的研究方法对成成中学师生爱国运动展开研究，为教育学科相关领域研究提供方法论层面的借鉴作用。

第三，研究内容层面。现今关于中学教育研究主要集中在教育教学层面，较少有关注地方红色中学文化资源层面的研究，故此本研究为红色中学文化资源研究提供了研究案例。

当然，由于笔者对此问题的前期积累比较薄弱、自身学识和才能的不足，在研究过程中存在诸多问题：首先，在学科背景方面，试图运用多学科理论对成成中学进行个案研究，笔者自身储备有限的专业基础知识和肤浅的人生阅历给本研究带来一定的困难。其次，在资料运用方面，在学习吸收已有的研究成果时，有的地方不能做到融会贯通，以至于不能很好地领悟和运用前人研究的成果。最后，在研究方法方面，写作过程中对研究方法的运用不够娴熟，造成对资料理论分析的深度不够。

第一章　成己成人：学校教育中的成成师生

"我是宝剑，我是火花。我愿生如闪电之耀亮，我愿死如彗星之迅忽。"

——高君宇

"宝剑""火花"是高君宇一生的写照，同样也成为指导和引领太原乃至山西爱国运动的旗帜。成成中学师生"革命救国"理念的最终确立，就是得益于这种奉献自我的"宝剑""火花"精神。

第一节　成成中学创办之前的学生运动

我国公立中学的出现是在 1912 年南京临时政府教育部颁布《普通教育暂行办法》之后。校址位于山西省太原市的山西省立第一中学校就是在原山西省立模范中学堂的基础之上改名而来。但据民国初版的《第一次中国教育年鉴》记载："辛亥革命以后，山西省各中学多因军事影响停顿。"同时，"山西风气晚开，从前视为粗具中学雏形者，不得不大加改良"。1912 年 8 月山西军政府颁令，对全省官办公立的中学统一命名，统一拨给办学经费，"山西省立第一中学校"就是在此背景下改名而来的。除在各地建立的其余五所公立中学之外①，太原地区中学（包括公立中学和私立中学）数量的增多，则是在 1919 年至 1936 年间受民国以来兴学思潮以及阎锡山兴教办学思想的影响而出现的。同样，太原中学生爱国运动的开展，也是在国内革命形势的发展和中学生人数不断得以增长的基础之上，并受"五四"运动的影响而逐步得以开展。由山西省立一中倡导成立的"太原市大中学校学生联合会"，成为组织和领导太原中学生运动的中坚力量。为了正确引导太原中学生运动的方向，原省立一中旧制中等科第七班②学生高君宇，受北京学联总会的委派来太原指导工作。经过"五四"运动的洗礼，在高君宇等人的组织和协调下，省立一中成为太原社会主义青年团革命活动的中心，成为太原学生革命运动的红色阵地。太原中学生正是在太原社会主义青年团的组织和领导下，通过山西学联带领太原中学生开展了一系列的反帝爱国与反阎运动。

一 北京渊源：太原共产党和共（社）青团③的领航者

"讲山西党史，就要先讲太原。讲太原，又首先要讲北京，讲高君宇。"④ 同样，讲山西的中学生运动，就要先讲太原；而

---

① 据民国初版的《第一次教育年鉴·记各省中学概括》中记载：1916 年 8 月至 1917 年 7 月间，山西共有中学 19 所，在校人数 2948 人（在校生都为男生），毕业人数 695 人，教职员工 244 人，每生上学的平均费用为 40.191 元。

② 省立一中于民国十三年（1924）前一直为旧制中等科，十三年起添设四二制高中文理两科，民国十七年（1928）改为三三制，只招初中，未招高中，民国二十一年（1932）起复招三三制高中，以后学制一直未变。

③ 1925 年 1 月 26 日至 30 日，中国社会主义青年团在上海召开第三次全国代表大会，因为当时在欧洲社会主义青年团已成为第二国际修正主义者领导下的青年组织名称，这名称对于中国共产主义运动来讲已不合适，所以大会决定和列宁领导的第三国际的各国青年团一样，把名称改为"中国共产主义青年团"。

④ 《山西建党初期的一些情况——彭真同志 1990 年 1 月 5 日谈话记录》，载山西省史志研究院编《中共山西历史忆事》（第一卷），山西人民出版社 1991 年版，第 3 页。

讲太原的中学生运动，又首先要讲北京，讲高君宇。北京，对于成成中学来说更具有某种特殊的含义，其既是因为成成中学的学生运动属于太原中学生运动的有机组成部分；同样更是因为成成中学的创办者以及学校的大部分教职员工都毕业于北平师范大学。

（一）高君宇：山西省共产主义启蒙运动的先驱

高君宇①是山西共产主义启蒙运动的领袖。高君宇于1912年考入山西省立第一中学，因才华出众，以"十八学士登瀛州"而享誉省城。他在中学时期就对社会政治问题非常关心，曾参加1915年反对袁世凯与日本签订丧权辱国的"二十一条"的斗争。在其1916年考入北京大学之后，受当时新文化和新思想的影响，很快成长为北京大学学生运动的领袖，并经常与邓中夏、黄日葵、许德珩等同学参加李大钊在北京大学组织的研讨马克思主义理论和十月革命经验的活动。1918年5月，高君宇参加反对北

图1-1　高君宇墓碑文

洋政府签订《中日共同防敌军事协定》活动。这次活动成为近代中国学生运动史上第一次公开的游行请愿活动。在"五四"运动当天，他同爱国学生冲入曹汝霖的住宅，痛打签订卖国条约的章宗祥并火烧赵家楼。随后，高君宇担任北京大学驻北京学生联合会的代表，领导爱国学生继续斗争。

————————

① 高君宇（1896—1925），山西省静乐县（今属娄烦县）人，原名尚德，字锡三，号君宇。

在"五四"以后，革命的青年学生和先进的知识分子，开始认识到了工人阶级的作用和力量。于是，他们一方面在继续广泛地学习马克思列宁主义理论，另一方面通过到工农群众中进行宣传，开始走与工农群众相结合的道路。1919 年 10 月，高君宇参加了由邓中夏主持的北京大学平民讲演团①，同邓中夏一起在城市、农村讲演，并逐渐学会用通俗的语言向工人阶级和农民群众宣传进步思想。他们以长辛店为据点开展活动，在京汉铁路沿线创办工人子弟学校，建立工人俱乐部和职工联合会组织，领导北方早期的工人运动。1920 年 3 月，高君宇参加了由李大钊指导和 19 名学生秘密组织的北京大学马克思学说研究会。同年 10 月，高君宇成为北京共产主义小组的最早成员，并受命组建北京社会主义青年团。北京社会主义青年团的第一次会议在北京大学学生会办公室举行，到会团员有四十余人，高君宇被会议选为第一任书记。

1921 年春，高君宇受北京共产党组织负责人李大钊的派遣回到山西，筹建社会主义青年团。同年 5 月 1 日，以"唤醒劳工，改造社会"为宗旨的太原社会主义青年团宣告成立，王振翼②被选为组长，《平民周刊》成为太原团组织的机关刊物。在 1921 年 7 月中国共产党成立之后，由于太原当时还没有建立党的组织，太原社会主义青年团实际上就成为山西组织与发动工人运动、学生运动的核心。1922 年 9 月，中国社会主义青年团太原地方执行

---

① "五四"时期，讲演活动几乎遍及全国各地，通过讲演的方式向工人、农民传播进步思想，成为青年学生与知识分子走同工农群众相结合道路的一种重要组织活动形式。

② 王振翼（1901—1931），山西省天镇县人，又名仲一、振一、壮飞。山西省立第一中学学生，高君宇在太原从事革命活动的得力助手和骨干。1919 年 8 月，他在高君宇的支持和帮助下，在太原创办《平民周刊》。1920 年经高君宇介绍参加北京大学马克思学说研究会，成为山西青年学生中最先觉悟者之一。王振翼创办的《平民周刊》与贺昌创办的晋华书社，为山西党组织的成立提供了思想准备。

委员会成立，贺昌①任书记。太原社会主义青年团的建立，为山西党组织的建立提供了组织基础。1922 年和 1923 年，经高君宇介绍，太原社会主义青年团团员中的王振翼、贺昌、李毓棠、傅懋恭（彭真）等人，先后参加了中国共产党，成为山西早期的共产党员。1924 年 5 月，高君宇受中共北方区委员会委员长李大钊委派，回到太原组建了中共太原支部，李毓棠、张叔平、傅懋恭（彭真）先后任书记。中共太原支部的建立在山西历史上具有划时代的意义，尤其是在大革命高潮的背景下，中共太原支部在推进山西国共合作的工作中发挥了不可替代的作用，揭开了山西人民反帝爱国运动的新篇章。

（二）北师大②：成成中学创办者山西籍学生的母校

成成中学是 1924 年由北师大的晋籍毕业生萧静庵、高阆仙、张聘珍、王右章、薄佑丞等人倡议成立的。在 1924 年春召开的第一届董事会时，董事全部为北师大校友，且为山西籍。从 1924 年成成中学创立至 1937 年组建成成中学师生抗日游击队期间，在能考证的成成中学 97 名教职员工中，北师大毕业的教职员工为 53 人，约占总人数的 55%。成成中学的主要创办人之一、首任董事

---

① 贺昌（1906—1935），山西省柳林县柳林镇人。原名贺颖，又名其颖，字悟庵，一字伯聪。山西省立第一中学学生，学生运动的领袖，工人运动的先驱。在省立一中学习期间，结识高君宇、王振翼等人。1921 年 9 月，创办晋华书社，成为山西宣传马克思列宁主义的重要阵地。在 1921 年底，王振翼离开山西赴北京工作之后，贺昌成为太原社会主义青年团的负责人。1923 年 3 月，贺昌赴北京担任团中央经济部主任，开始了其职业革命家的生涯。

② 北京师范大学从 1902 年的京师大学堂速成科师范馆第一批学生入学开始，学校名称几经变化。先后经历京师大学堂速成科师范馆（1902 年）—京师大学堂优级师范科（1904 年）—京师优级师范学堂（1908 年）—北京高等师范学校（1912 年）—北京师范大学校（1923 年）—北京师范学校（1929 年）—国立北平师范大学（1931 年，同年北平女子师范大学并入）—西安临时大学（1937 年）—西北联大教育学院（1938 年，春）—西北师范学院（1939 年）—国立北平师范大学（1945 年）—国立北京师范大学（1949 年）—北京师范大学（1952 年，同年国立北平辅仁大学并入）。本书为行文流畅的便利，统一用北师大来代替各个阶段的北京师范大学。

长张聘珍①，就是 1919 年考入北京高等师范学校英语部，并于 1923 年毕业的。本书试选取 1919 年至 1924 年前后北师大学生运动的场景，来考察山西籍学生在上学期间所经历的日常生活片断。

1902 年，京师大学堂速成科师范馆的诞生，开启了中国师范教育的新篇章。作为新式学堂的学生，面对中华民族的内忧外患的困境，一些进步学生很早就参与了一般性的社会活动，逐渐突破了旧体制、旧思想对知识分子参与校外活动的桎梏，并尝试开始用言论与行动来表达自己的思想或意愿。随着中国近代社会政治形势的变化，尤其是在 1905 年废除科举制之后，学生们的身份认同亦逐步从传统的"士"向具有近代意义的新式学生转变，并在转变的过程中形成独立的群体，逐渐成为近代革命运动的重要社会基础和组成部分。在民国成立之后，京师优级师范学堂改名为北京高等师范学校，特别是在 1912 年 5 月陈宝泉就任校长后，各种学生社团、学会在学校中蓬勃发展，学生们凭借社团和学会来探索思考各种社会问题，接触各种新思想，使北京高等师范学校成为新文化运动的主战场之一。新文化运动的闯将、大力提倡白话文和文字改革的钱玄同，在 1918 年给《北京高等师范学校十周年纪念录》写的一篇序文中就曾勉励全校师生，"从今以后，对于过去的，决然舍弃，不要顾恋，对于未来的，努力前进，不可迟疑。进！进！前进！"接着，他又在《北京高等师范学校周刊》上发表"施行教育不可迎合旧社会"的主张，他认为："教育是教人研求真理的，不是教人做古人的奴隶的，教育是教人高尚人格的，不是教人干禄的。教育是改良社会的，不是迎合社会的。"② "工读主义"和"平民主义"成为"五四"运动前后在

---

① 关于张聘珍的事迹，可以参见张墨等《怀念父亲——记太原成成中学首任董事长》，《党史文汇》2006 年第 2 期。

② 钱玄同：《施行教育不可迎合旧社会》，《北京高等师范学校周刊》1919 年第六十二号。

北京高等师范学校师生中最为流行的思想。"工学会"① 就是北京高等师范学校学生在"工读主义"思想影响下而成立的一个学生进步团体，他们认为改造社会必须打破劳心劳力的界限，因此提倡学生学会做工，并帮助劳动者求学，主张"做工与求学是人生两件大事"，把做工和求学作为实现民主自由、发展实业、救济中国社会的武器，所以取名工学会②。工学会的成员，是"五四"运动当天的爱国游行和火烧赵家楼的主要策动者，勇敢带头参加并起了非常重要的作用。但是，工学会在政治上"则主张资产阶级民主主义和改良主义"，"工学会会员在离校后，很多都成了改良主义的教育工作者和科学工作者"。③ 北京高等师范学校的平民学校④是受"平民主义"思潮的影响，经过北京高等师范学校校友会演戏筹款才办成的，是群众业余补习文化的场所。但在实际创办过程中，它也成为北京高等师范学校一些进步学生利用群众来学习文化的机会，向他们宣传新思想的场所。正如周蓬（即周予同）在《贫民学校开学演说辞》一文中所谈到的，平民学校应"对于社会做一种正当的要求，改造现在万恶的社会，打破后天贫富的阶级！咳！诸君的前途很大，诸君的责任很重，这个学校不过诸君的发轫点罢了"⑤。平民学校不仅仅在于向学生

① 工学会是 1919 年 5 月由北京高等师范学校学生匡互生（名日休，数理部学生）、周予同（名蓬，国文部学生）、刘薰宇（名家镕，数理部学生）等人发起组织的一个学生团体。它的前身是 1919 年 2 月 9 日为反对日本帝国主义侵略而成立的爱国主义组织"同言社"。从团体的性质来看，它不仅仅是一个学生学习互助团体，也不单纯为研究学术和教育问题；它还是一个具有爱国性质的团体，其成立的重要原因之一在于"为国民外交之后援"。

② 周予同：《火烧赵家楼》，载北京师范大学校史资料室编《五四运动与北京高师》，北京师范大学出版社 1984 年版，第 32 页。

③ 张允侯等编：《五四时期的社团》（二），生活·读书·新知三联书店 1979 年版，第 500 页。

④ 平民学校创办之初，叫作贫民学校，后因"贫"不好听，才改为"平"字。

⑤ 周蓬：《贫民学校开学演说辞》，《北京高等师范学校周刊》1919 年第六十九期。

传授文化知识，更在于启发贫民子弟的阶级觉悟，鼓舞他们的革命斗志。平民教育社是"平民主义"对北京高等师范学校教职员工影响的另一方面的表现，同样它也是受杜威来华讲学思想影响的产物。从 1919 年成立至 1924 年下半年停止活动，平民教育社共维持了 5 年的时间。在该社成立之后，为了"研究宣传及实施平民教育"，于 1919 年 10 月 10 日创办社刊《平民教育》① 杂志。平民教育社创立前期，"主张通过教育的革新和改良来改造社会的，认为教育的改良是一切改良的根本"，后期则成为"宣传资产阶级教育学家唯心学说"的教育团体。从本质上来看，"平民教育"实际上是资产阶级知识分子"企图通过改革和普及教育的途径来救国和改造社会，但实际上这正反映了他们对于用革命手段去彻底消灭旧社会的极端疑惧的心理"。②

　　1919 年 5 月，北京高等师范学校学生同北京大学等校学生一起成为"五四"运动的发起者和领导者，用自我的言行为新时代的到来摇旗呐喊，用自己的话语唤醒了他们的同路人。"五四"运动使得学生们逐渐觉悟到教育主体应为受教育者自身，渐渐产生了脱离"保育教育"转向自主、自决教育的思想倾向。北京高等师范学校学生自治会就是在学生思想逐步觉悟之后成立的一个全校性的学生组织，此后逐渐成为北京高等师范学校学生在校内外进行革命活动的领导组织之一。当时，领导组织学生运动的组织除自治会之外，北京高等师范学校学生还成立了学生会领导青年学生运动。此外，北京高等师范学校还是北京学生联合会的所在地，而北京学生联合会的总务工作连续三年都由北京高等师范

----

① 《平民教育》杂志共出 73 期，在 23 期以前是周刊，从第 24 期开始改为半月刊。平民教育社的活动也以《平民教育》杂志的不同出版形式，而分为前后两个阶段。

② 张允侯等编：《五四时期的社团》（三），生活·读书·新知三联书店 1979 年版，第 5 页。

学校学生会代表担任。学生运动的发展及其领导组织机构的建立，马克思主义的广泛传播与十月革命的影响，为1922年北京高等师范学校社会主义青年团的建立奠定了基础。同样，北京高等师范学校社会主义青年团的成立，为北京高等师范学校培养了诸如赵世炎、楚图南、魏野畴、缪伯英等党和共青团的早期领导人，为中国共产党和中国共产主义青年团的发展壮大做出了重要的贡献。外抗强权、内革国政，追求自由与解放，成为当时青年学生们努力奋斗的方向。在对认清军阀政府反动本质的过程中，青年学生逐步与工农群众及各界爱国民主人士一起，投身反抗军阀反动统治的革命斗争中。1926年3月下旬，北京学生总会在《致全国民众书》中呼吁广东政府北伐，以救北方民众于水火之中。学生运动浪潮正式汇入国民大革命的洪流中。

二 太原局势：大中学校学生反帝爱国运动的新篇章

阎锡山兴学重教的施政主张及亲自办学的教育实践活动，无形中推动和促进了山西近代教育的整体向前发展。中学数量的增多和办学规模的扩大，使得中学生成为一支除旧布新的重要社会力量，使太原成为山西教育文化的中心地，为新文化和新思潮的传播创造了必要的条件。"五四"运动之后，在太原社会主义青年团的指引下，太原学联组织太原大中学校进步学生拉开了反帝爱国运动的新篇章。恽代英就曾指出："山西青年能够在阎锡山的高压之下，代表本省民众利益奋斗，自然是很值得各地青年仿效的。"① 特别是阎锡山亲自创办的川至中学和进山中学，随着

---

① 薄一波在参加反对阎锡山"强征房屋税"的运动之后，随即写成《山西学生抗税运动》一文，并将此稿投到《中国青年》编辑部。在《中国青年》任编辑的恽代英看到此文之后，专门为文章写了近500字的跋语，并安排在第101期发表。本书所谈到的恽代英关于山西大中学校学生运动的评论，就来自于《山西学生抗税运动》一文的跋语。

省内外革命形势的发展，也出现了追求革命进步的青年学生，更体现出太原进步中学生积极向上的爱国情怀和革命豪情。

（一）阎锡山："欲决胜于疆场，必先决胜于学校"

"自古以来，任何一种政治制度，要想得到实现、巩固与发展，必须有一定的人才做支柱，而这些人才的培养，在很大程度上是依靠学校教育。"① "当兵、纳税、受教育，为国民之三大义务" "欲决胜于疆场，必先决胜于学校"，是阎锡山的格言，从中反映了阎锡山本人对教育的基本认识。处于社会动荡、政治纷争的民国年代，对于从战乱之中登上山西统治宝座的地方军阀阎锡山本人来说，为了推行其"新政"、实现其"用民政治"的治晋理念，就必须大力发展山西的教育事业，以培养出更多有利于统治的治国人才。"如果教育办好，人才辈出，把私心化去，显出公道心来，维辅国政，教训国民，将来我国自可富强。"② 教育成为阎锡山"用民政治"体系的重要组成部分，"用民政治之实质是什么？试分析言之。民德、民智、民财三者，皆用民政治之实质也。民无德则为顽民，野蛮不化，不能用也；民无智则为愚民，椎鲁劣钝，不能用也；民无财则为贫民，救死不赡，不能用也。故欲用民，必须从三者着手，然后民能用。"③ 阎锡山本着"用民政治"之宗旨，在山西兴教设学，举办各种教育，"第一，推行以普及为主的国民教育；第二，创办以发展国民经济为主的职业教育；第三，推行以改良社会风俗，开通知识为主的社会教育"④。据《山西现行政治纲要》记述："山西教育有系统之具体的计划，自阎锡山六年兼理民政始。六年以前，如前清时

① 王道俊：《教育学》（新编本），人民教育出版社 2004 年版，第 67 页。
② 《阎伯川先生言论辑要》（第 2 册），太原绥靖公署主任办公处 1937 年编印，第 103 页。
③ 《阎伯川先生言论辑要》（第 1 册），太原绥靖公署主任办公处 1937 年编印，第 82 页。
④ 山西省史志研究院编：《山西通志·教育志》，中华书局 1999 年版，第 4 页。

代，专门以上学校虽设有数处，而中等以下学校为数既少，设备又未完全。光复之际，军事繁兴，未遑遽言教育。民国成立，秩序初定，办学者不过就已有之状况，维持而整理之已耳，否则亦不过略有设施，仍不得谓为计划也。"1922 年 6 月，胡适在《努力周报》发表的文章中说："现在有许多人爱批评阎锡山，但是阎锡山确有不可及的地方。他治山西，是有计划的。例如他决心要办普及的义务教育，先做一个分年期的计划。四年的师范不够养成教员，他就设速成的国民师范；这还不够用，他就设更速成的传习所。他依着这个计划做去，克期进行，现在居然做到了义务教育！江苏、浙江还办不到的事，阎锡山在那贫陋的山西居然先做到了！"

1918 年 8 月 18 日，阎锡山主持召开"整顿教育讨论会"，会议讨论通过了《山西逐年教育进行计划案》，内容包括"教育计划""教育机关""教育经费""教育精神"及"结论"部分。其中，"教育计划"部分中将教育分为"学校教育"和"社会教育"两种。"学校教育"包括"义务教育"和"人才教育"，其中"义务教育"为"凡儿童自满六周岁之翌日起至满十周岁止共四年为学龄期"，承担义务教育的学校统称为"国民学校"；"人才教育"包括师范教育、普通中学和各种专门学校。"社会教育"所涉及的范围较为宽泛，除"洗心社"、宣讲所外，还包括后期逐步创办的"通俗图书馆及阅报所""国语统一研究会""国民教育补习学校""改良戏剧社""露天学校"等。① 根据中华教育改进社民国十二年编《中国教育统计概览》记载："小学学生数与人口总数的百分比，山西为 7.2%，居全国首位，远远超过其他省区；女生受国民教育人数占学生总数的百分比，山西

---

① 阎锡山统治时期山西各级各类学校的办学情况，可参见本书附录七《20 世纪 20 年代初山西各级各类学校情况统计表》。

为17.6%，也居全国首位。"阎锡山"兴学重教的结果使得山西在20世纪20年代初即初步形成了由初级小学到高级小学，再到普通中学以及各种专门学校，直至大学，同时辅以各类社会职业教育的教育体系，从而为近代教育的发展奠定了初步的基础"①。

（二）川至中学和进山中学：阎锡山个人教育理念的试验场

川至中学和进山中学是阎锡山亲自创办并命名的两所私立中学，这两所学校是阎锡山本人按照自己兴办教育的理念而创办和实施管理的。本书试图通过对这两所学校的个案分析，来剖析阎锡山本人兴学办教育的真实意图。

1. "校歌"中的川至中学

川至中学是按照阎锡山本人的办学宗旨来创办，校名、校训、校旗、校歌等无不体现阎锡山本人的办学理念。1921年由川至中学校史编纂委员会所编写的《川至中学校史》，呈现了川至中学具体的办学情况。本书试从由阎锡山本人亲自制定和创作的川至中学的校歌分析入手，来探讨阎锡山本人的办学理念在具体学校教育实践中的体现。

川至中学校歌的原文如下：

[1] 川至川至，[2] 建立古台州，东依文山，西临漳沱滨，岳岳清涟代产名贤，崭新吾校规模彬彬。[3] 学习进德日新，百川分流同至于海。融合东西哲，辛勤发新知。[4] 公毅敏与洁，勒作座右铭，苦学救国嘱吾曹，切莫负主人之设学意。

[5] 青年青年，立国的精神，志向虽不同，学业却相等，谁是贤哲，谁是伟人，青年青年你可觉醒。我先生我同学，仔细想想怎样做人。世界的文化日新又月异，愿我诸同

---

① 山西省地方志办公室编：《民国山西史》，山西人民出版社2011年版，第131页。

仁准备去欢迎。与欧美同轨竞进，这就是川至的真精神。①

本书试结合民国山西具体地域对校歌进行语义分析：

[1] 川至川至。

川至中学的校名"川至"二字，据考证来源于《诗经·小雅·鹿鸣之什·天保》②中之章句："天保定尔，以莫不兴。如山如阜，如冈如陵，如川之方至，以莫不增。"其中，"如川之方至"意为财富如大川滚滚而来，此处指通过学校教育吸纳人才、多出人才之意。同样，阎锡山本人字"百川"，暗含"百川汇海而至于海之意"。

[2] 建立古台州，东依文山，西临滹沱滨，岳岳清涟代产名贤，崭新吾校规模彬彬。

川至中学地处阎锡山家乡河边村，河边原属五台县（现属定襄县）。五台县在 607 年由驴夷县更名为五台县，属雁门郡；1216 年，五台县升为台州；1369 年，五台仍复为县，属太原府。河边村就在文山脚下（文山在五台山南麓），滹沱河之边。1918年 8 月，阎锡山出资在自己的家乡河边村创立了以中等教育为主、兼容初等教育和职业教育的私立川至中学（1918—1937）③，试图通过学校教育培养出具有良好品质的贤才。

[3] 学习进德日新，百川分流同至于海。融合东西哲，辛勤发新知。

川至中学的学习内容：古今兼顾、中西融通。学习精神：刻苦勤奋。学校既开设中国传统课程，也开设语文、数学、物理、

_____

① 《川至中学校史》，川至中学校史编纂委员会 1921 年编印，第 18 页。

② 这是一首给贵族祝福的诗，反映了当时统治阶级"敬天保民"的思想。全篇共由六节组成，此为第三节。

③ 川至中学于 1918 年创办，在 1937 年"七七"事变之后，校舍被占领河边村的日军所破坏。

化学等西方近代课程；阎锡山本人还注重加强对学生的思想政治教育，经常到学校讲话，要求学生应"思想端正了，才能克制住欲望"，1920 年在一次以《大学》中"诚其意者毋自欺也"为题，要求学生"做甚务甚，说甚算甚"。

[4] 公毅敏与洁，勒作座右铭，苦学救国嘱吾曹，切莫负主人之设学意。

"公毅敏洁"为川至中学校训。"公"与"私"相对，指公德之心；"毅"指进取之心；"敏"与"洁"分别指个人之习性与生活习惯。阎锡山通过学校教育力图改变国民性中之弊病，培养兼具公德心与进取心之人，实现"教育救国"之办学意图。

[5] 青年青年，立国的精神，志向虽不同，学业却相等，谁是贤哲，谁是伟人，青年青年你可觉醒。我先生我同学，仔细想想怎样做人。世界的文化日新又月异，愿我诸同仁准备去欢迎。与欧美同轨竞进，这就是川至的真精神。

"青年"具有两层旨意：一方面，川至中学的学生为中学生，从生理和心理发展上可称作青年；另一方面也是更为重要的是，五四新文化运动以来"青年"（尤其是"新青年"）成为国人寄希望通过其实现国家振兴的国民新人格之所在。"青年形象"折射了当时社会由"群体取向的社会化"向"个体取向的社会化"的理想人格的转变，而教育在其中起着十分重要的作用。阎锡山本人虽从小接受传统的私塾教育，但其也有留学日本学习新学的求学经历。因此，身处民国动荡年代的阎锡山，无论是从维护其政治利益，还是从实现其"用民"思想的立场出发，必然重视教育在变民俗、育新人、固统治中的重要作用。

2. "进山会议"与进山中学

俄国十月革命的爆发及苏联社会主义制度的建立、"五四"运动和中国共产党的成立，新的国内外局势使得中国革命的知识分子开始探索新的民主道路。面对如此局势，地处山西的阎锡山在预感中国革命大风暴即将到来之际，做出了一个最为直接的政治应答，即召开被称为"进山会议"政治讨论会——商议"怎样对由资本主义的弊病而造成的社会主义潮流"进行预防，如何形成一种介于资本主义和社会主义之间的"适中制度"。阎锡山本人在为《进山会议录》亲笔题写的序文中，陈述了召开"进山会议"的简要梗概："余以为因资本主义之剥削，演出共产主义，是两极端之错误。就世界人类来说，应产生一个'适中的制度'，遂于民国十年六月二十一日，先召集二十四人，在太原督军署进山'邃密深沉之馆'开会讨论，后参加者增至五百余人，每星期开会二次，每次二小时，共讨论二年零四月，会议记录达二百余万字，恐保存失慎，将所留者编为《进山会议录》，以备忘耳。""进山会议"的议题包括："人生与家庭的研究""经济制度的研究""教育的研究""政治的研究"等。

　　为了贯彻落实进山会议所形成的教育理念①，阎锡山于 1922年 9 月 23 日在太原始步弓街"外国文言学校"的旧址（该校迁往前坝陵桥阎氏别墅东花园）创办了进山中学。"会议历时年余，始告结束，旋即创办学校。"② 为了体现对创办进山中学的重视，阎锡山从学校创办之初至 1927 年兼任校长。"进山"③ 二字取自《论语·子罕》："譬如为山，未成一篑，止，吾止也；譬如平

----

① 关于进山中学建校的目的，连士奇的回忆资料中写道："听说当时在会议上，警务处处长南桂馨说，共产党有什么了不起，也不至那样厉害可怕吧？阎锡山马上就说，如果我要能再活二十年的话，我能亲眼看到共产党割你的头。因为开会研究，想不出对策，得不出结论，阎锡山就说，这个问题不是咱们开几天会就能解决的，要办个学校让他们去研究，于是就办了个进山中学。"（连士奇：《"七七事变"前的进山中学》，载太原市教育委员会教育志编写组编印《太原教育史料》，1988 年，第 89 页。）

② 高之杜：《进山中学前期情况琐忆》，载太原市教育委员会教育志编写组编印《太原教育史料》，1988 年，第 85 页。

③ 进山即今山西省政府后面的假山，阎锡山取《论语》"进，吾往也"之义，命名进山。

地，虽覆一篑，进，吾往也"①，合而言之则含有"前进登高"之意。进山中学的校歌体现了进山中学创办精神，"缅继吾晋风，被陶唐表里山河，雄列国自古称强。而今文化陵夷，民情积弱，救此病有何方？天下兴亡匹夫责，愿同胞急图自强，智仁勇校训毋忘，勤俭忠实毋自荒，努力奋斗，进吾往，进吾往！"②"文化陵夷，民情积弱"，吾辈当读书奋发图强，勇担兴国兴邦之大责。进山中学创办之初，计划先办中学部，等条件成熟后再办大学部，故始名"山西省私立进山学校"，1931年5月改名为"山西省私立进山中学"。新中国成立后，改为"山西省立进山中学"，1953年1月改名为"太原市第六中学校"，1985年10月16日恢复原校名为"进山中学"。

3. "树欲静而风不止"：阎锡山办学实践的审视

川至中学和进山中学是阎锡山按照自己的办学思路所创办的两所私立中学，在一定程度上实现了阎锡山创办中学教育的办学目标，但在两所中学的办学过程中也出现了诸多阎锡山本人未曾想到也不愿意看到的"教育功效"。

（1）阎锡山的"树欲静"

"欲静1"：阎锡山本着为实现"用民政治"的抱负和落实"进山会议"的精神而创办川至中学和进山中学，其办学的政治意图显而易见，川至和进山的部分毕业生成为阎锡山统治体系中的军政骨干。"欲静2"：阎锡山创办私立中学的意图在于"教育救国"，反对包括共产主义在内的诸种"进步思想"，阎锡山一次在进山讲话时说"外边人说咱们进山中学赤化了，今后非大加整顿、严肃对待不行。今后如果再要故意捣乱，寻找

① 本段喻意：学者自强不息，则积少成多；中道而止，则前功尽弃。其止其往，皆在我而不在人也。

② 进山中学校史编审组编印：《进山中学校史（1922—1987）》，1987年，第96页。

麻烦，一定要按照校规，认真处理，绝不能姑息""你们如果不守规矩，是会被砍头的"。① 他为达到"防止赤化"的目的，还曾撤换对学生过于软弱的萧静庵校长。

（2）思想界的"风不止"

"不止1"：在川至中学和进山中学的办学过程中，无论从师资聘任还是从课程设置等方面都采取"兼容并蓄"原则，学校的教学内容传统与现代并存，教师聘用重知识才能与学术声望，无形中为师生之间及学生之间的思想自由交流提供了便利，而这种便利为学生日渐突破旧传统桎梏、吸收新文化新思想奠定了基础。"不止2"：川至中学和进山中学的教师和学生当中，除了符合和满足阎锡山办学思想要求的师生之外，还出现了诸如邓初民、郭任之、宋振寰、杜心源、焦国鼐等进步教师②，诸如纪廷梓、左天祥、赵尔陆、董桂、牛佩琮等进步学生，不经意间成为任用和培育进步人士的摇篮。"不止3"：川至中学和进山中学带动了太原同时期一批私立中学的创建，到20世纪30年代太原的私立中学已达15所。随着太原私立中学数量的增多，中学生在"学联"的组织和领导下日渐成为太原反帝爱国运动的重要社会力量。

（三）"学联"：太原学生反帝爱国运动和"反阎"运动的组织者

1919年"五四"爱国运动的爆发，开启了中国近代社会反帝爱国运动的新篇章。"全国范围内激扬起反帝反封建的巨大浪潮，这是真正激动人心的一页，这是真正伟大的历史转折点。从前我们搞革命虽然也看到一些群众运动的场面，但是从来没有见到过这种席卷全国的雄壮浩大的声势。在群众运动的冲击震荡

---

① 连士奇：《"七七事变"前的进山中学》，载太原市教育委员会教育志编写组编印《太原教育史料》，1988年，第90—91页。

② 进步教师对马列主义思想与民主革命思潮的传播起了一定的积极作用。

下，整个中国从沉睡中复苏了，开始焕发出青春的活力，一切反动腐朽的恶势力，都显得那样猥琐渺小，摇摇欲坠。"① 近代中国的青年学生作为除旧布新的重要社会力量，在这场运动中起着先锋和桥梁的作用。地处内地的太原也同全国其他城市一样，从沉睡中复苏开始焕发青春活力，太原大中学校学生联合会（简称"太原学联"）就充当了革命的先行军。在"五四"运动爆发后的第三天，山西大学学生会联合山西省立第一中学、山西省立第一师范、阳兴中学等11所学校学生4000多人，组成"太原大中学校学生联合会"声援北京学生的反帝爱国运动。并于5月10日前后，在同天津学联代表沟通的基础上，经过数次酝酿决定实行全市总罢课，山西大学、山西农业专门学校、山西省立第一师范、山西省立第一中学和阳兴中学等学校的学生参加了此次活动。在太原全市总罢课后，各校学生3000余人列队到省议会请愿，并要求把山西学生爱国运动请愿书转呈北洋政府。在此期间，太原学联还派出两名代表去上海出席了全国学生联合会。太原学生的反帝爱国运动很快由省城波及全省各地，大同、运城等地的中学学校的学生和城镇高级小学的学生都纷纷响应，使得全省广大知识青年卷入了反帝爱国政治斗争。同样，作为运动主体——山西青年学生在这场运动中受到了革命的洗礼，逐步改变着青年知识分子的人生观和价值观，促进了广大知识青年主体意识和人格意识的觉醒，为山西各项社会变革提供了人才和思想基础。"五四运动给予中国的最大影响，就是在思想界开了一个新纪元，尤显著的是青年们从奋斗中得了一种新的觉悟，离了这种努力中国之得救将不可能。"②

---

① 吴玉章：《回忆"五四"前后我的思想转变》，载《吴玉章回忆录》，中国青年出版社1978年版，第111页。

② 中共太原市委党史研究室编：《太原党史资料汇编》（第一辑），1986年，第90页。

　　"五四"运动以后，许多拥护十月革命和接受马克思主义的青年知识分子，开始在马克思主义指引下，走上彻底的、反封建的革命斗争道路。1921 年，在太原社会主义青年团成立之后，山西学联在其领导下带领太原学生开展了一系列的反帝爱国与反阎运动。同年 10 月，在太原社会主义青年团的领导下，山西学生联合会为捍卫矿权共有，同北洋政府进行了坚决的斗争，并发表了《山西全省学生联合会宣言书》。1922 年 9 月，山西省立第一中学学生在太原社会主义青年团的领导下，以"青年学会"的名义发起了反对校长魏日靖的活动并取得了成功。1924 年，中共太原支部的建立掀开了太原学生反帝爱国运动的新篇章，从"五卅"时期反房税运动①到"一二·九"运动时的抗日救亡活动，直到新中国成立前夕反饥饿、反内战、反迫害运动，太原进步学生都站在反帝反封建斗争的前列，并付出了巨大牺牲，做出了不可磨灭的贡献。成成中学就是在太原学生反帝爱国运动进入新阶段的背景下创办的，并早在 1925 年 5 月 18 日就参加了由太原党、团组织领导，山西学生联合会组织并发起的反对阎锡山强征房税的斗争。以山西大学学生为骨干的大中学校学生的反房税斗争，撕掉了阎锡山标榜的"保境安民"的面具，最终使得阎锡山强征房税的计划陷于破产，鼓舞了全省人民的革命斗争士气，极大地推动了太原地区学生运动的发展。之后，国师的"反徐斗争"、省城的"沪案后援"反帝斗争，此起彼伏，形成了太原大中学校学生爱国运动的新高潮。

---

　　① 反房税斗争，是以共产党员张叔平、傅懋恭（彭真）、纪廷梓等同志为领导，联合各派反阎势力参加的统一战线性质的群众革命运动，也是全市学生联合起来，开展反军阀斗争的起点。（王建富、程秀龙：《太原地下党革命斗争史话》，山西人民出版社 1985 年版，第 31 页。）

第二节　成成中学办学初期的历史镜像

从 1924 年创办至 1937 年迁校清源，成成中学初期的办学时间为 13 年。本书试通过成成中学校史资料、曾经在成成中学的教师与学生的回忆文章及同时期其他方面的文章，从学校名称的由来、办学实践的回顾、成成中学在同时期中学的位序等方面，来深描成成中学创办初期的历史镜像。

一　成成中学办学初期的教育活动

（一）成成中学取名"成成"的缘由

成成中学校名是创办人取自《中庸·自成章》而来。《中庸·自成章》的原文为：

> 诚者自成也，而道自道也。诚者物之终始，不诚无物。是故君子诚之为贵。诚者非自成己而已也，所以成物也。成己，仁也；成物，知也。性之德也，合外内之道也，故时措之宜也。

儒家强调君子个人修养由"诚"至"道"，本章具体阐述了由"诚"而"道"的君子践行问题，其也是君子修身的最高境界。成成中学的"成成"就是来源于"诚"的"外内"之道，"诚虽所以成己，然既有以自成，则自然及物，而道亦行于彼矣。仁者体之存，知者用之发，是皆吾性之固有，而无内外之殊。既得于己，则见于事者，以时措之，而皆得其宜也"。成成中学办学之宗旨——"成己成人"即取意于此，成成中学之校名——"成成"也得意于此。儒家君子"修身、齐家、治国、平天下"之理想，从成成中学办学之初就成为其培养人才的最高目标。同样，"成己成人"也成为成成中学的办学宗旨。

（二）成成中学初期办学实践

1. 办学地点及办学规模

成成中学于 1924 年由北师大的晋籍毕业生萧静庵、高阆仙、张聘珍、王右章、薄佑丞等人倡议，在校友、教育家杜星南、崔文珍等人支持下报教育厅批准而创办的。当年 7 月正式招生，9 月开学，校址先在西缉虎营，翌年又迁中坝陵桥。成成中学在 1937 年迁校清源（今清徐）县之前，校址一直在此，但在抗日战争里太原失守时毁于一旦。1930 年成成中学的建筑工程基本全部结束，主体结构大致如下：主体建筑是两层楼房的一排大楼，楼下左右均为初中学生宿舍，中为通上二楼的阶梯，楼上中为校部办公室、校务、训育、教师休息室各占一大间，校部办公室左右各有教室四座，大楼前为近 800 平方米的体育场，体育场西为学校大礼堂，并列为高中班教室，与大楼遥遥相对。北头有储藏室及厕所，南头近礼堂处有通往大门的甬道，甬道东头尽处为学生大灶房及饭厅，西头尽处为校大门，礼堂后为图书馆，楼下为藏书室及阅览室。楼上为高中班学生宿舍，图书馆前为四合小院，院内北向和西向为教职工宿舍，南向为校务办公室，院外为通向大门的甬道。大门内有学生接待室及传达室，大门外面为中坝陵桥，校大门坐东向西，中为马路，马路西有商店铁皮房数处。

从 1924 年至 1930 年，成成中学虽然施行的是初中四年、高中两年的"四二学制"，但是只招收初中生，且每年招收班级的规模也没有形成定制（有时招收两个班，有时招收一个班），全校共有五六个班、300 人左右的办学规模。成成中学从 1930 年开始执行初中三年、高中三年的"三三学制"，并从 1931 年开始招收高中生，成为一所完全中学。在 1924 年至 1937 年的 13 年办学实践中，成成中学先后共招收初中班 29 个，计学生 1700 余名，高中班 10 个，计学生 500 余名，总计培养学生 2200 余名。[①]
在 2200 余名学生当中，前期培养的学生以自然科学人才居多，
后期培养的学生以无产阶级革命人才居多。1937 年 8 月，成成中
学留校教职员工及部分学生在刘墉如校长的率领下迁校到距太原
市 70 千米的清源县（今清徐县）城内，9 月 24 日开学，至 10
月底全校师生员工近 400 人（其中教师、职员 37 人）。[②] 1937 年
10 月 10 日，成成中学师生成立成成中学师生抗日义勇队，成成
中学前期的办学历史告一段落。

2. 组织机构及师资队伍

成成中学的校董事会负责选举任免校长和决定学校重大事
宜。校董事会由北师大的山西籍学生组成，每年至少开会一
次，商讨校务。张聘珍、张佩铭分任正副董事长。校长负责处
理日常校务，在校长领导下，设教务、训育、校务三处，各有
主任一人以及教务员、训育员、事务员、会计等办事人员。成
成中学的首任校长为萧静庵，校务主任是高阆仙，教务主任和
训育主任先后由段丽卿、张士心、王右章等担任。萧静庵因在
外校供职（太原进山中学校长），成成中学校务实际委托高阆
仙代管。

1924 年 9 月至 1937 年 10 月，成成中学教职员工绝大多数是
北师大的毕业生：其中，校长、教务主任、训育主任、训育员、

---

① 关于上学的费用，现仅能从个别学生的回忆文章中窥见一斑。秦建基在《太
原成成中学小记》一文中谈到，"由于学校经费比较困难，收费较其它高，入校时交
保证金 50 元，学费 30 元，体育杂费 5 元，连同课本费总共将近 100 元。那时市面上
流通的是银币，提起来重甸甸的"。

② 据贺寿祺先生的回忆文章《从太原到大青山》中记载，成成中学在 1937 年 9
月 24 日开学时，到校的师生员工有 300 多人，校部设在清源城内中山公园（参见贺
寿祺《从太原到大青山》，载中共内蒙古自治区委党史研究室编《投笔从戎　血沃青
山——四支队（成成中学师生抗日游击队）史稿》，中共党史出版社 1992 年版，第
138 页）。贺寿祺本人是 1937 年夏天报考的太原成成中学，为成成中学 1937 年走向抗
日战场前的最后一批学生。

事务员都为北师大毕业，数学、英文、德文、语文、历史、化学、物理、植物生物、公民、体育、心理理论等课任教师大多都为北师大毕业生。毕业于北师大的教职员工，他们的政治面貌大多数为中国共产党党员。

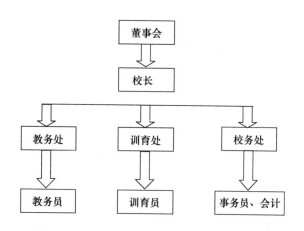

图 1－2　成成中学领导组织结构

3. 课程设置及作息时间

（1）课程设置

① "壬子癸丑学制""壬戌学制"与中学课程标准

成成中学在 1924 年至 1930 年间实施的学制为"四二学制"，且只招收初中生；从 1930 年至 1937 年开始实行"三三学制"，并从 1931 年开始招收高中生。我们试结合 1912 年和 1922 年学制与相应的课程标准，来呈现当时成成中学课程设置的大体情况。

1912—1913 年学制与中学课程标准。南京临时政府成立以后，于 1912 年 9 月颁布"壬子学制"，此后教育部又陆续颁布了各种学校规章，对新学制进行了补充和修改，史称"壬子癸丑学

高步瀛（阆仙）的学籍及成绩单

张聘珍的学籍及成绩单

图1-3　成成中学创办者在北师大的学籍及成绩单

制"。中等教育阶段只有一级，四年或五年。按照《中学校令》和《中学校令实施细则》，中学校的教学科目为：修身、国文、外国语、历史、地理、数学、博物、物理、化学、法制经济、图画、手工、乐歌、体操。女子中学，加家事、园艺、裁缝，但园艺可以从缺。外国语教学以英语为主，但遇到特殊情况，可选择法语、德语、俄语的一种。

1922 年学制与中学课程标准。新文化运动以来，受思想解放的洗礼和民主科学精神的感召，并随着新型知识分子的增加和新式教育的经验积累，留学学生的学成归国和西方学制及教育思想的深入介绍，孕育并促成了 1922 年新学制的诞生。1922 年学制也称为"壬戌学制"，规定中学校修业年限六年，分为初、高两级，初级三年，高级三年。但依设科性质，定为初级四年，高级二年，或初级二年，高级四年。初级中学课程，分为社会科、言文科、算学科、自然科、艺术科、体育科六学科。社会科包含公民、历史、地理三目；言文科包含国语、外国语二目；艺术科包含图画、手工、音乐三目；体育科包含生理卫生及体育二目。高级中学依改革令，分为普、农、工、商、师范、家事等科。此数科分为两类：第一类以升学为主要目的者为普通科，第二类以职业为主要目的者，则分为师范科、商业科、工业科、农业科及家事科等科。第一类又分为两组：第一组注重文学及社会科学，约等于从前的文科；第二组注重数学及自然科学，约等于从前的实科。各科各组的课程又分为三部分：一为公共必修科目；二为分科专修科目；三为纯粹选修科目。各科课程以学分计算，总计以150 学分为毕业。第一类的第一组和第二组课程如表 1—1 和表1—2 所示。

表 1 - 1　　　　**壬戌学制高级中学普通科第一组课程**

科　目			学　分
一、公共必修	（一）国语		16
	（二）外国语		16
	（三）人生哲学		4
	（四）社会问题		6
	（五）文化史		9
	（六）科学概论		6
	（七）体育	（甲）卫生法 （乙）健生法 （丙）其他运动	10
二、分科专修	（一）必修	（1）特设国文	8
		（2）心理学初步	3
		（3）论理学初步	3
		（4）社会学之一种	4（至少）
		（5）自然科学或数学之一种	6（至少）
	（二）选修		32（或更多）
三、纯粹选修			30（或更少）

表 1 - 2　　　　**壬戌学制高级中学普通科第二组课程**

科　目		学　分
一、公共必修	（一）国语	16
	（二）外国语	16
	（三）人生哲学	4
	（四）社会问题	6
	（五）文化史	9
	（六）科学概论	6
	（七）体育（同第一组）	10

续表

科　　目			学　　分
二、分科专修	（一）必修	（1）三角	3
		（2）高中几何	6
		（3）高中代数	6
		（4）解析几何大意	3
		（5）用器画	4
		（6）物理、化学、生物三项选习二项，每项6学分	12
	（二）选修		23（或更多）
三、纯粹选修			30（或更少）

②《民国时期总书目（1911—1949）》（中小学教材）[①] 中所呈现的中学课程

据北京图书馆和人民教育出版社图书馆合编的《民国时期总书目（1911—1949）》（中小学教材）所收录的中小学教材，选取1912—1937的中学教材来呈现民国时期中学课程设置的大体情况。1912—1937年，由商务印书馆、中华书局、世界书局等出版机构主要出版的教材种类为：哲学、论理学（逻辑）、政治（包括三民主义、公民、修身、社会、法制）、语文（包括国音、阅读、作文）、外国语（包括英语学科的读本、会话、文法，法语、德语、日语）、历史（包括中国历史、外国历史）、地理（中国地理、外国地理）、数学［包括算术、珠算、代数、几何（包括平面几何、立体几何、解析几何）］、三角、自然科学、物理学、化学（包括天文学、地质学）、博物、生物学（包括植物学、动物学）、生理卫生等主要课程的教材。此外，还有经济、商业、农业、音乐（包括乐理、唱歌、乐器）、美术、劳作、体

---

① 本书中所参考的有关中小学教材的书目为：北京图书馆、人民教育出版社图书馆合编《民国时期总书目（1911—1949）》（中小学教材），书目文献出版社1995年版。

育等课程的教材。

③成成学生记忆中的部分中学课程

据成成毕业生安晋藩回忆，成成中学初中阶段的课程设置，分主课和副课两种①。

主课是：

数学——初一上算术，用严济慈编的课本；初二上代数，用德华氏课本；初三上平面几何（用3S本）、立体几何（用2S本）；初四上三角。

国文——初一、初二时用的是初中国文课本，初三、初四时用的是"活页文选"，其内容大部分是文言文，白话文占三分之一左右。

英文——初一、初二时用周越然编的"模范课本"，初三时上过英文"三民主义"，初四时上短篇小说选，还读过"英文文法"及几篇《天方夜谭》的故事等。

副课是：

物理、化学——均在初三、初四时上，用王兼善编的课本。

植物、动物、生理卫生——分别在初一、初二、初三上。

另外，还设有历史、地理、图画、手工、音乐、体操、公民等课程。

据成成中学毕业生秦建基回忆，成成中学高中阶段的课程设置情形大致为②：

在课堂教育中，讲物理和解析几何课的是焦国鼐老师，讲立体几何的是刘墉如老师，讲新文学和语文的是杜心源老师、常芝青老师，讲历史和地理的是狄景襄老师、席竹虚老师，讲高等代数的是王右章老师，讲英语的是刘丹顿老师、阴毓艺老师，讲化

---

① 参见安晋藩《回忆太原成成中学片断》，载太原市教育委员会教育志编写组编印《太原教育史料》，1988年，第129—130页。

② 秦建基：《太原成成中学》，《山西文史资料》1989年第65辑。

学的是段丽卿老师，讲生物的是郝左春老师，讲德文的是梁九思老师，讲法制课的是张通三老师，上音乐课的是常淑明老师，上体育课的是张武成老师，上军训课的是罗汉三老师。特别是刘丹顿、狄景襄、焦国鼐、杜心源、刘墉如，他们大多住在学校，每日除上课外，经常和同学们接触、交谈、指导，他们和同学们的关系特别密切，在思想政治教育和课外阅读辅导上，对同学们的启发极大。

通过以上描述，成成中学高中阶段开设的课程大致为：物理、解析几何、立体几何、新文学、语文、史地、高等代数、英语、化学、生物、德文、法制、音乐、体育和军训等。

（2）成成中学的作息时间大致为[①]：

起床：5：00

早操：5：00—5：15/5：20

盥洗：5：15/5：20—6：00

早自习：6：00—7：00

早饭：7：00—8：00

上午作息：

第一节课：8：00—8：50

第二节课：9：00—9：50

课间操：9：50—10：10

第三节课：10：10—11：00

第四节课：11：10—12：00

午餐及午休：12：00—14：00/14：30[②]

下午作息：

第一节课：14：00/14：30—14：50/15：20

---

① 根据安晋藩撰写的《回忆太原成成中学片断》一文整理而成。

② 下午正式上课的时间，存在夏季作息时间和冬季作息时间的区别。

第二节课：15：00/15：30—15：50/16：20

体育活动：15：50/16：20—16：20/16：50

其他及晚餐：16：20/16：50—19：00

晚自习：19：00—21：00

4. 教学考核及教学成绩

（1）教学考核

教学考核是考核学生学习成绩及检查教师教学质量的方式，成成中学实行平时考核、学期考核和升降级考核的教学考核制度，既促进了学生学习成绩的不断提高，又保证了学校教学质量的不断攀升。我们对成成中学的教学考核制度进行具体介绍。

平时考核：成成中学对学生学习成绩的平时考核，实行"周测验"与"月考试"相结合的考核制度。其中，"周测验"由各科任课教师随堂自行组织、自己命题进行考核；"月考试"由教务处组织，在每月月终的时候对各年级学生进行统一考核，考核成绩在出榜公布之后一律记入学生个人成绩册之内，作为学生年终升级或降级的评判标准。

学期考核：学生除进行"周测验"与"月考试"之外，在学期期末还需要参加由学校统一组织的学期考试，考试成绩也同样作为学生在新的学年能否升入高一年级的评判标准。

升降级考核：成成中学实行较为严格的升降级考核制度。学校具体规定为：学生在"月考试"中，年终出现三次学习成绩不及格的情况，学生不得升入高一级的班级学习。此外，学生在学期期末的统一考试中，如果出现一门主课不及格的现象，就需要参加补考；如果出现两门课程不及格的现象，学校就会对该生执行留级的处分。成成中学学生张永青在《太原成成中学社会科学同盟支部简况》一文中就曾指出，"（作者本人）在成中读了两次一年级。第一学年平均70多分，学校通知升级。因我在1931年害了一场重病，感到身体较差，没及时升到二年级，而在一年级读了两年"。从这段材料中，我们不难发现：成成中学当时确实根据学生的学习成绩来决定该生是升级还是降级。

（2）教学成绩

教学名师：成成中学的教师大部分是山西籍的北师大毕业生①，个别不是北师大的毕业生也是其他著名大学的高才生，部分教师还有留学国外的经历。在他们中间涌现出了多位教学成果优异并受学生极为爱戴的教学名师，例如，刘墉如讲授立体几何，武新宇、刘丹顿、阴毓艺讲授英语，杜心源、常芝青讲授新文学和语文，狄景襄、席竹虚讲授历史和地理，王右章讲授高等数学，段丽卿讲授化学，郝左春讲授生物，梁九思讲授德文，张通三讲授法制，常淑明讲授音乐，张武成负责体育课等。

学生成绩：学生的学业成绩主要由平时表现和升学成绩两大部分组成。在日常教学活动中，成成中学教师因授课有方而极大地调动了学生的学习热情和积极性，各个班级中都曾出现学习竞赛的浪潮，同学们比背诵课文、比解答问题、比外语会话、比演讲、比写作等活动此起彼伏。在学习竞赛过程中，出现了诸如：有"理化辞典"称号的高中班的段高志、有"几何专家"称号的李增榕、有"中洋人"称号的牛联索等。

成成中学教师对教学工作的认真负责，成成学生在日常生活中的刻苦学习，为他们在升学考试中取得好成绩奠定了坚实的基础。当时有"北平的四中、十七中，比不上太原的成中"之说。② 据成成中学校史记载：1929 年成成中学毕业生中就有许多人考取了大学，其中李汉光、高著贤、常乃慰等 4 人被北京大学录取。在此之前，北京大学每年招生时仅能录取一两名山西官办

---

① 从现存的新中国成立前成成中学教职员名单看，97 名教职员中，北师大毕业的共 53 名，约占总人数的 55%。

② 这样的社会评价虽然有过誉之嫌，但是我们也从中不难发现，成成中学毕业生的学业成绩非同一般。

学校的学生，此次一个私立中学竟一举考中4名，被认为创造了奇迹。1931年又有韩纯德等6人，考取了北洋工业学院。学校当时还把他们的照片放大，并挂在教学楼的走廊上，以此为耀。韩纯德在《回忆在太原成成中学的生活》一文中也曾提到，"1931年，我和另外5位同学一同考上华北著名的北洋工业学院，这是继上届毕业生中4个考取北京大学震惊学界后，成中创造的又一佳绩。对此学校引以为荣，将我们6个同学的照片放大，挂在教学大楼的走廊上，真可谓名噪一时，欣喜无比了"①。

（3）办学效果及社会反响

我们试从毕业学生回忆文章以及社会其他方面反映等情况，来全面反映成成中学的办学效果和社会反响。

①成成中学毕业学生的回忆文章

1927级学生韩纯德在《回忆在太原成成中学的生活》一文中指出，"成成中学虽然是一所成立不过三四年的私立中学，却因管理严格，教学质量较好而蜚声三晋"。1930级学生石国柱在《成成中学往事的回忆》一文中谈到，成成中学"素以教学质量优异、校风朴实、政治进步而著称"。1931级学生秦建基在《太原成成中学小记》回忆文章中谈到，他在太原市参加工作的三兄曾告诉他，"成成中学虽然是私立中学，但学校校风好，教学质量高，生活俭朴，管理严格，在太原市享有一定的声誉，社会上的评价也很高，那里近年增设高中班，我想让你去报考"。秦建基就是听了他三兄的话，经过两次报考，最终被成成中学录取。1932级学生刘选伍在《忆太原成成中学师生在白色恐怖下革命活动片断》一文中指出，成成中学"教师水平高、教学质量高，对学生要求严，在太原学界享有盛名"。1937级学生贺寿祺在

---

① 韩纯德：《回忆在太原成成中学的生活》，载贾振国主编《光荣在成成——薪火相传话成中》，太原成成中学编印2004年版，第28—29页。

《记成成中学师生游击队》一文中指出，"据我家乡的一个朋友介绍，这（笔者注：成成中学）是一所进步学校，教学质量不错，政治上进步活跃，有些教师早是中共地下党员"。

②社会其他方面反映

据连士奇《"七七事变"前的进山中学》一文记载：在进山中学校长赵一峰因病不能到校，学校比较混乱，而且赵一峰兼任国民党特别党部主任，不能把全部精力放在进山中学的学校管理的情况下，邱仰浚曾介绍和推荐萧静庵任进山中学校长。而阎锡山之所以任命曾经在成成中学担任校长职务的萧静庵为进山中学校长，就是因为成成中学当时在太原各中学中，特别是在私立中学中办得比较好，在社会上很受人称赞。① 据高履启《回忆平中学习生活》一文记载："抗战前，在太原后营坊街北边靠城墙，有一所私立中学，那就是平民中学。它和私立成成中学、进山中学、省立第一中学，被誉为四所名牌中学。"② 据李以拄在《成成中学史略（补充）》一文中记载："成成中学是太原市著名的私立中学之一。它曾以教学质量高，学校管理严格而享有较高的声誉。更因其师生在抗日战争和解放战争中为革命事业所作出的巨大贡献，而闻名于省内外。"③

二 成成中学创办初期的教育位序

我国公立中学的出现是在 1912 年南京临时政府教育部颁布《普通教育暂行办法》之后，把学堂一律改为学校。"山西省立第一中学"就是在原山西省立模范中学堂的基础之上改名而来，太

---

① 连士奇：《"七七事变"前的进山中学》，载太原市教育委员会教育志编写组编印《太原教育史料》，1988 年，第 88 页。

② 高履启：《回忆平中学习生活》，载山西文史资料编辑部编《山西文史精选——建国前的山西教育》，山西高校联合出版社 1992 年版，第 191 页。

③ 李以拄：《成成中学史略（补充）》，《太原文史资料》1985 年第 5 辑。

原府中学堂也改名为"联立阳兴中学校"。① 由于民国成立以来兴学思潮的兴起及公立中学招生的名额限制，太原私人办学之风也油然而生，太原私立中学是从教会学校兴起的。1917 年天主教会在太原教区创立明原中学，1919 年基督教浸礼会太原教区在光绪二十六年（1900）以前开办男、女书房的基础之上将男书房改为崇实中学，1921 年又将女书房改为尊德女子中学。1922 年太原增加了 6 所私立中学，分别是新民中学、平民中学、并州中学、进山中学、育德中学和晋华中学。1923 年，中和中学创办；1924 年又先后办起山西公学、爱贞公学中学部、博文中学、青年会中学、云山中学、三晋中学和成成中学。1925 年又有私立晨光中学、加辣女中、尚志中学和光华女中（1933 年改名为山西省立太原女子初级中学校）创办。1927 年至 1928 年山西公学、爱贞公学中学部、晨光中学、博文中学、中和中学等私立中学因物价波动、经费拮据而停办。1929 年私立友仁中学创办。1931 年以后，太原市仅有几所大学预科改为附属中学，如山西大学附属中学、山西教育学院附属中学等。根据山西省政府秘书处编印的山西省民国二十三年（1934）统计年鉴资料显示，1934 年太原的中学为17 所、在校学生 4360 人。

表 1 - 3　　　　　　　　1934 年太原各类中学统计

校名	班数（个）	学生数（人）	教员（人）	职员（人）
太原中学（即省立一中改称）	7	270	25	14
并州中学	9	263	14	7
成成中学	15	474	37	16
进山中学	8	219	9	13

---

① 截至 1930 年，太原的中学为 14 所，占全省中学总数的 29%，其中公立中学为山西省立第一中学校和阳兴中学。

续表

校名	班数（个）	学生数（人）	教员（人）	职员（人）
友仁中学	13	451	30	14
新民中学	23	694	42	18
三晋中学	12	309	23	9
明原中学	8	172	17	8
平民中学	20	408	27	8
山大附属中学	4	117	28	5
农专附属中学	5	94		
工专附属中学	4	109	26	29
商专附属中学	4	64	14	3
云山中学	11	278	21	9
教院附属中学	6	142	18	10
太原女中（即光华女中改办）	6	182	15	13
阳兴初中	4	114	14	5
合计：17 校	159	4360	360	181

到 1936 年，太原市共有中学 14 所，次年减少为 13 所，在校学生 2000 余人。在 1937 年抗日战争爆发后，学校陆续停办。当抗日战争进入相持阶段后，太原市的一些中学又次第在晋西或外省复校，如进山中学在隰县、平民中学在陕西城固、并州中学在西安、新民中学在四川壁山、友仁中学在四川江津等。在抗战胜利后，太原市的中学教育一度有所恢复，进山中学迁回太原，太原中学、新民中学、三晋中学、云山中学、友仁中学、阳兴中学、明原中学和加辣女中先后复校。1949 年 4 月 24 日太原解放，中国人民解放军太原军事管制委员会接管了太原中学、进山中学、新民中学、三晋中学、云山中学，将明原中学和加辣女中并入国民师范学校，将阳兴中学和市立中学合并改称为成成中学校。到 1953 年 4 月 5 日，太原市人民政府发出通告，各中学一律依名次命名：成成中学和云山中学合并，改为山西省太原第三

中学校；新民中学改为山西省太原第四中学校；太原中学校改为山西省太原第五中学校；进山中学改为山西省太原第六中学校；三晋中学改为山西省太原第七中学校；太原女子中学校改为山西省太原女子中学校。

作为一所私立学校，成成中学与并州中学、进山中学、友仁中学、新民中学、三晋中学、明原中学、平民中学等成为太原当时主要的私立中学。本书选取同时期的山西省立一中和进山中学①作为比较对象，从创办主体、学生来源、教学成果等方面，来考察成成中学创办初期的教育位序。

第一，从创办主体来看：（1）山西省立一中的前身为清光绪三十二年（1906）的"公立中学堂"，宣统二年（1910）改称为"晋阳中学堂"。民国元年（1912）改名为"山西省立模范中学堂"，民国二年（1913）改称为"山西省立第一中学校"，一直到民国二十三年（1934）改称为"山西省立太原中学校"。据山西军政府颁令，全省官办公立中学经费由军政府统一拨给。此外，山西省立一中还规定，考试前五名的学生可以免费入学，初中毕业考试成绩前三名的学生可以免费入学。山西省立一中的创办主体是随着我国政权形式的变化而变化，但其本质没有发生根本性的改变，都是由执政者出资创办，其办学宗旨和教育实践活动都体现当时国家对学校教育的要求。（2）进山中学是阎锡山所创办的私立中学，成立于民国十一年（1922），1937年"七七事变"后临时解散。学校设有学校董事会，为学校筹集经费，阎锡山任校董事会总董并曾担任学校第一任校长。创办初期，学生享受公费待遇；从1924年起改为半公费制，不再供给课本、制服，伙食费由学校负担一部分，学生自费一部分；1925年以后，又

---

① 选取山西省立一中和进山中学的原因为：第一，二者的办学地点都为太原。第二，山西省立一中为公立学校，其地位和影响在太原和山西来说都是最高的，进山中学为阎锡山本人创办，在私立中学中具有一定的代表性。

改为对入学考试成绩前五名的优秀学生每人每月发给奖学金五元，每人每年发给制服一套。进山中学是阎锡山本人为了落实进山会议精神而出资创办的，学校的校长人选及机构设置等都体现了办学者的教育理念。

第二，从学生来源来看：（1）山西省立一中的学生父母大多从事与农业有关的职业。据《太原教育志资料选编》（第6辑）中《山西省立太原中学概括》一文记载的1932年山西省立太原中学学生家庭职业百分比较表。

表1－4　　　　　　　　**太原中学学生家庭职业统计**

学生家庭职业	占在校学生百分比（％）
农　　界	60
工　　界	2
商　　界	14
学　　界	8
政　　界	9
军　　界	3
法　　界	1
交 通 界	2
医　　界	1

（2）进山中学创办之初，将原外国文言学校及五台河边村川至中学的优秀学生组成一个"特设班"，一般学生编为"进一班"。1922年又从各县选拔高才生，编为"进二班"。从1923年开始面向社会，招收初中生，将考生年龄限制在十五岁以下，编为"进三班"。1924年、1925年两年各招生一班，即进四班、进五班。1926年招生两班，即进六班、进七班；1927年招生一班，即进八班；1928年中和中学停办，该校学生并入进山中学，编为进九班至进十二班。同时招新生一班，为进十三班，此后每年

招生一班，直至抗日战争爆发。

第三，从教学成果来看：（1）山西省立一中以"校规森严，秩序良好""注重道德"而著称，在"五四"运动之前一直为全省"模范中学"。学生以刻苦朴实、自学能力强、学业优良而闻名山西。1933年，国民政府教育部在视察山西教育时，感到各中学理化课教学"最不合法"，"唯一中教员曲敬之、胡德茂于教授理化能指导学生共同实验……教法优良，颇为可取"。在劳作课（实际上即职业课）教学中，学校"自造仪器，颇有成绩"，受到教育部视察员的肯定与赞扬。在省立一中培养的学生中，为革命献身的共产主义战士（可查清的）有：高君宇、贺昌、王振翼、王瀛、张友清、张叔平等人；此外，省立一中还培养了诸如任之恭、梁园东、许予甲、贺凯、王守贤、赵延绪等人，一批学有专长的专家学者。（2）进山中学偏重抓文化课的学习，对教师的聘用重视丰富的专业知识才能，同时侧重基础课（即国文、数学、英文三门主课）教学，从初一起在任课教师配备方面就十分重视。由于教师教得认真，所以学生学得较为牢靠，学校的教学成绩较为突出。在进山中学培养的学生中，为革命献身的（可查清的）有：纪廷梓、高仰慰（高远征）、刑思廉、李俊明、张礼、徐云会、赵守封、穆光政、徐作霖等人。此外，进山中学还培养出了诸如焦国鼐、裴毓华（丽生）、狄承青（景襄）、宋劭文、辛安亭等参加革命的人士，以及投身文教科技界诸如马长寿等杰出人士。

通过对以上两所学校在创办主体、学生来源及教学成果等方面的对比分析，结合本书中所论述的成成中学创办初期的教育活动，我们不难发现：（1）从创办主体来看，成成中学既不同于山西省立一中，也不同于进山中学，成成中学的主要创办者为北师大的晋籍毕业生。由于其没有固定的经费作为支撑，所以其办学的困难程度可想而知。（2）从学生来源来看，成成中学因办学经费主要来源于校董集资和学生学费及入学保证金，所以其学生的家庭经济收入相对其他两所学校来说要相对好一些。（3）从教学成果来看，成成中学为私人办学、学费较高，又要在太原求得一席之地，所以其教学成绩相对来说比较高，否则很难吸引学生来校就读。同样，对于成成中学来说，生活在相同的社会文化氛围之中，必然在中学教育办学实践过程中存在与其他中学相同的历史际遇，但其在国难当头所做出的举校从军的道路选择，却值得我们后人深思！

第三节　成成中学办学思想的价值变迁

"五四"运动后的太原，"打倒帝国主义！打倒封建主义！"已经成为广大知识青年的共识。但是，对革命前途的看法，却存在着重大的分歧——"有的主张用三民主义救中国，有的主张用马列主义救中国，有的把中国革命的前途寄托于西方的'民主科学和自由'，有的则要为马克思主义在中国的胜利而奋斗"[①]。成成中学 1924 年至 1937 年间办学思想的变迁，从一个侧面折射了当时社会思想文化界的论争及青年知识分子最终的主流价值取向。成成中学的办学思想在 1931 年之前基本上是"教育救国论"占统治地位。从 1931 年之后，由于全国及山西社会形势的变化，成成中学的办学思想呈现出了由"教育救国"向"革命救国"的理念转变和价值变迁。

一　"教育救国"：传统与现代的结晶

成成中学在 1931 年之前学校的领导权掌握在萧静庵和高阆

---

① 王建富、程秀龙：《太原地下党革命斗争史话》，山西人民出版社 1985 年版，第 2 页。

仙手中，学校的办学思想以教育救国论为主导。教育救国作为成成中学的办学思想，是来源于《中庸·自成章》思想的启发，受益于五四新文化运动以来"民主"与"科学"思潮的影响，出自北师大晋籍毕业生的集体智慧，同样也体现了教育发展对时代变迁的回应。成成中学在创办初期形成教育救国的办学思想，是教育传统、教育环境、教育价值、教育经历等多方面因素相互作用的结果。

（一）教育传统：传统教育文化的固有熏陶

首先，中国传统社会是一个宗法伦理的社会，"天下太平之内容，就是人人在伦理关系上都各自做到好处（所谓父父子子），大家相安相保，养生送死而无憾"①，家庭伦理、亲情道德是人的最后皈依。而与此同时，宗法伦理中的亲亲关怀并不仅仅止于家庭亲情，"自然、他人、天道都不是'他者'，而是自身或自己的一部分，或是与自己有机联系在一起的整体"②，即关爱自己的父母与子女的同时关爱他人之父母与子女，是一个由己及人的亲亲扩展过程。其次，儒家强调个人在社群、团体中应该承担义务，强调反思自己对于群体及他人是否做到了尽心尽力。在为仁自觉的基础上，儒家的成人意味着承担自己的道德义务并且拥有与自己相称的道德修养，天下和谐的实现在于自己是否对他人尽到了道德责任。最后，儒家的成己即是成人，即作为儒家理想人格实现的君子，个人的德行实现包含着安民、安百姓的社会责任与使命。儒家一贯注重个人与家、国、天下的一体，认为家、国、天下乃是个人修身的目标与最终实现的场域。成人的过程，就是个人在家、国、天下中完整地履行其义务与责任的过程，就是融成己、成人、成物为一体的道德自我的提升过程。

---

① 梁漱溟：《中国文化要义》，上海人民出版社2003年版，第99页。
② 郭齐勇：《中国哲学智慧的探索》，中华书局2008年版，第13页。

在太原同时期中学的校训和校规之中，无不体现出传统文化对中学教育办学实践的影响。山西省立一中校训为"勤俭自立，诚毅有为"，并在校歌歌词中融进了校训内容："须知道勤补拙、俭养廉……及早回头莫迟延，忍教纷华靡丽累我性天""须知道诚无伪、毅不挠……希贤希圣励前程，与我第一中校大放光明"。"勤""俭""诚""毅""希贤希圣"等内容深受中国传统教育文化的影响，由此也形成了省立一中在"五四"运动前期，"论学科注重读经，论校规注重道德"的学风和校风。同样，太原进山中学的校名为阎锡山取《论语》"譬如为山，未成一篑，止，吾止也；譬如平地，虽覆一篑，进，吾往也"之义而来。以"智、仁、勇"为校训，校歌中同样融进了校训的内容："智仁勇校训毋忘，勤俭忠实毋自荒，努力奋斗，进吾往，进吾往"，更是体现了传统文化在学校办学实践中的深远影响。成成中学同样也是取古训"成己成人"之义而来，"明德明礼、成己成人"的校训，更是彰显了传统教育文化的精髓。即使是在新文化运动对传统文化进行猛烈抨击的背景下，传统文化对国人的影响还依然存在，就是在当下的社会文化环境中，我们依然能感受到传统文化的影响。当然，我们需要做的就是继承和发扬传统文化中积极向上的一面。

（二）教育环境：阎锡山治晋理念的教育诉求

阎锡山为了推行其"新政"、实现其"用民政治"的治晋理念，就必须大力发展山西的教育事业，以培养出更多有利于统治的治晋人才。"如果教育办好，人才辈出，把私心化去，显出公道心来，维辅国政，教训国民，将来我国自可富强。"[①] 教育成为阎锡山"用民政治"体系的重要组成部分，"用民政治之实质

---

① 《阎伯川先生言论辑要》（第2册），太原绥靖公署主任办公处1937年编印，第103页。

是什么？试分析言之。民德、民智、民财三者，皆用民政治之实质也。民无德则为顽民，野蛮不化，不能用也；民无智则为愚民，椎鲁劣钝，不能用也；民无财则为贫民，救死不瞻，不能用也。故欲用民，必须从三者着手，然后民能用"①。阎锡山"兴学重教的结果使得山西在20世纪20年代初即初步形成了由初级小学到高级小学，再到普通中学以及各种专门学校，直至大学，同时辅以各类社会职业教育的教育体系，从而为近代教育的发展奠定了初步的基础"②。

诚然，阎锡山重视教育在客观上促进了山西（尤其是太原）办学之风的兴起，仅1922年太原增加了新民中学、平民中学、并州中学、进山中学、育德中学和晋华中学等6所私立中学校，1923年私立中和中学创办，1924年又先后办起山西公学、爱贞公学中学部、博文中学、青年会中学、云山中学、三晋中学和成成中学。1925年又有私立晨光中学、加辣女中、尚志中学和光华女中（1933年改名为山西省立太原女子初级中学校）创办。但是，阎锡山本人办学的真正目的在于，通过重视和创办学校教育来团结和培养山西青年人才，从而达到通过教育服务其"用民政治"的统治政策，从其本质上来说是教育救国思想的体现。我们剖析"用民政治"的治晋理念、审视川至中学和进山中学的办学实践，就可体悟教育救国思想在阎锡山本人兴学思想和办学活动中的重要地位。

（三）教育价值：新文化运动的教育引导

从1915年《青年杂志》创办开始，以陈独秀为首的一批启蒙思想家以"民主"与"科学"为武器，向严重阻碍人自由发展的旧思想、旧道德、旧礼教和旧文化发起了猛烈冲击，掀起了

---

① 《阎伯川先生言论辑要》（第1册），太原绥靖公署主任办公处1937年编印，第82页。

② 山西省地方志办公室编：《民国山西史》，山西人民出版社2011年版，第131页。

一场以"人的解放"为主旨的、在中国历史上影响深远的新文化运动。于是，"'五四'新文化运动时期的启蒙思想家都不同程度地注目于国民性改造和个性独立人格之追求，且理所当然地视之为自己的神圣使命"。新文化运动中所折射出的"国民性改造"和"个性独立人格"之价值追求，在教育家们的教育思想中体现为"无论是对中国传统思想的批判，还是对中西文化教育差异的比较探索，都是指向人的现代化，并通过人自身素质的现代觉醒，去进一步促进整个社会的现代化进程"。尤其是在"五四"之后，"中国积极的学生爱国者，一次又一次地受到老师的劝告，要他们认真考虑过几十年甚至几代人，公民才能慢慢成熟这一前景，同时督促他们不要忘记他们的根本责任是学习"①。杜威和胡适作为教师中的代表性人物，其观点可以折射新文化运动时期学校教育的价值取向。

1919年秋天，杜威在北京大学发表演讲时指出："改造我们的社会从何处开始？我的回答是，我们必须从改造社会的组织机构开始。家庭、学校、地方政府、中央政府——所有这些都必须改造，但必须由组成它们的人民，作为个人的工作来改造——当然，个人要与他人协调，但仍然是个人，每个人要承担起他自己的责任。"同时期，胡适②指出，"文明不是笼统造成的，是一点一滴的造成的。进化不是一晚上笼统进化的，是一点一滴的进化的。现今的人爱谈'解放与改造'，须知解放不是笼统解放，改造也不是笼统改造。解放是这个那个制度的解放，这种那种思想的解放，是一点一滴的解放。改造是这个那个制度的改造，这种

---

① ［美］格里德尔：《知识分子与现代化》，单正平译，广西师范大学出版社2010年版，第242页。

② 阎锡山为了抵制新思潮和马列主义在山西的传播，还特意邀请胡适、江亢虎等人来太原，在山西大学进行讲演，宣扬欧美资产阶级的改良学说，从中可见胡适本人在当时社会的影响。

那种思想的改造，这个那个人的改造，是一点一滴的改造"[1]。

学生的主要任务在于学习，通过学习把自己塑造成为一个具有独立人格并且能担当社会责任的"新人"，从而实现国民性改造任务。社会的不断向前发展，在于每个人通过自己的努力，实现对社会一点一滴的改造。所以，学校教育就在于造就那个具有"独立自由人格"的、将来能对社会进行改造的个人。"把自己铸造成了自由独立的人格，你自然会不知足，不满意于现状，敢说老实话，敢攻击社会上的腐败情形，做一个'贫贱不能移，富贵不能淫，威武不能屈'的斯铎曼医生。"[2]

（四）教育经历：学校创办者的思维路向

成成中学于1924年创办，创办者主要是北师大的晋籍毕业生，因此1919年至1924年间北平师范大学整体的学校氛围，必然会对身处于该校的毕业生的思想产生影响。1919年，钱玄同在《北京高等师范学校周刊》上发表的"施行教育不可迎合旧社会"的主张，基本上体现了"五四"运动之前北京高等师范学校的整体办学方向，"教育是教人研求真理的，不是教人做古人的奴隶的，教育是教人高尚人格的，不是教人干禄的。教育是改良社会的，不是迎合社会的。"钱玄同本人是新文化运动时期大力提倡白话文运动的闯将，他的思想大体上代表了当时新文化运动提倡者们的思想路向，从其言论中我们就能清楚地明了当时人们对教育的期望。同样，"五四"运动前后北京高等师范学校学生中的重要社团——平民教育社，其创立前期就"主张通过教育的革新和改良来改造社会的，认为教育的改良是一切改良的根本"，后期则成为"宣传资产阶级教育学家唯心学说"的教育团体。从本质上来看，"平民教育"实际上是资产阶级知识分子

---

[1]　胡适：《新思潮的意义》，《新青年》1919年第7卷第1号。
[2]　葛懋春等主编：《胡适哲学思想资料选》（上册），华东师范大学出版社1981年版，第341页。

"企图通过改革和普及教育的途径来救国和改造社会，但实际上这正反映了他们对于用革命手段去彻底消灭旧社会的极端疑惧的心理"①。由此可见，1919 年至 1924 年间教育救国思潮在北师大学生头脑中的思想地位。

同样，教育救国也是同时期北京学生联合会的主张。1921 年 8 月 10 日全国学联在上海召集第三次全国学生代表大会，共有北京、上海、安徽、江西、广东、贵州、福建、山东、江苏等地代表 31 人参会。在 8 月 26 日当学生评议会讨论"否认北庭（即北京政府）及准备否认北庭后之方法案"时，北京代表称"北京学生联合会平素主张，在于力争外交，促进教育，以谋社会之改革，故关于设计政治臭味各问题，曾一再声明，我辈在学生时代，为外交教育奔走呼号，荒废学业，已属国家之不幸，若再涉政治，益形纷扰，良以政治问题，以党派分歧，是非丹素，易致迷悟，不如暂置勿问"②。在学生评议会进行的第六天，北京代表唐世芳认为："今后学生之行动，宜向根本方面着手，即注意能实行的事，不必徒托空言"，而学生运动的"根本方面"为："救国须从教育入手，不必干涉政治"③。最后，由于参会学生们在改造社会问题上的主张不同，更因为在学生总会中历来具有举足轻重作用的北京代表，主张教育救国的改良主义，全国学联分裂而学联工作自此以后几乎处于销声匿迹的地步。

成成中学建校后，校务实际由校务主任高阆仙主持④。高阆仙

---

① 张允侯等编：《五四时期的社团》（三），生活·读书·新知三联书店 1979 年版，第 5 页。

② 《京学生会代表之宣言》，《申报》1921 年 8 月 28 日。

③ 《学生会欢宴评议员记》，《国民日报》1921 年 8 月 17 日。

④ 萧静庵和高阆仙都是国家主义派，主张一手打倒国民党，一手打倒共产党，提倡"苦读救国"，压制学生参加政治运动（王建富、程秀龙：《太原地下党革命斗争史话》，山西人民出版社 1985 年版，第 150 页）。

毕业于北师大，是一个崇尚教育救国论①的具有爱国主义思想的教育家，从1924年至1932年期间主持教务，"受当时社会思想潮流的影响，要求学生'死读书，读死书'，不许学生参加新文化和民主政治运动。（实际上管得再紧，封锁再严，也阻挡不住中国革命新文化潮流和抗日救国运动的影响，学生还是参加了抗日救亡的'一二·一八'运动），客观上为反动统治阶级帮了忙"②。同样，即使是早在1921年就成立太原社会主义青年团并成为太原学生革命运动的红色阵地的山西省立一中，"教育救国"的思想依然具有顽强的生命力。1919—1923年在省立一中读书的杜任之在《我的回顾——社会主义青年团对我的影响》一文中，就曾表明自己就是一位抱有"实业救国""科学救国""教育救国"思想的学生，"在省立一中学习的可分为几种类型：一种如王鸿钧、贺昌、傅懋恭（彭真）等，是学生中的革命派，威信高，有远见。另一种则只管读书，任何闲事不管，被称为'洋文派'，如阴毓兰能背《英汉字典》，能背诵兰姆写的《莎士比亚戏剧故事》；考取第一名的张恒寿，国文造诣很深。还有一种'混派'，他们家中富有，学业一般，糊涂过日子……那时，我还抱着'实业救国'的幻想：既接受革命派的影响，参加一些学生运动，也受阴毓兰、李棣华的影响，背诵过《莎士比亚戏剧故事》，刻苦攻读理工……我对学生运动一直是同情的……我仍然热衷于'科学救国'……"③ 由此可见，"实业

---

① 原成成中学学生韩纯德在其文章《回忆在太原成成中学的生活》中指出，"他（高阆仙，笔者按）是一位爱国的知识分子，教育救国、工业救国是他从教的指导思想。他没有讲过马列主义，也没有讲过三民主义，更没有提倡过孔孟之道，给我印象最深的就是，要我们学好文化，做一个救国的人"（参见贾振国主编《光荣在成成——薪火相传话成中》，太原成成中学编印2004年版，第28页）。

② 贾振国主编：《光荣在成成——薪火相传话成中》，太原成成中学编印2004年版，第8—9页。

③ 杜任之：《我的回顾——社会主义青年团对我的影响》（遗稿），《山西文史资料》1990年第69辑。

救国""科学救国""教育救国"依然在太原大中学校学生中占据主导地位。

二　"革命救国"：时代的需要与使命的转换

（一）时代的需要："华北之大，已经安放不下一张平静的书桌了"①

在第一次国内革命战争失败以后，山西各地党组织连续遭到破坏，全省有影响的共产党员、共青团员都被列入通缉名单，许多进步学生在阎锡山的"清校"中被开除、逮捕。伴随着中共山西省委将工作的重点转移到农村，山西学生运动进入了低潮期。在"九一八"事变之后，全国各地爆发了抗日救国运动，要求南京政府对日作战，收复失地。北平大学的学生一针见血地指出，"读书救国，今日已非其时；荷枪实弹，乃为当务之急"②，道出了全国青年学生急切挽救民族危亡的决心。在山西，以青年学生为先导，开展全民性的抗日救国运动。1931年12月18日，山西太原国民党省党部命令军警开枪射击请愿学生代表，穆光政同学不幸中弹牺牲，造成惨案。后来，各界代表组织"惨案后援会"，支援学生抗日爱国的革命行动。"一二·一八"运动使太原的抗日救国运动进入一个新阶段，表明了山西青年学生和广大人民群众民族革命的觉醒。但是由于王明路线占据统治地位，采取了"左"倾政策，"尽量开展和利用学生的争斗，与红军的英勇行动呼应和配合，将毫无疑义地，促进革命在一省数省的首先胜利"③，使革命的有利形势很快就丧失了，轰轰烈烈的学生爱国运动也被国民党镇压了。

---

① 《清华大学救国会告全国民众书》，1935年12月9日。
② 《国立北平大学俄文政法学院学生救国会宣言》，1931年9月20日。
③ 博古：《论学生运动目前的形势》，载中国共产主义青年团中央委员会办公厅编《中国青年运动历史资料》（1931年），1960年，第618页。

我们在分析中国共产党对学生工作路线"左"倾错误的同时，必须肯定中国共产党和中国共产主义青年团坚决反抗日本帝国主义侵略、反抗蒋介石的不抵抗主义的立场是完全正确的。尤其是在"九一八"事变之后，中日民族矛盾上升，抗日救亡已经是国内政治主题的背景之下。与此同时，我们也必须认识到这样一个事实：学生中大多数人对国民党抱有幻想，中国共产党和中国共产主义青年团需要在合法的请愿斗争当中，让学生明白国民党的不抵抗政策，从而逐步巩固和发展中国共产党在学生抗日救亡运动中的领导地位①。1931年以后，太原学生社团和学生读书会的出现，就是在中国共产党的组织下学生寻求救亡道路的一种新方式，也是学生运动的一个新特点。同样，它也为学生日后发动更大规模的抗日救亡活动奠定了思想基础和人才基础。1932年，随着太原党组织的逐步恢复，"左联""社联""抗日反帝大同盟"等群众革命团体也相继在省立第一师范、省立国民师范、山西大学、太原成成中学等学校成立，太原的学生运动再次活跃起来。此外，从1932年开始，太原先后出现了"中国青年救国团""建设救国团""山西人民监政会""晋绥人民监政救国会""文山读书会""植社"等一系列

---

① 玉群在《"五卅"四周年纪念与中国青年运动》一文中就曾指出，"在'五卅'运动爆发之初，全国学生会都在无产阶级政治指导下进行工作。不久国家主义者开始在学生群众运动中出现，夺取一部分学生组织国家主义青年团。同时代表中国民族资产阶级意识的戴季陶主义出现，于是又有孙文主义学会之组织，分散了学生群众的力量。然而大部分学生仍然努力参加当时的反奉运动和北伐战争等，到了一九二七年春间，中国资产阶级中途背叛革命，与封建地主帝国主义联盟，建立反革命的南京政府；接着武汉国民党也相继叛变，于是中国学生在风暴般的阶级斗争之前动摇了。全国学生会的机关大半转入反动派手中，学生运动顿时表现消沉的状态。此后改组派第三党又趁一般学生感觉无出路的机会，进行迷惑青年的工作。直至最近，一般学生——尤其是贫苦的学生才开始消失对于国民党一派的幻想，而逐渐回到共产主义旗帜下来"（《列宁青年》1929年第一卷第十六期，转引自中国新民主主义青年团中央委员会办公厅编《中国青年运动历史资料》（1929年1—6月），1958年，第631—632页）。

群众团体。① 这些团体在一定程度上起到了宣传抗日救亡道理，推动救亡运动向前深入发展的作用。

随着日本侵华步伐的一步步加紧，特别是"华北事变"之后，山西成为抗日的最前线。1935年11月，"为统一反蒋抗日力量，建立反蒋抗日统一战线，山西左联、社联、教联、反帝大同盟、中华民族抗日武装自卫委员会、红军之友社等群众团体合并，组成讨蒋抗日救国会"②。在"一二·九"学生爱国运动爆发之后，太原成成中学、友仁中学、太原女子师范等学校的爱国学生组成太原学生抗日救国会，举行了示威游行，进而使得太原的抗日救亡运动走向了一个新高潮。阎锡山的"守土抗战"以及"山西牺牲救国同盟会"的成立，更加促进了山西抗日救亡运动的新局面，"现在的太原，可以说是对外空气最紧张的地方，我到太原的时候，正是旧历正月十五前后，一切旧式的游戏组织，如秧歌、高脚、社火、梆子戏等，都一齐搬了出来，热闹非常。但是这些东西，却完全换了新的内容。一种有组织的力量支配这些东西，他们歌唱和演戏的材料，或是已经成为抗日救亡的题材，或者夹入许多抗战的唱歌和口号。这种做法，普遍到全省"③，山西的抗日救亡运动很快就走到了全国的前列。山西成为最吸引抗日爱国青年的地方，"到太原去"成为那个时代的最强音。

---

① 阎锡山组织这些团体主观上是为了自己统治的需要——笼络人心、防止被共产党利用，"明知组织起来是个乱子，不去组织是个空子，为了防止人家钻了空子，出了乱子，还不如自己去组织，掌握在自己手里，就可以防乱子，补空子，还可利用群众团体为自己摇旗呐喊"（山西省政协文史资料研究委员会编：《阎锡山统治山西史实》，山西人民出版社1984年版，第195页）。1936年春，阎锡山又将"中国青年救国团"等几个群众团体合并组织成为一个新的团体——"自强救国同志会"。

② 中共山西省委党史研究室：《中国共产党山西历史大事记》，中共党史出版社1991年版，第142页。

③ 范长江：《塞上行·太原印象》，新华出版社1980年版，第175页。

（二）使命的转换：知识分子的"新觉醒"

"五四"运动之后，在中国青年和新文化运动的阵线中，围绕着如何改造社会的问题而产生了明显的分歧。"问题与主义"的论战，在导致新文化运动中知识分子统一战线开始出现裂痕的同时，也导致了爱国青年群体的分化。他们中的一部分人，如罗家伦、傅斯年、段锡朋等"五四"运动人物，选择了站在导师胡适等人身边；另一部分"五四"运动青年学生，由于种种原因的局限，并没有在"五四"运动之后，再次发挥青年学生思想领航者的作用；还有一部分以刘少奇、邓中夏、张太雷、赵世炎、陈延年等人为代表的知识青年，在以导师李大钊为代表的革命先驱的引导教育下，走上了在中国实现社会主义的道路。虽然在当时社会背景下，追寻马克思主义思想的知识青年只是少数，但是从中国革命整体发展历程来看，他们却代表和引领了中国社会和中国青年学生的前进方向。

如果说，鲁迅的《呐喊》喊出了青年知识分子的无奈和彷徨：

> 假如一间铁屋子，是绝无窗户而万难破毁的，里面有许多熟睡的人们，不久都要闷死了，然而是从昏睡入死灭，并不感到就死的悲哀。现在你大嚷起来，惊起了较为清醒的几个人，使这不幸的少数者来受无可挽救的临终的苦楚，你倒以为对得起他们么？
>
> 然而几个人既然起来，你不能说决没有毁坏这铁屋的希望。[1]

那么，毛泽东《在延安文艺座谈会上的讲话》中讲述了自己

---

[1] 鲁迅：《鲁迅全集》第1卷，人民文学出版社2005年版，第441页。

学生时期的成长之路，指出了青年知识分子努力和奋斗的正确方向：

> 我是个学生出身的人，在学校养成了一种学生习惯，在一大群肩不能挑手不能提的学生面前做一点劳动的事，比如自己挑行李吧，也觉得不像样子。那时，我觉得世界上干净的人只有知识分子，工人农民总是比较脏的。知识分子的衣服，别人的我可以穿，以为是干净的；工人农民的衣服，我就不愿意穿，以为是脏的。革命了，同工人农民和革命军的战士在一起了，我逐渐熟悉他们，他们也逐渐熟悉了我。这时，只是在这时，我才根本地改变了资产阶级学校所教给我的那种资产阶级的和小资产阶级的感情。这时，拿未曾改造的知识分子和工人农民比较，就觉得知识分子不干净了，最干净的还是工人农民，尽管他们手是黑的，脚上有牛屎，还是比资产阶级和小资产阶级知识分子都干净。这就叫做感情起了变化，由一个阶级变到另一个阶级。①

到民间去，与工农相结合；到农村去，"唤起民众"，开辟知识分子与工农相结合的革命道路，逐步成为"五四"运动之后广大青年知识分子的努力奋进之路。1935 年 12 月下旬，林枫代表中共北平市委和黄敬、彭涛等人商定，成立南下扩大宣传团，组织学生到农村去"唤起民众"，向群众宣传抗日救国的道理。这实际上意味着，林枫和北平市委领导北平学联，把"一二·九"学生爱国运动向前推进了一大步，引向一条知识分子和工农群众相结合的道路。在北平学联的引领和带动下，其他城市学联的学生也纷纷走向农村，宣传抗日救国的道理。青年

---

① 《毛泽东选集》第 3 卷，人民出版社 1991 年版，第 851 页。

知识分子在党的领导下，思想觉悟上由民族觉悟转变到阶级觉悟，逐步成长为先进的共产主义战士，成为华北和全国抗日救亡运动的骨干力量。

（三）特殊际遇：成成中学办学的独特经历

"九一八"事变之后，虽然山西党组织遭到了一定程度上的破坏，中共山西省委和团山西省委的工作重心有所转移，但是在太原还依然能看到中共党员的活动身影。在山西抗日救国学生运动中，党的组织和领导地位并没有随着党组织的被破坏而减弱。在太原的大中学校包括由阎锡山本人亲自所创办的川至中学和进山中学之中，大都建立党的外围组织，还拥有个别教师和学生党员。在川至中学，经过党组织的培养考察，1934年秋经王堪①介绍朱卫华入党，接着朱卫华又介绍朱光海（原名朱蔚华）、卫希青、张銮、赵敏等人入党。随着党员人数的增加，川至中学于1934年冬成立了党支部。此外，川至中学还成立了诸如"互济会""读书会"等党的外围组织。在进山中学，进一班学生纪廷梓和张叔平、傅懋恭（彭真）建立第一个中国共产党太原支部；1925年冬，正式建立党支部②；1932年初成立抗日救国学生会，随后又成立了"教联""左联""社联"等党的外围组织。川至中学和进山中学这样特殊学校的学生在民族危难之际，在阎锡山的种种措施的控制之下都出现了热爱马克思主义的教师和学生，何况其他诸如山西大学、山西省立一中、太原国民师范等具有优良革命传统的学校。

民族危难之际，太原的大中学生出于民族觉悟、勇于担当、

---

① 王堪，原名王公和，又名王伯达，川至中学附近的大建安小学校的教师、中共地下党员。

② 在支部成立时山西党组织负责人王瀛曾出席；1926—1927年，进山中学先后有张琦、徐作霖、武宝善、李裕源、韩道明、刘岱峰等同学加入中国共产党。在国共合作破裂之后，1928年学校党组织遭到破坏。

敢于走向抗日救亡的前线，既是时代发展所驱更是青年学生爱国心和责任心所致。太原成成中学的学生走出校门，走上宣传抗日救亡之路，同样也是适应时代发展的选择。但是，太原成成中学的特殊之处在于，学校的领导权是掌握在共产党员的手里。虽然作为校长的武新宇和刘墉如并没有公开他们的党员身份，但是他们可以通过正常的学校日常教育活动，把抗日救国道理根植于每一位成成学生的心中。1932 年，山西省"文总""教联""左联""社联"等党的外围组织，在成成中学武新宇校长的办公室正式成立。成成中学的"教联"组织是太原"教联"组织中最早建立的一个，直到 1937 年 10 月抗战开始后，党支部（正式公开工作之后）才取代"教联"在成成中学的组织活动工作。此外，成成中学的武新宇、刘丹顿等老师还充分利用在成成中学的职权及在校外兼课的有利条件，广泛联系各校进步教师和学生，秘密培养和吸收了一批"教联""左联""社联"成员。至 1937 年 10 月，成成中学成立师生抗日义勇队之前，在成成中学学生中曾成立的爱国进步组织还有："前夜研究社""血旌社"、抗日反帝同盟会、抗日反帝大同盟、中国共产主义青年团、中华民族抗日武装自卫委员会、红色互济会等。"由于党在成中掌握领导权之后，始终坚持爱国主义的教育，广大学生在校时就确定了为民族解放奋斗终生的志向"，"抗战开始，成中学生除集体加入抗日游击队外，在其他地方的，据不完全统计，有 260 余人参加了决死队、牺盟会、八路军及抗日政权工作的，成为革命事业的中坚骨干。在长期的国内革命战争和民族解放战争中，成中有数百名老师和学生先后献出了自己年轻宝贵的生命。"① 正如林枫在成成中学任教期间所指出和所希望的那样，"要教好书，把学校

---

① 中共太原市委党史研究室编：《成成中学——从地下斗争到抗日战场》，中共太原市委党史研究室编印 1993 年版，第 41—42 页。

办成一所有声誉的学校，待时机一到，你们一点头，学生就起来了"①。成成中学的学生，就是在民族危难之际"起来了"，他们拿起了枪，走向了战场，为了民族的生存，做出了无悔的人生选择，在祖国最需要的地方，用青春和鲜血绘出了最美丽的生命篇章！

① 本书编委编：《成成烽火——成成中学师生抗日游击队纪实》，中共党史出版社 2009 年版，第 28 页。

第二章　先锋桥梁：爱国运动中的成成师生

四支队是以太原成成中学师生为主组成的部队，支队长是成中原校长刘墉如同志。在刘墉如之前，我曾于1931年至1932年担任成中校长，刘墉如同志为训育主任，从那时起，党员教师第一次掌握了成中领导权，开展了学生运动。由于有这样一个基础，抗战全面爆发后，一整个学校的师生就投笔从戎，组建了游击队，成为战动总会的游击第四支队。这在当时是一个罕有的范例。[①]

——武新宇《从太原到大青山》

从武新宇担任成成中学第二任校长以来，成成中学的领导权就掌握在中国共产党手中。虽然其间有诸如校长段丽卿的短期逆流，但是从第四任校长刘墉如之后，成成中学的领导权就一直被中国共产党所掌握。鉴于当时太原的革命形势，武新宇和刘墉如校长的活动主要以地下活动为主，对教师和学生的引领和教育主要也是以隐蔽的方式展开。诚然，当时中国社会所

---

① 武新宇：《从太原到大青山》，载中共山西省委党史研究室编《战动总会简史》，文津出版社1993年版，第290页。

面临的特殊局面，使得大多数青年都拥有救亡图存的爱国觉悟；但是，青年知识分子中间把觉悟转化为自觉的行动，把处于潜意识的爱国思想转化为公开的爱国行为，更需要青年导师对他们的正确教育和引导。成成中学的教育实践，就充分表明了广大青年知识分子在中国共产党的正确领导和教育下，最终选择抗日救国道路的光荣革命历程。

第一节 成成中学学校领导权的党派之争

从 1924 年成成中学创办之初至 1937 年举校从军，萧静庵、武新宇、段丽卿、刘墉如（他们都毕业于北师大，其中武新宇和刘墉如为中国共产党党员）等四人先后掌握成成中学的领导权。他们之间在政治信仰、人生抱负和教育理念等方面存在的差异，使得成成中学在不同阶段的办学实践中呈现出不同的办学风格。正是由于武新宇和刘墉如校长的苦心经营，成成中学才呈现出了有别于同时期其他中学的办学实践历程——中国共产党党员掌握学校的领导权[①]，并最终走上革命道路。

一 武新宇校长时期：党在成成中学第一次掌握领导权[②]

武新宇为成成中学第二任校长，是在 1932 年初第一任校长萧静庵调任进山中学之后担任校长职务的。武新宇校长的访谈录记载了他来成成中学之前的大致经历，"1931 年 9 月，我（武

---

① 关于中国共产党争夺成成中学领导权的情况，可参见焦国鼐《党在成成中学争夺领导权的斗争》，载中共山西省委党史研究室编《中共山西历史忆事》（第一卷），山西人民出版社 1991 年版，第 335—343 页。

② 本部分资料除来自成成中学校史资料外，还有武新宇校长本人的访谈记录，为写作便利，本书在注释中标明武新宇校长访谈记录的出处，行文中不在标明出处（《访成中老校长武新宇同志谈话记录》，载贾振国主编《光荣在成成——薪火相传话成中》，太原成成中学编印 2004 年版）。

新宇，笔者按）同萧政卿（北师大同学，在成成中学教过书）从河北省第二师范到了辽宁丹东凤凰城，那里有北师大同学杨瑞亭（宣化人），到凤城十来天，发生了'九一八'事变①。我俩商定很快进关，就从丹东到大连，再换乘日本货轮到天津。不愿再回北京，给太原成中任教的刘墉如写信，接刘复信，有目的地回了太原，先在成中教英语，后任教务主任，直至1932年初当校长"。

在武新宇来成成中学之前，成成中学教师的政治状况为：1930年暑假，高阆仙经好友张隽轩（中国共产党党员）和学生杜心源（中国共产党党员）的推荐，从北师大聘请同乡刘墉如来校任数学老师，刘墉如是成成中学教职员中最早的中国共产党党员。后来，由于成成中学在1931年暑期扩大招生，急需补充教师，刘墉如竭力推荐北师大同学焦国鼐来校任物理老师。焦国鼐曾在北京参加党的外围组织（麔尔读书会）。"九一八"事变以后，刘墉如又推荐北师大校友武新宇、萧政卿到成中分别任教英语和史地。他俩是成成中学教师中的第二批党员。刘墉如、焦国鼐、武新宇、萧政卿等人的到来，不仅加强了成成中学的师资力量，而且带来了革命的火种，为成成中学成为共产党在太原活动的重要基地奠定了最初的基础。1932年初，被阎锡山政府认为治校有方的萧静庵调任太原进山中学校长②。同

---

① "九一八"事变发生时，武新宇和萧政卿等成成中学校董正在东北凤凰城第二师范教书。目睹日本帝国主义的屡屡侵略罪行，他们义愤填膺，公开发动二师学生起来斗争。大家在高粱地里拿着刀、木棒准备和日本鬼子拼命，二师校长怕出事，迫使武新宇等三人离开东北返回关内（中共太原市委党史研究室编《成成中学——从地下斗争到抗日战场》，中共太原市委党史研究室编印1993年版，第19页）。

② 萧静庵调任进山中学担任校长之后，校务主任高阆仙仍在成成中学工作，继续贯彻"教育救国"的办学理念，不让学生过问政治，激起了武新宇等老师和学生的不满。于是，在1932年上半年，发生了驱逐高阆仙的斗争。高阆仙被驱逐出之后，还曾联合萧静庵等组织部分力量，企图夺回成成中学的领导权，但是没有得逞。

年，校董事会决定武新宇担任成中第二任校长。武新宇任校长之后，聘请中国共产党党员刘丹顿、"教联"成员狄景襄（承青）① 来校任教，并任命刘丹顿为教务主任、刘墉如为训育主任，接着聘请要求进步的北师大校友粟儒珍任校务主任。经过武新宇的一系列人事安排，中国共产党第一次掌握了成成中学的领导权，并进一步明确了办学宗旨，提出了正确的教育思想和校风学风②，成成中学师生的爱国抗日救亡活动也进入了一个新阶段。

据成成中学校友雷声回忆，武新宇在担任校长期间曾谈到过建立中共成成中学教师支部③的问题。由于成成中学第一个教师党员刘墉如在来成成中学以后，未能与组织上接上关系，而武新宇来成成中学时是带有组织关系的，并参加了中共山西特委的工作。武新宇在为刘墉如解决组织关系问题的同时，在成成中学建立中共教师党支部，其中武新宇任书记，刘墉如和刘丹顿任支委。教师党支部成立的时间在1932年，而由于1933年1月武新宇、刘丹顿因被阎锡山政府通缉而出走太原，刚刚成立的党支部也可能就随之解体。武新宇校长在建立教师党支部的

---

① 狄景襄在《我在太原成成中学的经过》一文中，讲述了自己来到成成中学的经过："我到成中工作是偶然的机缘促成的。1932年我在北平师大修业刚满三年，暑期经过太原回家（崞县），在成中工作的师大同学刘墉如、焦国鼐留我在成中教书，并介绍我和武新宇校长见面，但没有最后确定。从家返太原时刘丹顿（在校名刘执德）也到了，我俩在师大'1931读书会'中，曾数度接头，是他介绍我参加社联。这时刘丹顿和刘墉如共同劝我留成中。定后，我在成中任课外，还被委派为训育员"（中共太原市委党史研究室编：《成成中学——从地下斗争到抗日战场》，中共太原市委党史研究室编印1993年版，第101页）。

② 据马复星《成成中学的办学历程》一文记载，武新宇任校长期间，成成中学的办学宗旨为："成己成人，教学相长，认真读书，革命救国，引导学生走抗日反帝拯救中华民族的革命道路"，校风学风为："爱国自由，读书自由，择师自由和学生自治"（《太原党史资料通讯》1986年第2期）。

③ 关于成成中学中共教师党支部的建立问题，我们能找到在武新宇校长时期曾经建立的证据，只存在于校史中雷声的回忆。成成中学第二次建立中共教师党支部的时间为1937年初，经中共山西工委批准成立。

同时，开始酝酿筹建党的外围组织"华北教育者劳动同盟"。刘丹顿老师来成成中学任教以后，又从北平带来关于成立党的外围组织"中国左翼文化界总同盟"（简称"文总"）、"中国左翼教育工作者联盟"（简称"教联"）、"中国左翼作家联盟"（简称"左联"）、"中国社会科学家联盟"（简称"社联"）的指示。当时依托成成中学建立党的外围组织已初步具备了条件，首先，无论是成中还是其他学校都已有了一批进步教师；其次，通过1931年底太原各校师生包围国民党山西省党部要求抗日的斗争，锻炼出一批勇于革命的学生；最后，共产党员已掌握了成成中学的领导权。与此同时，武新宇、刘丹顿还充分利用在成成中学的职权和在外校兼课的有利因素，广泛联系进步的师生，秘密地吸收了一批"教联""左联""社联"的成员，并着力培养杜连秀（一师学生）、王书良（省教学院学生）、王庆生（成中学生）等革命青年。

1932年春，"文总"和"教联"在成成中学武新宇校长办公室正式成立，参加者有刘丹顿、武新宇、杜连秀、王书良等人。不久，又在这间校长办公室成立"文总党团"，确定刘丹顿任文总书记，武新宇任"教联"书记，杜连秀任"社联"书记，王书良任"左联"书记。后来，因杜连秀被捕，而改由成成中学教师、共产党员任弼绍任"社联"书记。上述4个党的外围组织中的"文总"，实际上是代理共产党统一领导其余3个外围组织的组织，它的参加者都是共产党员。成成中学的刘丹顿、武新宇、刘墉如都是"文总"成员。当时，太原有不少大中学校逐步建立起"教联"组织，其中以成成中学建立的最早，刘丹顿、武新宇、刘墉如、狄景襄（由"社联"转入"教联"）、焦国鼐都是其中成员。党的外围组织在太原的建立，很快就成为引领和指导太原大中学校学生开展抗日救国运动的中坚力量。①

　　武新宇在担任成成中学校长之后，在与刘墉如交换意见之后，改变治校方针，发扬民主，加强对学生爱国救国思想的教育，积极通过教学活动宣传抗日救国运动。成成中学教师在各科课堂教学过程中，纷纷谈及与国家命运相关的话题，爱国救亡一时成了成成中学校园内的主旋律。武新宇还结合自己在东北地区的所见所闻，向学生讲抗日斗争的形势，介绍东北抗日义勇军和全国人民声援义勇军的许多英雄事迹和感人事例，揭露国民党政府的不抵抗政策及其种种祸国殃民的罪行。他还积极支持学生中的抗日救亡活动和进步团体的活动，引导学生把读书与爱国活动结合起来，以形成学生正视国难维艰、救亡兴国、学子有责的正确认识。这样，在全校范围内，不同年级、不同班级的学生因共同爱国信念走到一起，爱国上进、团结互助的正气在成成中学正悄然形成并日渐发展起来。

二　刘墉如校长时期：巩固党对成成中学的领导权

　　1933 年 1 月 18 日，包括成成中学学生自治会主席王庆生在内的抗日反帝大同盟的主要成员被捕，使得武新宇、刘丹顿等人因身份暴露而被迫离开太原。武新宇的离去，也使得成成中学的领导权再次落入支持阎锡山政权的"青年救国团"的骨干分子段

---

　　①　据梁膺庸在《三十年代回想录》中记载："九、十月间，同学郭萱引荐我参加了'抗日反帝同盟会'（口头上多称'抗日反帝大同盟'）。11 月间，我又参加了党的外围组织'太原社会科学家联盟'（简称太原社联）。'太原社联'这个组织及成员是'反帝抗日大同盟'中的骨干力量。参加'抗日反帝大同盟'并无介绍手续，只登记个名字，参加活动就行。而参加'太原社联'就比较严格，记得在太原成成中学一个教室内还秘密举行了入盟仪式，举手宣誓。仪式由山西省立第一师范学生杜连秀主持。同时入盟的有五六人之多。这两个组织的活动中心都在太原成成中学"（参见中共山西省委党史研究室编《中共山西历史忆事》（第一卷），山西人民出版社1991 年版，第367 页）。

丽卿手中①。为了重新夺回学校的领导权，中共山西特委通过"教联"组织和领导了"驱段运动"，并成功夺回了成成中学的领导权。至此，成成中学的领导权就一直掌握在以刘墉如校长为核心的中国共产党党员手中。

（一）"驱段运动"：党对成成中学领导权的争夺

武新宇校长因身份暴露离开太原，为段丽卿返回成成中学（曾担任化学教师）担任校长提供了客观条件。段丽卿担任成成中学校长之后，按照阎锡山本人的政策指示，大肆宣扬读书救国理论，在辞退具有共产主义倾向的狄景襄老师之后，聘任大批拥护和支持其办学理念的教师来校任教，以此来巩固其在成成中学的领导地位。为了压制学生思想，段丽卿特制定禁止学生参加社会活动的三十余条清规戒律，用来扼杀成成中学学生追求真理、渴望光明的革命热情。段丽卿的办学理念与武新宇所提倡的办学理念在本质上是截然不同的。因此，为了重新夺回成成中学的领导权，巩固成中这块红色阵地，中共山西特委书记王伯唐和市委负责人安紫西分别跟刘墉如和焦国鼐取得联系，恢复了成成中学"教联"组织（由在进山中学任教的李舜琴领导），并指导刘墉如、焦国鼐在隐蔽中团结教师，争取学生，相机夺回成成中学的领导权。

刘墉如、焦国鼐与狄景襄共同商议的基础之上，确定了驱段事宜的三条基本原则：（1）驱段不能在校内公开酝酿，待条件成熟时再突然发动，不给反动派以镇压的机会。（2）驱段要师出有名，最好由校董事会出面，指出段任校长未经董事会同意是非法

---

① 黄丽泉被赶出第一师范之后，恼羞成怒。到山西省教育厅和太原保安司令部指控"成成中学是发动风潮的大本营，成中校长武汉三（即武新宇）是此次风潮的主谋者"。潜伏在成成中学的"青年救国团"的反动分子，也大喊大叫，说什么"成成中学成了共产党的学校！"敦促政府出面干涉。武汉三同志因受政府迫害而出走。"青年救国团"团长李冠洋推荐其亲信段丽卿，出任成中第三任校长（参见王建富、程秀龙《太原地下党革命斗争史话》，山西人民出版社1985年版，第150页）。

的，从而不给反动派找到镇压的借口。（3）要设法使驱段的成果落入学生拥护的现任教职员手中。在这三项基本原则的指导下，刘墉如、焦国鼐、狄景襄等人分头秘密展开工作，分别从社会外部环境、校董事会、学生中骨干分子等三个方面入手，逐步展开驱段运动并取得了最后的胜利。校董成员王右章、张聘珍、张封甫、张武成等人在宣布撤销段丽卿校长之后，委派刘墉如暂时主持校务工作。虽然段丽卿等人不甘心接受失败的局面，设想通过种种阴谋诡计来重新夺回成成中学的领导权，但是最终都以失败而告终。驱段运动的成功，为中国共产党重新夺回成成中学的领导权奠定了坚实的基础。

（二）刘墉如校长巩固党在成成中学的领导权

在成功驱除第三任校长段丽卿之后，李子直受党的指示和狄景襄、席竹虚向王尊光推举刘墉如当校长，山西省教育厅同意委任刘墉如担任代理校长①。同时，在胡熙庵、李子直、张隽轩等地下党员的协助争取下，于1934年1月在成成中学成功召开了校董事会，并在积极协调各方意见的基础之上，刘墉如正式当选为校长。这既标志着"驱段运动"的完全成功，也标志着中国共产党在成成中学重新取得领导权。至此，以刘墉如为校长、杜心源任教务主任、焦国鼐任训育主任的成成中学领导层得以组建，他们一方面采取了灵活机动的斗争策略，坚守阵地积蓄力量；另一方面加强对学生的思想品德教育，引导学生走革命救国的道路。成成中学在这个阶段主要采取的革命措施体现在以下三个方面。

---

① 段丽卿被赶走之后，（山西）特委当即指示打入"建设救国社"任高级干事的地下共产党员李子直，对他说："为了保持成成中学这块革命阵地，你必须想办法通过上层关系，推荐刘墉如为校长。"李子直同志根据特委的指示，在革命教师狄承青（教联成员）的大力帮助下，向山西省政府秘书长王尊光和教育厅长冀贡泉推崇刘墉如的学识和为人。王、冀两人尚未发觉刘墉如是共产党员，让刘墉如出任成中第四任校长。从此以后，成成中学成为太原共产党的一个重要革命据点（参见王建富、程秀龙《太原地下党革命斗争史话》，山西人民出版社1985年版，第151页）。

1. 隐蔽组织工作，优化师资队伍

成成中学在刘墉如担任校长期间，采取各项隐蔽组织工作的措施，是受当时学校内外的社会形势的限制而不得已实施的、被后来革命实践证明的、行之有效的革命工作措施。首先，它是中国共产党反思前期革命工作，尤其是在林枫于 1934 年来成成中学任教进行工作指导的产物。刘墉如在担任成成中学校长之后，就对武新宇、刘丹顿等同志因身份暴露被迫离开学校的事件，进行过深入的反思并提出了一些具体的、隐蔽的开展革命工作的策略。而中国共产党在成成中学的革命工作真正走上健康发展之路，却是在林枫来校任教之后。林枫到成成中学任教之后，在对成成中学的具体情况进行初步了解的基础之上，向刘墉如等党员提出了以后革命工作的具体建议：要在白色恐怖很严重的太原，保住成成中学这块阵地，工作要在稳中求进；要利用合法斗争，设法迷惑上司，取得政府的信任；要培养学生，积蓄力量，引导学生以校内活动为主，杜绝蛮干，不要轻易发动学潮；教职员的工作要和学生分开，教职员不要在学生中发展组织，要从外面发展进来；学校领导要灰一些，隐蔽一些，千方百计掩护教师和学生，特别注意不暴露自己；要教好书，把学校办成一所有声誉的学校，待时机一到，你们一点头，学生就起来了。

其次，它也是在总结和反思成成中学前期革命工作经验而做出的道路选择。由于山西党组织受当时"左"倾思想的影响，林枫同志关于如何正确开展成成中学革命工作的建议，并没有得到很好的贯彻执行。"左"倾思想指导下的、公开的、大规模的学生活动，并没有取得预想的效果，反而使得好多进步师生被捕，对革命力量造成了极大的损害。成成中学校领导在总结张衡宇被捕 1931 年至 1933 年期间太原市的学生运动和成中学生参加历次学生运动的经验和教训，特别是在结合林枫所提出的如何办好学校的建议之后，他们深感对敌斗争中师生们的热情和勇气，但是不求稳进的做法是不切合现实斗争环境的，对积蓄革命力量与敌作长期斗争也是极为不利的。反观前期的学生运动历程，已经在不同程度上影响了成成中学在社会上的声誉，社会舆论也传言说成成中学是"共产党的窝"，好多家长不让子弟投考成成中学，在一定程度上影响了成成中学的生源。作为一所私立学校，没有充足的生源不仅影响着学校当前的命运，而且更影响着学校将来的前途；作为一所革命学校，没有了充足的生源，更谈不上为将来革命积蓄力量。因此，刘墉如等校领导为了保住成成中学这块红色阵地，不得不寻找符合现实条件，适合学校特点的斗争策略。

最后，它更是成成中学领导层为更好地保护进步师生所采取的必要策略。教师上街散发传单、学生公开参加革命活动，这显然不符合太原当时的革命环境。在"攘外必先安内"的政治背景下，"读书救国""教育救国""读经救国"是当时教育界的主流价值取向，胡适在纪念"九一八"周年文章《惨痛的回忆与反省》中就曾借用孔子的言论，"吾尝终日不食，终夜不寝，以思无益，不入学也"，倡导学生要在学校中好好学习，通过"读书救国"而不应该做那些与读书无关的事情，就是对当时学校教育办学方向的最佳注解。阎锡山本人也积极倡导和大肆宣传读书救国的教育主张，不支持甚至可以说反对各种进步学生运动。同样，由于受山西党组织"左"倾思想的错误引导，太原大中学校的进步学生遭受了不必要的损失。因此，为了保护进步师生，同样也为了更好地积蓄革命力量，成成中学在特殊阶段采取了特殊的革命斗争策略。

成成中学在这一时期采取的主要工作措施为：第一，加强与校外各界社会人士（主要包括阎锡山政府人士、教育界上层人士）的联系，为成成中学各项工作的顺利开展，提供良好的社会条件和外部氛围。第二，引导教师和学生形成正确的参加革命活动的方式和方法，并坚决杜绝师生参加校外"飞行集会"等容易被敌人发现的活动。第三，建立和加强与北平中华中学、平遥中学①和五台大建安村两级小学②之间的联系，以便紧急时刻可以向这些学校转移进步师生，为师生提供安全可靠的避难场所。第四，参加由阎锡山创办的"青年救国团"，刘墉如、杜心源、焦国鼐等人先后加入该团，这样既为自己的革命活动取得一个合法的工作条件，又打开了一个活动的阵地，借以保护自己。第五，努力办学，保持成中的教学优势，引导进步学生保持优良的学习成绩。通过以上几项行之有效的措施，不仅巩固了党在成成中学的领导地位，而且刘墉如校长在获得太原社会各界普遍认可的基础之上，得以连任成成中学校长一职，直至 1937 年"七七"事变之后成成中学成立师生抗日义勇队，学校撤销为止。此外，学校整体办学秩序的良性运行，也使得许多拥有渊博知识的共产党员和革命分子教师［诸如杜心源、焦国鼐、郝德青、李曙森、李一清、裴丽生、刘丹顿（二次回成成中学执教）、王仁山、武汝扬］在成成中学长期执教，他们的言传身教给追求进步的学生以

---

①　平遥中学校内党组织的建立和发展归功于任行健精心培养的结果。任行健原名任汝昌，1927 年 6 月加入中国共产党，是平遥县境内的第一名党员，也是中国共产党在平遥建立的第一个党支部的支部书记。1933 年 3 月，任行健受聘到平遥中学担任图书馆管理员。在工作期间，为学生购买大量的进步刊物。这些刊物对增长学生的科学文化知识、传播新思想、培养学生的革命情操，同时也为平遥中学党组织的建立和发展奠定了思想基础。同年 11 月，组建进步社团"二二社"，以宣传进步思想。在1934 年春，段谦谨就任校长之后，除热情支持任行健大量购买进步刊物之外，还招聘了不少有思想进步的教师到校任教。党组织利用这一机遇，委派中国共产党党员孙志远、王一夫、金树原、李长孺等人赴平遥中学任教，加强了党在平遥中学的力量。同年 12 月，平遥中学成立了中国共产主义青年团平遥县立初级中学支部委员会，马克绍任支部书记（参见平遥中学校史编审委员会编《平遥中学校史》（1924—1999），平遥中学校史编审委员会编印 1999 年版，第 6—7 页）。

②　张永青在《中共五台区委和崞定县委活动纪实》中谈到，在"九一八"事变后，杜心源和一些在外地求学的进步青年回家乡度假，在大建安、河边村及北大兴等村的小学教员和学生中开展革命宣传。1934 年夏，杜心源在大建安村两级小学成立教育促进会。1935 年，在张永青等人的筹划下，大建安村两级小学建立党支部，赵益三任党支部书记（参见中共山西省委党史研究室编《中共山西历史忆事》（第一卷），山西人民出版社 1991 年版，第 426—428 页）。

力量和榜样，成成中学学生不但在学习上取得了优异的成果，而且在革命觉悟方面也走在了同时期其他学校的前面。教学成绩的优良，在为成成中学赢得良好的社会声誉的同时，也为成成中学培养更多、更为优秀的革命力量提供了必要的社会氛围和人才支撑。总之，以刘墉如校长为核心的成成中学领导层，不但为成成中学赢得了良好的社会声誉，而且为成成中学最终走上革命道路奠定了坚实的基础。

为了贯彻办学宗旨，落实党在成成中学的办学目的，完成培养后备革命力量的教学目标，就必须注重师资队伍的选拔和任用。因此，建立一支思想进步、知识渊博的师资队伍，就成为刘墉如校长在稳定学校领导结构以后，所面临的最为关键的问题。为了优化师资队伍、落实教学目标，刘墉如校长在对成成中学原有师资队伍进行审核、选择的基础之上，将原来跟段丽卿来校的那些不称职的教师统统辞退，延聘社会上思想进步的知名教师到学校任教。先后有诸如杜心源、张衡宇、林枫、萧政卿、宋劭文、裴丽生、李一清、张艾丁（张丽云）、李撼声、武汝扬、滕净东、温宗祯、郝德青、宁德青、李曙森、张伯元、常苏民等教师在成成中学任课。他们在完成教学任务的同时，通过言传身教，并结合自己的人身阅历，把一大批青年学生引向了革命的道路。成成中学学生在课内外所学习到的知识修养、所领悟到的革命道理，无不来源于学校教师对他们的言传身教；而成成中学学生面对社会变革所作出的人生选择，更加折射出了教师在学生成长过程中的重要作用，也更加凸显了以刘墉如校长为核心的成成中学领导层落实办学方向而采取相应措施的迫切性。

2. 精选教材内容，亮化课堂教学

在民国时期，成成中学的课程设置与同时期其他中学的课程设置基本相同。同时期的教材大都是在遵循学制规定的基础之上，依据中学各科课程标准所编定的，由商务印书馆、中华书局和世界书局所出版的通用教材。这些教材在编排体例、内容选择等方面，体现了民国时期主流中学的办学方向。而以"读书救国""教育救国""读经救国"等主张为中心的办学方向，在某些方面与成成中学所倡导的通过学校教育引导学生走向抗日反帝革命道路的目标，存在一定程度的偏差。因此，成成中学在办学过程中为了更好地落实自己的办学宗旨，就必须结合自己的办学方向对教材内容进行认真研究、慎重选择，并根据具体情况对部分教材作出一些修正，形成体现学校办学方向的教材结构体系。例如，数理科：高中物理化学用的是世界书局的[①]，数学多数是原文本，代数是范氏大代数[②]，三角是葛氏三角[③]，解析几何也是原文本；文史科：一律没有用一般书局出版的教材，语文都是自选的活页文选，历史教材都是教师自己编写的教学提纲。

曾在 20 世纪 30 年代就读于成成中学的马复星，在其回忆文章中记载了成成中学精选教材内容的事例：杜心源老师在语文教学过程中，就曾经对语文教材进行了重新编定。为了突出语文教材内容的思想性和战斗性，杜心源老师所编定的高一年级上学期语文《活页讲义》[④]，主要有中古词（8 篇）和近现代文（11 篇）共 19 篇文章组成。其中包括：郭沫若的《我们的文学新运动》《棠棣之花》，《近代中外文学思想的变迁》[⑤]，李大钊的《由经济上解释中国的近代思想变动的原因》，鲁迅的《高尔基的四十年

---

① 民国时期世界书局出版的高中物理教材为傅溥编著的《高中物理学》（1931年版），化学教材为吴冶民编著的《高中化学》（1931 年版）。

② 代数教材为美国人范因著的《范氏大代数学》（College Algebra），高佩玉等译，北平科学社 1934 年版。

③ 三角教材为美国人格兰维尔著的《汉译葛氏平面三角法》，高佩玉等译，北平科学社 1933 年版。

④ 成成中学学生马复星保存的、由杜心源老师所编写的《活页讲义》，现被保存在成成中学的校史展览室。

⑤ 暂没有找到具体的作者。

创作生活——我们的庆祝》，孤愤的《五四评价与纪念之话》，伊卡的《二十年来的中国学生》，刘半农翻译的《失业》，辛克莱的《屠场》等。我们以郭沫若的《我们的文学新运动》为例，来分析杜心源老师编写《活页讲义》的教学价值：1922 年 1 月，中国共产党领导下的社会主义青年团机关刊物《先驱》开辟了"革命文学"专栏，发表了富有"革命"精神的诗作。1923 年 3 月，中国共产党的理论刊物《新青年》季刊在《新宣言》中提出，中国的文学运动"非劳动阶级之指导，不能成就"。郭沫若于 1923 年 5 月 27 日在《创造周报》第三期上发表《我们的文学新运动》①，提出："要把一切的腐败的存在扫荡尽，烧葬尽"，要"反抗资本主义的毒龙"，要"在文学之中爆发出无产阶级的

---

① 在同一期上，郁达夫发表了《文学上的阶级斗争》，说"世界上受苦的无产阶级者，在文学上社会上被压迫的同志，凡对有权有产阶级的走狗对敌的文人，我们大家不可不团结起来，结成一个世界共同的阶级，百届不挠地来实现我们的理想，我确信'未来是我们的所有'"。1923 年 12 月 22 日，邓中夏在《中国青年》上发表《贡献于新诗人之前》，主张以文学为工具，新诗人要从事于革命的实际活动，做革命的诗歌。他实际上已经提出了"革命文学"的口号。1924 年 5 月 17 日，恽代英在《中国青年》发表了《文学与革命（通讯）》，正式提出"革命文学"的口号，激励文学青年能够做脚踏实地的革命家，第一件事是要投身革命事业，培养革命的感情，创作出"革命文学"来。1924 年 8 月，《新青年季刊》第 3 期发表了刚从苏联留学归来不久的蒋侠僧（光慈）的文章《无产阶级文化与革命》，他介绍了苏联的无产阶级文化的论争，并指出："无产阶级既成为政治上的一大势力，在文化上不得不趋向于创造自己特殊的（文化），而与资产阶级相对抗。"1924 年 11 月 6 日，沈泽民在上海《民国日报》附刊《觉悟》上发表《文学与革命的文学》，更明确地提出了时代对于革命文学的需要。他呼吁："起来，为了民众的缘故，为了文艺的缘故，走到无产阶级里面去！"1926 年初，郭沫若在日本人办的上海同文书院中国学生班作的《革命与文学》的讲演中，给"革命文学"下了定义："同情于无产阶级的社会主义的写实主义的文学。"茅盾在 1925 年发表了《论无产阶级艺术》（5 月 2 日、17 日、31 日和 10 月 24 日出版的《文学周报》第 172、173、175 期和第 196 期）、《告有志研究文学者》（7 月 5 日出版的《学生杂志》第 12 卷第 7 号）、《文学者的新使命》（9 月 13 日出版的《文学周报》第 190 期）。其中：《论无产阶级艺术》和《告有志研究文学者》阐述了苏联无产阶级艺术的产生条件、艺术特点以及和旧世界艺术的区别，还谈到了无产阶级文学运动中存在的问题及其解决的办法。《文学者的新使命》则试图运用马克思主义阶级论的基本原则，结合中国文艺界的实际情况，提出了革命文学的努力方向。

精神"，就是对这一时期要建立无产阶级文学的积极响应。杜心源老师用体现无产阶级精神的文学作品作为教材进行课堂教学，无疑会对成成中学学生爱国情感的激发和培养起到十分关键的作用。马复星就曾回忆说："杜心源老师对成中的发展和学生们的健康成长，发挥了极大的作用。他利用自选的教材，把知识性、思想性和艺术性有机地结合起来进行思想教育，潜移默化，感染学生。"①

　　成成中学教师在精选教材内容的基础之上，通过精心组织的课堂教学活动，使学生的思想品德素质在潜移默化中得以提升。成成中学语文教师杜心源在语文课堂教学过程中，就利用自选的教材，把知识性、思想性和艺术性有机地结合起来进行思想教育。例如，在讲解文天祥的《〈指南录〉后序》原文词句："痛定思痛，痛何如哉！予在患难中，间以诗记所遭……使来者读之，悲予志焉"的过程中，杜心源义愤填膺地说："南宋赵构、秦桧、贾似道等昏君误国，今日之中国是谁在误国，今日痛、明日痛，日日痛、痛何为哉？"在讲《蔡元培答林琴南书》原文"循思想自由原则取兼容并蓄主义"的时候，杜心源结合成成中学提倡"爱国自由、读书自由、择师自由和学生自治"的校风学风，在课堂教学过程中勉励学生要立爱国之志，读爱国之书，走救国之路。此外，在史地、数理、外语、音乐等课程的课堂教学过程中，成成中学教师都注重把课程知识的科学性与思想性相统一，通过合理合法的课堂教学活动，达到教书育人的教学目标。

　　3. 丰富课外生活，强化学生素质

　　成成中学在注重学生课堂教学生活的同时，还注重通过组织丰富多彩的课外活动，来对学生进行思想品德教育。他们曾经组

---

① 吴得民、卢耸岗主编：《艰难的奉献——杜心源纪念文集》（下），四川人民出版社2011年版，第532—533页。

织和创建的课外活动小组主要有：读书会、墙报、歌咏队、话剧团、演讲会等学生社团。（1）读书会：多由党的外围组织成员和进步学生自由结合而成，每个读书会的组成人员从三五人到一二十人不等，同样每个读书会的名称也各不相同，如王庆生、李岗、樊银合、朱指南、冀春寿、郝廷光、侯承章等同学组织名为"拓荒者"的读书会①，张永青、阎伟、龚允恭、李如桐、郭亮成、刘义祥、张先隆、谌宪谋、王鸿业、张万仁、常国选、王伦等同学组织名为"前夜"的读书会，龚允济、康永福、李凤年、张占惠、陈企峰等同学组织名为"血旌社"的读书会。他们成立的读书会的名称虽然各不相同，但是大都通过阅读进步书刊、研讨政治和评论时事等学习活动，来接受爱国主义教育（其中就包括初步的马克思主义启蒙教育）。参加读书会的学生大多是通过读书、交流的思想启蒙活动，走上抗日反帝的爱国主义革命道路。（2）墙报：成成中学学生创办的墙报，形式多样、内容丰富。成成中学墙报或来展现青春风采，或来介绍学科知识，或来评论时政要闻，或来宣传革命道理，成为同学们学习文化知识、抒发人生感悟、交流学习心得的重要文化载体。比如：由"拓荒者""前夜"等进步读书会所创办的墙报内容，主要是宣传革命道理，揭露黑暗统治；由爱好某门学科的同学主办的墙报内容，则主要是学术性的内容。此外，还有评论、诗歌、散文等性质的墙报内容。（3）文体活动除一般的球类比赛之外，则是歌咏、棋类等自由组合的活动。随着全国抗日救亡运动的发展，歌咏队成为文体活动的主角。歌唱像《救亡进行曲》《五月的鲜花》《万众一心》《可怜的秋香》《大路歌》《开路先锋》等抗日救亡性质的革命歌曲，日益成为成成中学学生课外生活的主题。成成中学丰富多彩的课外生活，既加强了成成中学学生课内知识与课外生

---

① "拓荒者"读书会，为成成中学学生最早成立的读书会。

活之间的联系，也增强了成成中学学生各方面的综合文化素养，激发了成成中学学生的爱国热情。

总之，在武新宇和刘墉如两任校长的苦心经营下，成成中学的各项教学活动都发生了重大的变化。既通过教学名师向学生传授了丰富的学科知识，又提高了学生的思想品德素质，尤其是增强了学生的革命觉悟；既巩固了党在成成中学的领导地位，又为日后的革命活动培养了大量的有生力量；既为成成中学赢得了良好的社会声誉，又为成成中学进一步发展奠定了坚实的基础。正是在他们的精心呵护下，成成中学学生在太原大中学校学生爱国运动的舞台上渐露锋芒，并最终成为引领太原大中学校学生走向光辉革命前途的领路人。

第二节　成成中学学生爱国运动的角色变迁

早在 1928 年，成成中学的学生当中就有了共产党员[①]。尤其是 20 世纪 30 年代以来，成成中学教师和学生中参加党的外围组织及成为共产党员的人数在逐渐增多[②]。与此同时，国内外形势的剧烈变化和亡国灭种的民族危难，更加激发了成成中学师生关心国家命运和民族前途的热情，以及参加各种学生爱国运动的爱国精神和爱国热情。本文试从校外校内、幕后台前、组织引领等

①　1927 年 2 月至 7 月，成成中学学生里曾建立过共产党支部，书记是李维清（参见《成成中学校史（1924—1993）》，第 4 页）。学生中的早期党员除李维清外，还有刘玉、吕调元等人。刘玉于 1928 年被捕。吕调元于 1925 年考入成成中学，在校念书时受同乡高君宇的影响，接受了马克思主义，1928 年在校时入党（支部在国民师范）（参见《中共党组织及外围组织的建立》，载中共太原市委党史研究室《成成中学：从地下斗争到抗日战场》，中共太原市委党史研究室 1993 年版，第 5 页）。

②　据王文达回忆："1935 年至 1936 年春节前止，工作活跃的与山西省工委有联系的共产党员，国民师范有 20 余人，成成中学有 20 余人，太原师范有十余人，女子师范有 7 到 8 人"（参见王文达《五十年前的回忆》，《太原党史资料通讯》1987 年第 2 期）。

三个方面，来重现成成中学学生参加学生爱国运动的角色变迁历程，即：从太原学生爱国运动参与者向学生爱国运动组织者的角色变迁。

一　校外校内：从参加进步组织到成立各种进步组织支部

南京国民政府建立之后，为了推行国民党的治国理念，而竭力推行"党化教育"，加强国民党对教育的控制，开除进步学生，同时公开宣布"凡是大革命时期共产党所提倡的理论、方法，设立的机关，领导的各项运动，均应铲除"[①]。为了应对国民党疯狂的文化"围剿"，争夺在文化领域的发言权，中国共产党领导左翼文化战士开展革命文化运动：1929 年，成立中国文化工作委员会（简称"文委"）；1930 年 3 月 2 日，在上海成立中国左翼作家联盟（简称"左联"）；与此同时，其他左翼文化团体也相继成立，其中有中国社会科学家联盟（简称"社联"）、中国左翼戏剧家联盟、中国左翼教育工作者联盟等。同时，为了更好地领导这些文化团体，1930 年 10 月在上海成立了中国左翼文化界总同盟（简称"文总"）。左翼文化组织不仅是青年学生吸收新思想的源泉，而且还是领导学生救亡运动新高潮的领袖。此后，"一批又一批知识青年和学生从苦闷孤独中解脱、觉醒、行动起来，汇入到左翼文化运动的洪流之中，在中国共产党的领导和鲁迅等一批文学导师的培育下，秉承五四文学革命反帝反封建的优良传统，在文化战线上展开了新的战斗"[②]。随着抗日救国形势的深入发展，在全国范围内陆续成立了许多具有抗日救亡性质的学生爱国运动组织。成成中学的进步学生，同全国其他大中学校的进步学生一样，随着全国革命形势的不断变化而积极参加

---

① 《制止共产党阴谋》，《国闻周刊》1928 年第 55 期。
② 郑洸：《中国青年运动六十年》，中国青年出版社 1990 年版，第 170 页。

并秘密成立各种进步组织支部，并在参与进步组织工作的过程中受到了革命锻炼。据有关史料记载，在"七七"事变前成成中学师生参加党的外围组织有：教联、社联、左联、中国共产主义青年团、中华民族抗日武装自卫委员会、抗日反帝同盟会、互济会、反蒋救国会、反帝大同盟、赤色革命者生活团、红军之友社、民族解放先锋队、山西牺牲救国同盟会等。关于成成中学学生参与党的外围组织的大致情况，在本书附录三《成成中学学生参与组织活动一览表》中对参加学生及其活动情况有较为详细的说明。我们试以成成中学社会科学家联盟支部（简称"社联支部"）为例①，来呈现成中学生参加进步社团组织活动的具体情况。

成成中学最早的社联成员王庆生是由成成中学学生李延年于1933年1月11日介绍加入，成成中学社联支部的建立则是在同年秋天，杜心源介绍市社联负责人王书良、李宝森发展成成中学学生张永青（张积玉）加入之后，由张永青发起成立并介绍同学阎伟（阎秀峰）、龚允恭、龚允济（龚子荣）等人一同加入。成成中学建立社联支部之后，张永青任支部书记，阎伟负责组织工作，龚允恭、龚允济负责宣传工作。成中社联支部主要抓四个方面的工作：一是依靠成成中学已有的诸如"前夜社"②等进步学生组织开展学生工作；二是到校外开展工农工作；三是依靠学生自治会和全市学生联络抵制国民党为压制学生运动搞的毕业会考；四是为红军募捐。但是，由于受当时党的"左"倾错误路线

---

① 关于成成中学学生参加社联的情况，可参见张永青《太原成成中学社会科学同盟支部简况》，载《永青文札》，西南师范大学出版社2006年版，第26—43页。

② "前夜社"是成中社联支部成立之前，由成成中学学生张永青、阎伟、龚允恭、李如桐、郭亮成等人发起成立，刘义祥（刘选伍）、张先隆、谌宪谋、王鸿业等20余名同学参与的一个学生进步组织。同时期，在成成中学学生组织中较为有影响的组织还有"血旌社"，由龚允济、康永福、李凤年、张占惠、陈企峰、李维中、张万仁等同学创办。在成中社联支部成立之后，"前夜社"和"血旌社"归其管理。

的影响，按照市社联执委会负责人的工作部署，成中社联支部的工作重心是要求学生到校外活动，号召工人罢工、农民罢耕、商人罢市，武装夺取政权，建立山西苏维埃等。虽然刘墉如、杜心源等具有共产党员身份的教师曾对这种不恰当的工作路线进行过劝诫，但是限于他们的身份还没有公开，同时也因为他们不属于社联组织，所以较难从根本上去转变成成中学社联支部的具体工作安排。1934 年 1—2 月间，市社联执委调整了成中社联的支部班子，龚允济任书记，张永青负责组织，阎伟、龚允恭负责宣传。1934 年 5 月，成成中学社联支部被破获，阎伟、王伦、龚允恭、龚允济等人被捕入狱。与此同时，成中社联支部的另一部分组织，在友仁中学社联负责人曾延伟的领导下，谌宪谋（成中社联支部被破坏后曾被捕）、侯昌连、李延枢（由进山中学转入，任组长）、金天锐（金坚）、程万普、陈继舜（陈晓）共编一个组，继续在成成中学开展社联工作。特别是 1935 年 8 月，郭亮成（郭永明）和王鸿业经山大附中学生甄秉同介绍加入社联之后，成中社联支部在郭亮成的组织领导之下，继续在进步学生之间展开各项工作，并积极组织成成中学学生参加响应北平"一二·九"运动的太原"一二·二二"运动。郭亮成本人因代表成中学生救国会参加市学联会议，筹划太原抗日救亡运动而受到通缉。1935 年 5 月，成中社联支部被破坏，"前夜社"遭查封，原"前夜社"成员谌宪谋、李延枢、张先隆、常国选等组成"黎明社"①，继续在成成中学学生之间进行革命真理方面的启蒙教育，抨击国民党的不抵抗政策，揭露日本帝国主义的侵华罪行。

从前期的"前夜社""血旌社"到后期成立社联支部再到"黎明社"的创建，成成中学进步学生都在用自己的行动表达着

① 参加黎明社的成中学生还有：张宝堂、冯旭、刘义祥、吴连江、韩庆熙、金天锐、董刚、陈继舜、魏开诚、谢天祥、章明俊、朵文彬等 50 余人。

对社会命运的担当；从王庆生在校外加入社联组织到张永青、李延枢等人相继在校内建立社联支部，成成中学进步学生都在用自己的行动诠释对国家前途的赤子情怀。这只是当时成成中学进步学生关注社会命运的一个较为典型的缩影，同样它也是当时太原各大中学校的进步学生积极参加各种进步运动的一个较为典型的案例。正是在他们的积极参与下太原的抗日救亡运动才不断走向新的高潮，同样也正是在他们的鼓励和影响下，才有更多的太原乃至山西各大中学校的进步学生，走出校门、走向社会，为山西乃至全国的革命前途而奋斗！

二　幕后台前：从第一次反会考运动到第二次反会考运动

1932 年 5 月 26 日，南京国民政府教育部公布《中小学毕业会考暂行规程》，规定："各省县市教育行政机关为整齐小学、初级中学、高级中学普通科学生毕业程度及增进教学效率起见，对于所属各中小学应届毕业经原校考查及格之学生举行会考。"① 随后，1933 年 6 月颁布的《教育部公布学校毕业证书规程》规定："在举行中小学毕业会考各地之中小学，其毕业证书应俟会考及格后发给。"② 中小学生毕业施行会考制度本无可厚非，但是国民党政府的真正用意不在通过会考来统一考查中小学生的学业成绩，而是试图通过施行会考制度限制学生走出校门去参加各种爱国运动，并通过会考"甄别"和"整肃"一批爱国进步学生，以达到"压住中学生，孤立大学生"的政治企图。正是在这种背景之下，全国各地才兴起了中学生反会考运动。太原成成中学的进步学生从第一次参与反会考运动到组织第二次反会考运动，既见证了太原中学生反会考运动，也在反会考运动中得到了

① 中国第二历史档案馆编：《中华民国史档案资料汇编》［第五辑第一编教育（一）］，江苏古籍出版社 1991 年版，第 77 页。
② 同上书，第 78 页。

锻炼。同样，成成中学进步学生勇于组织和领导第二次反会考运动，让我们看到了他们在中学生爱国运动中的成长和进步。

（一）幕后：参与第一次反会考运动①

1. 组织领导：第一次反会考运动是中国共产党太原地下党指示国师进步学生刘耀夫以党的外围组织"红军之友社"②成员为基础骨干，在国师乃至全市、全省发起的。

2. 运动经过：（1）国师内部组织发动。1934年初，国师学生在刘耀夫的带领下开始酝酿关于反会考运动的事宜，决定开始的步骤和做法为：首先在国师校内个别串联，发展积极分子，组织骨干队伍，张贴国师初三学生刘耀夫、李汝山起草的《告同学书》③，展开普遍的宣传动员。经过动员，形成以一班的李贤、苏应朋、张锦荣、苏志耀，二班的陈捷第、杨秉铃、杨宁保、金瑞祯、刘耀夫，三班的李汝山、李文炳、温克敏等人为核心的骨干力量，并由刘耀夫、李汝山起草《告同学书》，在全校应届毕业生中发起签名反对会考制度的活动。在普遍签名的基础之上，以班为单位开大会选举代表，每班三人，一班为苏应朋、李贤，二班为陈捷第、金瑞祯、刘耀夫，三班为李文炳、李汝山、温克

---

① 本部分资料主要参考刘耀夫《太原市中等学校学生反会考的斗争》，《山西文史资料》（第29辑）；亚马《关于一九三四年反对会考斗争情况的补充》，《山西文史资料》（第46辑）；林左夫《山西学生反对会考情况补充》，载中共山西省委党史研究室编《中共山西历史忆事》（第一卷），山西人民出版社1991年版。

② "红军之友社"是1936年冬党的地下工作者李雪峰（山西教育学院）指示刘耀夫（国师）组织成立，任务是宣传中国工农红军反围剿的胜利和苏区人民的斗争，散发传单，书写标语，张贴墙报等；阅读马列主义书籍和进步书刊；发展社会，组织力量，开展斗争。国师先后有：杨秉铃、李贤、李文炳、张锦荣、陈捷第等同学参加。在发动反对会考运动之后自行解散，部分社员转入"互济会"。

③ 《告同学书》的大致内容为：听说从今年暑假起，初三学生毕业，要由各校分别考试改为全市统一会考，名义上是把质量关，成绩不及格不发毕业证，实际上是要束缚我们的思想，阻挠学生参加抗日爱国运动。还讲到，以考整人，毕不了业将失学失业，关系到每个学生的切身利益，不能等闲视之。落款是"几个同学"（参见王建富、程秀龙《太原地下党革命斗争史话》，山西人民出版社1985年版，第152页）。

敏。1934 年 4 月初在刘耀夫、李汝山、李贤的主持下召开国民师范应届毕业生全体大会，一致认为：为了取得反会考斗争的胜利，必须联合太原市中等学校全体应届毕业生。大会之后，召开了执委会，决定执委会召集人为刘耀夫、李汝山、金瑞祯，执委会前期工作在于同各学校的应届毕业生建立联络。（2）联络各校，并争取舆论和其他地市学生的支持。联络工作首先从女师、一师、成成中学展开，刘耀夫就是通过杜心源、张永青与成中毕业生取得联系，常国选、王维刚被推选为成成中学毕业生代表。此外，在请愿之前为了争取舆论支持，执委会举行了由《山西日报》《太原日报》《太原晚报》等报刊参加的记者招待会，张国声、史纪言等人参会。此外，反会考运动还得到大同、运城、长治、临汾、代县各中学、师范应届毕业生的支持，运城二师还派代表进行联络。（3）召开太原市中等学校应届毕业生代表大会。在 4 月底 5 月初，在国民师范校务会议室召开太原市中等学校应届毕业生代表大会，成成中学的常国选，新民中学的汤文化、樊登龙，第一师范的郭仁、王俊英，太原女师的李月英、郭燕桂，太原女中的王素梅，国民师范的刘耀夫、金瑞祯、李汝山，同并州中学、三晋中学、进山中学、明原中学、第一中学、阳兴中学、友仁中学、平民中学的代表，共三十多人出席会议。会议由刘耀夫主持，李汝山报告筹备工作，通过讨论决定正式成立太原市中等学校应届毕业生同学会，执委会由各校代表组成，召集会议由国师参加执委会的代表负责联系商定。会议还决定，以太原中等学校应届毕业生同学会的名义，向全省各中学发信，号召共同行动，向教育当局请愿，要求停止会考。（4）组织请愿活动。随着组织工作和宣传工作的深入发展，太原市中等学校应届毕业生同学会执委会分别于 5 月下旬 6 月初①举行了两次请愿活动。

---

① 　关于第一次请愿、第二次请愿的时间，还有 1934 年 5 月 19 日、5 月 26 日一说。

第一次请愿活动，由于王俊英的从中破坏，未能实现让教育厅长冀贡泉接见的活动任务；第二次请愿活动，遭到军警镇压，要求停止会考的请愿目标也没有得以实现。（5）发表《告同学书》。针对两次请愿的结果，李雪峰认为，"反对会考的斗争已基本达到目的，学生经受了教育。经过前一段斗争，今年会考题目一定比较容易，若举行总罢考，势必遭到阎锡山当局的大镇压。要向代表和同学们讲清楚，可以参加会考"。根据这个意见，执委会草拟《告同学书》，讲明不举行总罢考而参加会考的道理。同年 7 月初，太原教育当局组织了会考，除个别学生外都通过了毕业会考取得了毕业证书。

3. 影响评价：据李文炳（林左夫）在《山西学生反会考情况补充》中记载："1934 年 7 月，反对会考的斗争刚结束，一天刘耀夫通知我次日下午到山西法政专门学校赵林泉处开会。会议由张柏枫（李雪峰）主持，参加的人有赵林泉、刘耀夫、杨秉铃、李文炳，另外还有一个大学生模样的地下共产党员。张柏枫在这个会上对反对会考的斗争作了简要总结，说反对会考的斗争是波及全省的群众运动，给予国民党法西斯教育会考制度沉重的打击，使其徒具形式，只要参加会考即可毕业。基本上达到目的，争取团结了广大青年学生，在斗争中提高了群众的革命觉悟，培养了一大批积极分子①，扩大了党的影响，在政治上取得了很大胜利"，"1934 年中共山西工委领导下的反对会考的斗争，形成波及全省性的群众运动，是山西 1932 年以来一次规模较大的群众运动，在革命低潮时扩大了党的政治影响"②。

---

① 如第一师范学生武永祥、李学渊、张进林，国民师范学生胡赋行、孔繁珠、李汝山、乔明甫等人先后加入共产党。有一批进步学生加入共青团，而不够党、团标准的，则加入了"互济会""社联"等革命群众组织（参见王建富、程秀龙《太原地下党革命斗争史话》，山西人民出版社 1985 年版，第 155 页）。

② 林左夫：《山西学生反对会考情况补充》，载中共山西省委党史研究室编《中共山西历史忆事》（第一卷），山西人民出版社 1991 年版，第 493—494 页。

（二）台前：组织第二次反会考运动

1. 组织领导：太原成成中学初三年级学生、共产党员王唐文。

2. 运动经过：1937 年夏，中共太原市委为排除会考对学生参加抗日救亡运动的干扰，批示成成中学共产党员再次发动全市性的反会考运动。在校长刘墉如暗示和支持下，中共成中学生党支部决定由初三年级学生中的共产党员王唐文负责这次运动，并派出有斗争经验的同学到各校联络，刻印了大量的反会考传单。当中共成中学生党支部以成中学生会的名义发出倡议书以后，迅速得到各校毕业生的响应，纷纷派出代表同成成中学联系。后又由成成中学学生牵头组成请愿代表团，向晋绥绥靖公署递交免会考请愿书。同年 6 月，成中、女师、一师等校学生上街游行，奔向教育厅要求取消会考。同时，为了扩大影响以便掀起全省性的反会考运动，成中女学生卫灵芝奉命到运城发动学生，也迅速得到响应。但是有一些学生不注意斗争策略，如运城二中学生打了校长，菁华中学学生打了体育教师。当局以此为借口，下令缉拿卫灵芝。卫灵芝经裴丽生老师的营救才被释放。接着，山西省政府又逮捕了北上太原请愿的运城学生代表十余人。与此同时，在成成中学学生组织和倡导的反会考运动的压力之下，山西省政府迫于形势做出了一定程度的让步。山西省政府在被迫释放被捕学生的同时，命教育厅召集各相关中学校长召开会议，专门研究和探讨如何组织会考的问题，并做出会考考试中绝不难为各位中学生的决定。成中及相关中学各位负责学生，经过商讨之后，认为反会考运动已取得预想结果，反会考运动就此结束。

3. 影响评价：太原成成中学进步学生组织和领导的第二次反会考运动，既团结和教育了太原乃至山西广大青年进步学生，又在一定程度上推动了山西抗日革命斗争形势的向前发展。

三　组织引领：从抗日反帝同盟会到暑期学生抗日救国会

从 1932 年共产党员掌握成成中学领导权以后，以刘丹顿、武新宇、刘墉如、狄景襄、焦国鼐等人为代表的、具有共产党员身份的教师，逐步成长为学校领导组织成员中的中坚力量。在各位教师的精心培育下，成成中学学生在爱国运动中开始崭露头角，并与国师和女师学生并驾齐驱，站在太原大中学校学生抗日救亡运动的前列。特别是在国师 1934 年停招新生、1936 年停办之后，太原大中学校学生爱国运动的中心就完全转移到成成中学。

（一）1933 年导师领导成立抗日反帝同盟会

1. 参与人物：武新宇、刘丹顿等人直接领导；成成中学学生王庆生（学生自治会主席），国民师范的杜德（杜润生）、郭瑄（郭寿珍）、张金声（张魁文）、阎春荣，教育学院的孙光祖（孙方山），第一师范的杜连秀、李子明、刘善述、李栖风、李允生，山西大学的姚庆惠等十多名同学公开出面组织。

2. 大致经过：1933 年 1 月 4 日，日军侵占山海关。第二天，成中、国师、教育学院、一师、山西大学等学校的学生代表在国师组织成立抗日反帝同盟会，并推选孙光祖任秘书、姚庆惠任宣传部长、王庆生任组织部长。抗日反帝同盟会在各校秘密发展了一批成员之后，曾在成成中学教学楼召开过一次代表大会，武新宇在会上作了中心发言。此后，抗日反帝同盟会的组织机构就设在成成中学。但由于当时党对学生运动指导方针的错误以及学生对阎锡山反动统治的实质还没有较为清晰的认识，抗日反帝同盟会的领导人为了更好地扩大组织的影响力，于 1 月 18 日把同盟会机构由成成中学公开迁址文瀛湖畔的教育会馆而遭到查封。包括张金声、郭瑄、王庆生等组织领导成员在内的 15 名成员被捕，武新宇、刘丹顿被迫离开太原，教联、文总等组织也被迫暂时停止活动。直到 1934 年 11 月，王庆生才由刘墉如、焦国鼐具保出狱，次年复学，完成初中最后一个学期的学业。

3. 影响评价：抗日反帝同盟会作为同时期全国抗日救亡运动的一个重要组成部分，在促进和推动太原乃至山西抗日救亡活动的过程中起到了非常重要的作用。成成中学的部分教师和进步学生，通过领导和参加活动而得到了锻炼。同样，由于受当时党的"左"倾路线的影响，抗日反帝同盟会的工作与同时期全国其他大中学校的抗日救国运动一样，受到国民党政府的镇压而转入低潮。但是，全国大中学校学生通过爱国运动，广泛宣传了抗日救国的正确主张，唤起了民族意识的新觉醒，为抗日民主运动向纵深发展开辟了一个良好的起点；同时它也促使广大青年学生对开展抗日救国运动的斗争方法、策略等进行新的反省，为学生爱国运动的向前发展积蓄了重要的智力源泉。

（二）1937 年学生组织建立暑期学生抗日救国会

1. 参与人物：成成中学中共学生支部高祯庆、严峻。

2. 大致经过：高祯庆、严峻根据中共太原市委的指示，以成成中学学生为主，并联合女师、一师、一中、友仁等校的留校同学，积极发起成立太原市中等学校暑期学生抗日救国会。由于暑期抗日救国会为全市性的学生组织，中共太原市委在会内成立了一个支部，起初由中共太原市委直接领导，后又转归中共山西省工委领导，成成中学的高祯庆、严峻和太师的王成章等三位同学负责领导救国会的活动和党务工作。暑期抗日救国会主要开展的活动有：（1）配合八路军驻晋办事处的统战工作，推动各界组织抗日救国后援会。（2）7 月间，组织各校 20 余名同学参加牺盟会在兰村举办的青年夏令营活动，听取了牺盟会负责人关于抗战形势的报告，还参加了驻军的游击战演习，为以后开展武装抗日工作做了一些准备。（3）"七七"事变后，平津学生代表来太原宣传抗日，暑期学生抗日救国会在海子边教育会馆召开欢迎会，与会学生听取了平津学生介绍的斗争经验，在一定程度上推动了山西抗日救亡运动的深入发展。（4）组织进步青年学生参加周恩来举行的教育界、新闻界招待会，听取了周恩来关于中共对西安事变和抗日战争的主张。（5）抓住各界人民纪念"九一八"和庆祝平型关、阳明堡大捷的时机，散发中共《抗日救国十大纲领》和其他宣传品。（6）在日军逼近太原的情况下，组织同学到火车站、街头和铁路沿线一带，演出话剧《血衣》等，揭露日军残暴罪行，动员民众起来抗战。此外，还配合牺盟会动员全市人们捐献一个铜板（钱币）支援前线的活动。（7）组织太原市各校留校学生参加读书会和时事讨论会。

3. 影响评价：太原市中等学校暑期学生抗日救国会主要由成成中学学生发起成立，虽然由于太原当时的抗战形势而使得救国会存在时间不是很长，但是对于推动太原抗日形势的向前发展，宣传抗日救国的革命道理，发动群众参加抗日救亡活动，都起到了十分重要的作用。

第三节　成成中学学生爱国运动的历史位序

毛泽东在《青年运动的方向》一文中指出："'五四'以来，中国青年们起了什么作用呢？起了某种先锋队的作用……就是带头作用，就是站在革命队伍的前头。"[1] 青年运动要有正确的方向，必须接受中国共产党的领导，成成中学学生的爱国运动就是在党的领导下所展开的。成成中学学生爱国运动既是太原大中学校学生爱国运动的重要组成部分，同样也是全国大中学校学生爱

---

[1] 《毛泽东选集》第2卷，人民出版社1991年版，第565页。

国运动的重要一环。我们试图通过回顾和审视同时期山西乃至全国的大中学校学生爱国运动，来追寻成成中学学生爱国运动的历史地位。

一　省域比较：太原大中学校学生爱国运动的价值追溯

（一）同时期山西大中学校学生爱国运动的开展

"五四"运动不仅是中国民主革命的转折点，也是马克思主义在中国传播的转折点。"五四"运动后，马克思主义开始在山西、在山西大中学校的青年知识分子中传播开来。山西大中学校的进步青年在对各种主义和学说的研究与对比中，逐渐接受了马克思主义，并投身为理想而奋斗的革命洪流之中。山西大中学校进步学生的爱国主义运动，随着马克思主义在三晋大地的广泛传播而蓬勃发展。

1. "五四"运动中的山西大中学校学生

在"五四"运动中，山西大中学校学生的爱国运动与北京和全国各大城市的革命活动遥相呼应，在全国造成巨大的革命声势，对于迫使北京政府答应学生的爱国要求，对于"五四"运动取得最终的胜利起了积极的作用。

1919 年 5 月 4 日，当北京学生举行示威游行以及反动军阀政府逮捕示威学生的消息传到太原后，山西学生闻风而起，山西大学学生联合太原的法政专门、商业专门、省立一中、第一师范等校学生四千多人，组成了"太原大中学校学生联合会"①，响应北京中等以上学校学生会的号召，并表示要和他们采取一致的行

---

① 据王思贤在《山西学生五四运动二三事》一文记载：学生联合总会设在山西大学，会长为贾超孟（字浩然），副会长为杨思康（字尧衙），讲演团团长王思贤（字芘臣），副团长周敦信（字亮斋）、常裕仁（字海天）。（参见《山西文史资料》1988 年第 5 辑）同样，杨仁康在《"五四"运动在太原》一文中也谈到山西大学在"五四"运动的活动情况（参见《中国山西历史忆事》（第一卷），山西人民出版社1991 年版，第 11—13 页）。

天安门前愤怒的人群。（周令钊作）

图 2-1 "五四"运动在北京

动。5 月 7 日下午，太原十一所大中学校的学生两千多人在文瀛湖畔隆重集会，通电声援北京学生的爱国运动；5 月 8 日，山西大学全体学生致电北京学界，要求联合一致行动，对北京学生的正义行动"深表同情"；5 月 10 日，政法、农、商各专门学校以及省城中等学校学生，致电北京政府，要求释放被捕学生；5 月 17 日，省城学生迎接来太原联络工作的北京学联代表，并分成数十个讲演团上街头演讲，散发传单，张贴标语，不久天津学联代表也来到太原；5 月 26 日，太原各校学生纷纷发表宣言，召开学生大会宣布罢课，山西大学，法政、商业、农业专门学校，省立一中，第一师范，阳兴中学，明原中学等校参加罢课活动；5 月 29 日，太原各学校联合发表《山西学生联合罢课宣言》，呼吁社会各界支持，并组成义勇团和讲演团，每天在街巷进行演讲。太原市学生的罢课请愿活动一直坚持到暑假，许多学生利用假期回乡之际，向群众进行爱国宣传，使反帝爱国的烈火席卷全省。在高君宇回到太原之后，太原大中学校学生在学联的领导下，开展了拒绝签订"和约"的斗争。6 月 28 日，出席"巴黎和会"的中国代表，在全国人民及巴黎华侨、工人和留学学生的压力下，拒绝在"和约"上签字。至此，"五四"运动取得了重大胜利。

"五四"运动期间，太原大中学校学生的爱国运动，打击了帝国主义和反动军阀的势力，壮大了学生、工人、商人的进步力量。通过"五四"运动的战斗洗礼和革命思想熏陶的太原大中学校学生，在促进自我革命意识发展和成熟的同时，为日后太原社会主义青年团和中国共产党太原地方组织的建立，提供了必要的思想基础和人才储备。

2. 中国社会主义青年团太原支部成立到北伐战争时期

随着新思潮的发展和马克思主义的广泛传播，山西开始出现第一个社会主义青年团的支部，山西大中学校学生的爱国运动在马克思主义的指引下呈现出不同于以往的新篇章。

（1）中国社会主义青年团成立前后的山西省立一中的学生运动

经过"五四"运动的洗礼，省立一中的青年学生，要求民主、自由，反对旧礼教、旧八股，提倡白话文的新文化运动日益高涨。马克思主义在校园广泛传播，一批青年学生开始走上革命的道路，高君宇、王振翼、贺昌等人就是他们中的代表和领袖人物。省立一中的学生正是在他们的带领下开展了各种爱国运动，走在了同时期山西各大中学校的前列，起到了模范带头作用，成为当时山西大中学校学生爱国运动的一面旗帜。

①驱逐校长的罢课风波：1921 年 5 月，魏日靖出任省立一中校长，企图破坏一中学生爱国运动。阎锡山为了支持和配合魏日靖的行动，于 1922 年 5 月查封了太原社会主义青年团机关刊物《平民周刊》，主编王振翼被迫离开太原。当时，作为太原地方执行委员会书记的贺昌，在对省立一中具体情况进行深

图2-2　山西省立第一中学校门

入分析之后，决定掀起"反对校长魏日靖"的学生运动。1922年9月，贺昌、刘庭英以"青年学会"的名义召集在校学生开会，掀起了反对魏日靖的罢课运动。省立一中学生的罢课运动，最终以撤换魏日靖校长之职，由原一中学监李贵德出任新校长而胜利结束。①

②"青年学会"扩大：初由高君宇、贺昌、王振翼等人创办，旨在"研究学术，服务社会"，并团结进步青年学生学习革命理论，出版《青年报》。省立一中发生学潮以后，由傅懋恭、王瀛、张琮麟接办。学会订购了很多马列主义书刊，供给会员与同学阅读，许多同学因此而走上革命的道路。后来，为了增加革

---

① 关于山西省立一中"青年学会"和反校长斗争的情况，可参见刘仲华《山西省立一中"青年学会"和反校长斗争》，载中共山西省委党史研究室编《中共山西历史忆事》（第一卷），山西人民出版社1991年版，第17—21页。

命力量，青年学会把吸收会员的范围扩大，许多外校的学生也纷纷加入学会，扩大了学会在太原各大中学生之间的影响力，也间接为太原大中学校学生爱国运动的兴起提供了思想基础和人才储备。

③《中学生半月刊》的出版：省立一中罢课风波之后，成立了学生会，出版了《中学生半月刊》，由张琯麟任编辑。该刊除了报道一中学生动态、介绍新的书刊之外，主要任务是宣传革命道理。傅懋恭在第六期纪念红五月的特刊中，曾以"春雷"笔名发表《五一节与中国工人》的文章，叙述了五一国际劳动节的历史意义与中国工人的任务。

④平民小学增设"成人夜校"：省立一中的平民小学是青年学会主办的，主要由傅懋恭、景望廉、王继盛、王礼、王道本、邓国栋、王瀛等党团领导负责办理。起初，平民小学只是教育贫苦人家子女的一个小学，在省立一中发生罢课风波之后，党团决定平民小学增设成人夜校，一方面使工人有接受教育的机会，另一方面也可借此联系和团结工人，扩大在工人组织中的影响。省立一中进步学生与正太铁路工人、印刷厂工人之间的互动和交流，既加深了青年学生与工人之间的情感，为日后学生与工人一起参加爱国运动提供了感情基础，也使学生自身的思想觉悟和革命意识得到了一定程度的锻炼。

（2）1922—1925 年山西大中学校学生主要爱国运动

在"五四"运动精神的感召下，1922—1925 年山西大中学校学生在太原团、党组织的领导下，发起了一系列学生爱国运动。这些运动既支持和声援了全国大中学校学生爱国运动，也打击和削弱了山西的各种反动势力，彰显了山西大中学生的革命力量和爱国情怀，为山西革命形势的向前发展奠定了基础。

表 2 - 1 　　　　1922—1925 年山西大中学校学生爱国运动

年代	名称	主要内容
1922 年	民权运动	太原学联联合太原各学校教职员、学生与各机关中下级公务员在太原市政公所（文瀛湖）成立了"太原民权运动大同盟"，出版《太原民权周刊》，分发各地宣传
1922 年	反帝运动	山西学联曾在太原、临汾、运城等各大城市成立反帝运动大同盟，揭露帝国主义侵略中国的事实
1922 年	反基督教运动	1922 年 3 月 9 日，中国社会主义青年团机关刊物《先驱》，刊文《非基督教同盟宣言》，拉开了中国非基督教运动序幕。此后，太原、临汾、运城、汾阳等地展开反基督教运动，先后成立了"反基督教大同盟"，学联张琯麟在《新民日报》编辑反基督教副刊，揭露基督教为英美等帝国主义文化侵略工具的本质
1924 年	国民党改组运动	以山西学联派王振翼、韩书麟为代表，前往广州出席国民党第一次全国代表大会，同时派李叔荫、王占京等人到莫斯科入中山大学研究中国革命的性质、关系诸问题。王世英、赵尔陆、曹汝谦等人中途转学，南下入黄埔军校学习
1924 年	反对军阀战争运动	在国民党改组后，曹、吴等军阀战事继续剧烈进行。山西学联发动全省学生反对军阀战争运动，太原、临汾等城市都召开了反对军阀战争运动的群众大会。在这一运动影响下，文水、交城、洪洞、赵城各地农民发生了部分的抗粮抗税的斗争，提高了群众的认识与觉悟
1924 年	国民会议促成运动	曹、吴战争后，亲日派安福系军阀段祺瑞执政，召开善后会议。孙中山北上，提出召开国民会议的主张以解决国是。山西学联联合各界进步分子，成立了太原各界国民会议促成会及山西国民会议促成会筹备会，并在太原教育会召开了全省代表大会。在这次会议中，讨论了国内外政治形势，并派张叔平出席了在北京召开的全国代表大会，以便采取一致行动，加强革命力量
1925 年	召开孙中山追悼大会	太原及山西各县都召开孙中山追悼会，借以宣扬三民主义和三大政策的革命主张，以吸收群众参加革命。党团同志在这次大会上对孙中山的三民主义思想作了正确的阐释

年代	名称	主要内容
1925 年	反房税斗争	阎锡山为筹措军费而召开省财政会议，决定征收房捐。在消息传出后，太原大中学校的学生在省立一中学生傅懋恭和进山中学学生纪廷梓的带领下，以太原大中学校集体罢课和游行请愿的办法，揭起抗房捐税的运动。反房税的斗争是太原学生联合起来反阎斗争的起点，广大学生在斗争中得到了锻炼，打乱了阎锡山的扩军备战的计划，推动了太原地区群众性的革命斗争。反房税斗争以阎锡山收回成命画上了一个圆满的句号
1925 年	五卅运动	上海"五卅惨案"发生后，山西人民对帝国主义残杀中国人民的罪行，表示极大的悲愤。太原各校学生及各界民众在海子边举行群众大会，号召全省同胞起来打倒帝国主义，傅懋恭被选为大会主席
	"五卅惨案"后援会	1925 年 6 月间，山西学联在太原召开全省中等以上学生代表大会，会议总结了过去学运的经验，确定了今后学运的方向。这次会议闭幕后，大同、临汾、长治、榆次等地的学生会纷纷组织"五卅惨案"后援会，并在乡村开展了演话剧、办平民学校、出版油印报的各种活动，以唤醒普通民众的爱国热情

3. 1931—1937 年与新军阀斗争中的山西大中学校学生

在大革命失败以后，中共山西省委和团山西省委将工作重点转移到农村。阎锡山步蒋介石后尘，于 1927 年 5 月 11 日派人到各大中学校开始"清校"运动。省城各大中学校中的共产党员、共青团员及学联领导成员中的党团员和进步学生均受到当局的通缉，对学校的控制越来越严，大中学校学生的爱国运动也随之陷入沉寂状态①。这一局面一直持续到 1931 年，才被"九一

---

①　在 1927—1931 年全国革命形势走向低潮期间，山西省委机关由省立一中转移到中校尉营的一所院落里。太原地区党组织仍然领导工人、学生坚持了艰苦的地下斗争，举行了纪念李大钊殉难的追悼会，秘密地进行马列主义的宣传工作，国民师范、成成中学和其他学校仍然是党的秘密活动中心。

八"事变的炮声打破。山西大中学校的进步学生和全国各地的进步学生一样，发出了坚决要求抵抗日本帝国主义侵略的爱国呼声。

表 2 - 2　　　　1931—1937 年山西大中学校学生爱国运动

年　代	名　　称	主　要　内　容
1931 年	"一二·一八"惨案①	"九一八"事变后，国民党不抵抗政策，激起了全国人民的强烈义愤。12 月 8 日，太原三千多名学生举行了"九一八"国耻纪念会，坚决抗议国民党实行的不抵抗政策，要求立即组织义勇军出兵抗日。12 月 13 日、17 日，学生代表纷纷到省政府请愿抗日。18 日，山西中等以上学校的学生代表和太原市各校学生四五千人举行示威大游行，进山中学学生穆光政在冲突中中弹牺牲，学生多人受伤，造成"一二·一八"惨案。事后，成立"一二·一八"惨案后援会，选举戎子和为主任委员，胥心一、郭元璋为副主任委员，支持学生进行斗争。经过两个月的顽强斗争，惨案凶手被关押，国民党省党部最后也被逐出太原
1934 年	反会考运动	1934 年初，山西省教育厅转发了国民党中央教育部通知，规定从 1934 年暑假开始，各中等学校毕业生的毕业考试，要由原各校分别考试改为全市统一会考。国民师范初三学生刘耀夫（党的外围组织"红军之友社"负责人）与教育学院共产党员、山西互济会团书记李雪峰，在分析毕业会考的实质（限制青年参加抗日爱国活动）之后，决定发动反对会考的斗争。刘耀夫在国民师范组织成立应届毕业生同学会及执委会，在成成中学、女师、一师、新民中学、进山中学、明原中学、并州中学、友仁中学、三晋中学、平民中学等中学的响应下，成立"太原市中等学校应届毕业生同学会"。与此同时，刘耀夫举行了记者招待会，并派人到大同、长治、临汾、运城等地的中等学校联络，争取实现全省各地的统一行动。6 月 19 日，组织全市各中等学校学生三千余人游行示威，到省教育厅请愿。这次在党组织领导下的反会考运动，使山西党组织在群众中威信增强，党在青年学生中的各项工作开展得更加扎实，成成中学、国民师范等校成了坚强的革命堡垒

---

　　① 关于"一二·一八"惨案，可参见戎子和《山西抗日救国学生运动和"一二·一八"惨案》，载中共山西省委党史研究室编《中共山西历史忆事》（第一卷），山西人民出版社 1991 年版，第 312—321 页。

续表

年　代	名　称	主要内容
1935 年	"一二·九"学生运动①	1935 年 12 月 9 日，北平学生发生了学生抗日救国运动。12 月 10 日，太原各学校纷纷成立抗日救国学生会，国民师范学校的段若宗、齐增禄、邢思廉、刘全国、曹津、张清源等共产党员和进步青年为代表，成立了"国民师范学生抗日救国会"，起草了《工作纲领》，发表了《告全国同胞书》，举行罢课游行，声援北平学生的爱国斗争。12 月 12 日，段若宗召集国民师范、成成中学、第一师范、女师四校进步学生领袖，宣布成立"太原市中等学校抗日救国联合会"，并参加华北学联筹备委员会。12 月 13 日，省立一中、成成中学、云山中学等校代表五十二人，在女师召开会议，宣布成立"太原市中等学校抗日救国联合会"，通电全国，反对华北自治。17 日，山西大学、教育学院、法专、医专、工专、商专及并州学校等八校在农专召开联席会议，成立"太原大专八校学生抗日救国联合会"。为了加强力量，联合行动，两个学联合成立"太原市中等以上十七院校抗日救国联合会"，在国民师范礼堂举行成立大会，又联合发起"山西全省学生抗日救国联合会"，并通电全国，一致抗日，电慰北平同学等七条决议。在当时条件下，为了更广泛地组织抗日反蒋统一战线，团结各派学生组织和群众团体，经中共山西工委同意，主动做了让步，将"抗日救国联合会"改名为"讨逆救国联合会"。全省学生讨逆救国联合会为响应中国共产党的号召，声援北平及各地的救亡活动，12 月 22 日国民师范、成中、一师、太师、女师等校学生举行声势浩大的示威游行。"一二·九"学生运动，以阎锡山同意转呈广大学生的正义要求而胜利告终。通过运动，既激发了群众的抗日反蒋情绪，又为日后山西牺盟会和抗日决死队的成立奠定了必要群众基础

（二）太原大中学校学生爱国运动的价值追溯

1. 地域分析：以太原为中心

作为山西省省会城市所在地——太原，是山西省政治、经济、文化中心。太原拥有山西最高的高等教育学府山西大学，同时也拥

---

① 关于"一二·九"学生运动运动的情况，也可参见李铭新《"一二·九"学生运动在太原》，载中共山西省委党史研究室编《中共山西历史忆事》（第一卷），山西人民出版社 1991 年版，第 519—522 页。

有山西省的模范中学山西省立一中，与同时期山西的其他地区相比，太原还拥有人数众多的大中学校学生群体。同样，太原还是社会主义青年团和中国共产党组织最早建立支部的城市。众多的便利条件让太原大中学校学生无疑成为山西省其他地区大中学校学生关注的中心和重心，太原大中学校学生所发起和倡导的各种爱国运动，都在不同程度上得到了同省其他地区大中学校学生的支持和响应。而对于山西其他地区的大中学校学生来说，能积极支持和响应太原大中学校学生的爱国运动，从其勇于和敢于发起爱国运动的勇气和决心来看，就十分难能可贵——人数不多的群体、为数极少的支持者、相对落寞的社会氛围、更加恶劣的活动环境，让他们的每一次运动都充满难以预料的困难和障碍。但是，他们除了支持和响应太原大中学校学生的爱国运动之外，还针对本地区的实际情况组织了许多小规模的爱国运动，更值得我们去回味。

太原成成中学从 1924 年建校招生之日起，成成中学的学生就十分关注同时期山西其他大中学校学生的爱国运动。从 1925 年参加中共太原支部发起的"反房税斗争"至 1937 年 10 月举校从军，成成中学部分进步学生几乎参加了太原大中学校所发起的所有爱国运动。他们从默默无闻的随行参与者开始，逐步在学生爱国运动中担负起了领导作用。尤其是从刘墉如担任成成中学校长一职以来，在学校进步教师的教育和引导下，他们变得更加成熟和稳重。特别是在山西大学和山西省立一中逐步退出引领太原大中学校学生爱国运动领导者的地位之后，成成中学的进步学生协助国民师范学校的进步学生一起发起了多起支持全国大中学校学生和反对阎锡山反动统治的爱国运动，当国民师范学校暂停招生之后①，成成中学的进

---

① 阎锡山从反会考运动中，发现太原国民师范已经变成一团扑不灭的烈火，深知他原来创办国民师范的目的已经无法实现。于是，决定从 1934 年后半年起，国民师范不再招生（参见王建富、程秀龙《太原地下党革命斗争史话》，山西人民出版社1985 年版，第 155 页）。

步学生就独自成为引领太原大中学校学生爱国运动的领导者。虽然只有短短的两年时间，但是成成中学学生是唯一一个从建校开始登上学生运动舞台至举校从军，没有缺席太原各种爱国学生运动的中学。他们的成长和发展，见证了中国共产党在太原乃至山西的发展历程，同样也印证了只有紧跟时代步伐，随时代潮流前进而不断前进，青年学生才能创造光辉灿烂的人生价值的革命真理。

2. 学校分析：学生爱国运动领导权的变迁①

太原大中学校学生爱国运动的领导学校，经历了从山西大学到省立一中、国民师范，再到成成中学的领导权变迁。山西大学在"五四"运动中毫无疑问充当了领导者的角色，山西大学学生始终站在全省学生运动的前列，起到了先锋和骨干的作用，成为山西省青年运动的中坚力量。可是，"五四"运动过后，在发展党团员和组建党团组织上，迟于省立一中、国民师范学校②，这一现象与阎锡山抵制马克思主义在山西大学的传播有着很大的关系。由于山西大学是山西的最高学府，在山西学教界影响很大，几次重大的爱国运动，都是山西大学的学生带头搞起来的。所以，阎锡山格外重视山西大学的动向，采取种种手段限制山西大学师生的活动，山西大学逐步丧失了对太原大中学校学生运动的领导权。

---

① 关于太原大中学校学生爱国运动领导权的变迁，可以参见李丕常、郭存恒《解放前太原教育发展概括》，《太原文史资料》1985 年第 5 辑。

② 根据彭真 1990 年 1 月 5 日会议，"1924、1925 年……山西大学有一个团小组，负责人是马锡侯（汾阳人）"。［参见《山西建党初期的一些情况——彭真同志 1990 年 1 月 5 日谈话记录》，载中共山西省委党史研究室编《中共山西历史忆事》（第一卷），山西人民出版社 1991 年版，第 6 页。］又据彭真 1961 年会议，"1924 年的党员……山西大学有一人"［参见《彭真同志谈太原党团组织创立初期的活动》，载《太原党史资料汇编》（第一辑），中共太原市委党史研究室编印 1991 年版，第 107 页］。迟至 1926 年 6 月即中国共产党在山西大发展时期，中国共产党的组织才在山西大学建立起来。

山西省立一中继山西大学之后成为太原大中学校学生运动的领导者。山西省立一中学生、山西共产主义启蒙运动的先驱、山西党组织的创建人高君宇，1921年春受李大钊的派遣回到山西，筹建社会主义青年团。同年，5月1日，以"唤醒劳工，改造社会"为宗旨的太原社会主义青年团宣告成立，王振翼被选为组长。由于太原当时还没有建立党的组织，太原社会主义青年团实际上就成为山西组织与发动工人运动、学生运动的核心。1922年至1923年，经高君宇介绍，太原社会主义青年团团员中的王振翼、贺昌、李毓棠、傅懋恭（彭真）等人，先后参加了中国共产党，成为山西早期的共产党员。1927年"四一二"政变之后，阎锡山在山西大肆抓捕和屠杀共产党人，省立一中成为反革命派"清党""清校"的重点，中共山西临时省委的领导人、省立一中学生王瀛、邓国栋、汪铭，先后被敌人通缉，壮烈牺牲。党团组织转入地下，中共山西省委机关也被迫转移出学校。为了保护省立一中的进步学生，党领导的太原学生运动中心，也由省立一中转移至国民师范。

图2-3　山西国民师范校门

国民师范继省立一中之后成为太原大中学校学生爱国运动的中心。1927年之后在山西革命处于低潮的困难时期，国民师范的学生在中共太原地下党组织的领导下，积极开展了各项革命斗争，成了山西学生运动的中心。国民师范的进步学生倡导和引领了"九一八"国耻纪念会、反会考运动、"一二·九"学生运动等太原大中学校学生的爱国运动。但是，在大力提倡职业教育的形势下，1933年教育部令国民师范改为职业学校，于1934年开始招收职业班，1936年改为"山西省立太原初级工业职业学校"，国民师范正式停办。

在国民师范停办之后，成成中学成为太原大中学校学生爱国运动的又一个中心。虽然成成中学屡遭当局恐怖的镇压，但是成中党的地下斗争一直坚持了阵地，最终使成成中学成为在阎锡山统治下唯一的由中国共产党掌握领导权的学校，成为继山西省立第一中学、太原国民师范学校之后太原学生爱国运动的中坚力量和党在太原的坚固阵地。成成中学不仅倡导和引领了多次太原大中学生的爱国运动，而且还先后掩护过中共北方局、中共山西省工委、中共太原市（工）委的一些党的领导干部①。特别是抗日战争爆发之后，成成中学成为中共北方局、中共山西省工委、八路军驻晋办事处的驻地②。1937年，成成中学在刘墉如校长的带领下举校从军，更是全省乃至全国青年学生学习的典范——以一己之躯，托起民族重生之希望！

二 全域视野：山西大中学校学生爱国运动的价值探寻

（一）同时期全国大中学校学生爱国运动的开展

作为全国大中学校学生爱国运动中的一个组成部分，山西大中学校学生的爱国运动伴随着全国大中学校学生爱国运动而展开。我们试以山西大中学校学生爱国运动的各个阶段为参照点，选取相应阶段的全国大中学校学生爱国运动作为对照点，来探寻山西大中学校学生爱国运动的历史价值。

---

① 这些领导干部有：林枫、彭真、武新宇、刘丹顿、张衡宇、李舜琴、任弼绍等。

② 中共北方局为1937年9月5日入驻，八路军驻晋办事处为1937年8月22日入驻，中共山西工委为1937年入驻。

1.1919—1936 年全国大中学校学生主要爱国运动

民国初年，作为全国政治和文化教育中心的北京，与作为全国经济和新闻出版业中心的上海，这一北一南两大中心城市，也是知识分子（特别是高级知识分子）汇集之地，直接影响和制约着 20 世纪文化教育的发展。因此，1919—1936 年全国大中学校学生主要爱国运动同样也是围绕着北京和上海这两大城市而展开的。

表 2－3　　　1919—1936 年全国大中学校学生主要爱国运动

运动阶段	运动大体内容
"五四"运动及全国学生运动的高涨	1919 年 5 月 4 日，北京大学、北京高等师范学校、汇文学校、北京法政专门学校、工业专门学校、农业专门学校、医学专门学校、警官学校、铁路管理学校、税务学校、中国大学、民国大学、朝阳大学等 13 所大专学校的学生 3000 多人，举行游行示威活动 北京青年学生反对帝国主义侵略行径和卖国贼的爱国斗争遭到反动军阀政府的镇压，得到全国各地青年学生的积极响应——自 5 月至 6 月初，全国有 22 个以上省份共 200 多个大小城市的学生举行罢课或者游行示威。在爱国主义的激励下，掀起了前所未有的波澜壮阔的学生运动
全国学生代表大会与加入国民运动	第一次全国学生代表大会从 1919 年 6 月 16 日开幕到 8 月 5 日正式结束，宣告中华民国全国学生联合总会（全国学联）正式成立。它的成立，加强了全国学生的团结，统一了全国学生运动的步骤，同样也推动了全国各地学生联合会的发展 1923 年 8 月 16 日，第五次全国学生代表大会借广东教育会场正式开幕。在大会通过的《为本会今后运动之目标和进行的计划案》中明确规定学生要加入民主革命，"过去的学生运动，失败的原因因为没有运动的目标，今后，我们要全体加入民主革命的战线上，赞助三民主义，与主张三民主义者携手合作，使三民主义早日成功，以达到打倒国际帝国主义和军阀的目的"[1]。从此以后，学生运动在反帝反封建的共同目标下，不仅宣布与国民党合作而且直接接受了中国共产党的领导，具有不同于以往的历史转折

---

[1] 《学生联合会之决议案》，《民国日报》1923 年 8 月 30 日。

续表

运动阶段	运动大体内容
五卅运动与全国学生的新动员	1925 年 5 月 30 日，震惊中外的五卅运动在上海爆发，并很快席卷全国。当天深夜，中共中央召开紧急会议，决定由瞿秋白、蔡和森、李立三、刘少奇和刘华等人组成行动委员会，具体领导这次斗争，组织全上海民众罢工、罢市、罢课的"三罢斗争"，抗议帝国主义屠杀中国人民。在全国学联的号召下，全国各地的学生很快就发动起来举行集会，抗议帝国主义的暴行，声援上海工人学生的斗争。海外的留学生也积极响应，留法勤工俭学学生和旅法华人在中国共产党旅欧总支部的领导下，举行了反帝示威活动 为了进一步巩固学生会组织，研究如何配合全国人民的反帝斗争，全国学联于 6 月 26 日，在上海召开第七次全国学生代表大会。全国 30 多个地区的学联代表 60 余人参加了会议，通过以"团结学生，联络民众，本互助的真谛，革命的精神，谋学生本身及全体民众的利益为宗旨"的《中华民国学生联合会总会章程》，为动员学生参加北伐战争做了政治上和组织上的准备
"九一八"事变后学生抗日救国运动的高涨	1931 年 9 月 18 日，日本关东军精心策划制造了震惊中外的"九一八"事变。面对日本帝国主义的侵华暴行和大片国土的沦丧，全国性的抗日高潮蓬勃兴起。共青团中央于 9 月 21 日发出《告全国青年书》，号召全国青年起来罢工、罢课、罢市，反对日本帝国主义的侵略。9 月 23 日，南京工、农、商、学、妇女等各界各团体 10 余万人，举行了反日救国的游行示威；9 月 26 日，上海各界民众万人举行抗日救国大会；9 月 28 日，北平各界召开了有 250 多个团体 20 多万人参加的抗日救国大会，呼吁"国内各方停止内争，一致对外" 1931 年 11 月初，南京、上海、北平、天津、河南、陕西、山东、四川、广西、湖南、湖北、广东、江苏等省市学生代表，在南京举行全国学生抗日救国会议，成立了全国学生抗日救国联合总会，以加强对全国学生抗日救亡运动的领导。此后，全国各省市学生多次举行反日示威活动，抗议国民党政府的不抵抗政策。其中规模最大的一次，是 12 月 17 日，上海、北平、天津等地学生的联合大示威，遭到国民党军警的血腥镇压，制造了震惊全国的"珍珠桥惨案"。惨案的第二天，即 12 月 18 日，山西太原国民党省部也命令军警开枪射击学生和工人，造成了惨案 由于中共中央采取了"左"倾政策，使革命的有利形势很快丧失，学生爱国运动也被国民党镇压了。"'九一八'事变后，英勇南下学生示威团之遭受失败，而不能达到其救国目的，就是由于当时学生组织的涣散，行动的不统一，更是没有注意深入到工农军政商学各界同胞中去，没有推动他们组织起来，以致不能把各界同胞的同情，变成一致的行动，使运动形成孤立所致"①

---

① 《为抗日救国告全国各校学生和各界青年同胞宣言》（1935 年 12 月 20 日），载中央团校青年团工作教研室编辑《中国青年运动历史文件选编》，中央团校青年团工作教研室 1979 年版，第 59 页。

续表

运动阶段	运动大体内容
从"一二·九"到"一二·一六"	1935 年 12 月 3 日，党领导下的北平学联召开会议，决定联络北平各个大中学校，向华北最高当局发起一个大规模的请愿。12 月 9 日，北平学生一万多人，高呼"打倒日本帝国主义！""停止内战、一致对外！"的口号，唱着抗日救国歌曲，举行了大规模的爱国请愿和示威。美国记者埃德加·斯诺夫妇自始至终参加了示威游行活动，认为这是他"第一次看到大批中国知识青年所表现出来的政治勇气……令参加者和旁观者都感到振奋"① 12 月 16 日，在傀儡政府"冀察政务委员会"约定成立之日，北平学生和市民两万多人，又举行了更大规模的示威游行，狠狠地打击了反动派的卖国活动，"冀察政务委员会"也不得不宣布延期成立 北平学生掀起的"一二·九"学生运动，唤醒了全国各地的学生，全国出现了抗日救国运动的新风暴：天津、上海、杭州、西安、太原、济南、青岛、长沙等地爱国学生先后都举行了请愿和示威活动，而且在海外，也得到了广泛的支持

2. 全国学生爱国运动的分析与评价

1919—1936 年全国学生爱国运动的大致历程，主要是围绕重大历史事件而展开，事件活动大体经过也大都从北京和上海等中心城市爆发而随之蔓延至全国各主要城市。诚然，作为全国学生爱国运动重要组成部分的其他城市的学生爱国运动也在不同程度、不同层面上开展，也随着各自所在省域的不同历史境遇而呈现出不同于全国统一学生运动的特征。但是，我们不可否认的是：推动和影响学生运动主要潮流的，依然是那些与全国主要历史事件相一致的学生爱国运动。学生爱国运动的全国性，彰显了青年知识分子所应有的民族气概和爱国情怀；学生爱国运动的地域性，凸显了各地青年知识分子关注国家命运的地域情怀。学生爱国运动，因为有了地域性，才让人更加感觉到亲切；因为有了全国性，则更加让人体察到青年知识分子

---

① ［美］埃德加·斯诺：《斯诺文集》（第一卷），宋久等译，新华出版社 1984 年版，第 172 页。

的赤子情怀。

虽然，因不同历史阶段国家所面临的历史境遇之间的差异，学生爱国运动呈现出不同的阶段特征，但是，爱国之心、爱国之情、爱国之志却是各个阶段学生爱国运动的主旨。同样，学生运动的领导权也因历史阶段的不同而各异，但从总体上来看，在学生运动逐步融入全国各阶层爱国运动的同时，中国共产党对学生运动的领导权在逐渐增强，尤其是在"一二·九"学生运动之后。"'一二·九'运动是伟大抗日战争的准备，这和'五四'运动是第一次革命的准备一样。'一二·九'推动了'七七'抗战，准备了'七七'抗战"，"'一二·九'运动中，共产党起了骨干作用。这些说明知识分子要与共产党结合，要与广大工农群众结合，要与革命武装队伍结合，要与八路军、新四军结合"，"笔与枪结合起来"①。

（二）山西大中学校学生爱国运动的价值探寻

作为全国学生爱国运动重要组成部分的山西大中学校学生的爱国运动，随着全国学生爱国运动的兴起而发展。1919 年由北京学生发动的"五四"运动迅速发展到山西，5 月 7 日包括山西大学在内的十一所学校数千名学生集会，通电声援北京学生的反帝爱国运动。"五四"示威后不久，山西省学生联合成立了山西省中等以上学校学生联合总会，会址在山西大学。北京学联为了加强山西学运，派高君宇回山西指导工作，并成立了太原社会主义青年团。至此，山西大中学生的爱国运动得到了党、团组织的领导，并在其领导下展开了多次活动。1923 年召开的中国社会主义青年团第二次全国代表大会的《关于中央执行委员会报告的决议案》中，曾做出如下描述："太原地方团至今人数甚少，于

---

① 毛泽东：《在延安青年纪念"一二·九"大会上的讲演词（摘要）》，《新中华报》1939 年 12 月 16 日。

活动上太忽视学生运动，但是太原是唯一的与中央有较密切的关系的地方团，此点值得大会赞许；于工人运动亦颇努力"①。

作为全国学联组成成员的山西学联，在积极参加全国学联历届全国代表大会的同时，也积极响应全国学联的号召，通过组织学生爱国运动、召开全省学联大会等形式，来支持和配合全国学联的各项工作。从1919年第一次全国学生代表大会召开至1937年第十二次全国学生代表大会，共有：周敦信（第一次），赵鹤琴（第五次），纪廷梓和弓志儒（第六次），潘泽清和万宗章（第七次），薛映雏、李时蒙、彭兆泰（第八次）等同学出席参加。在全国学联第七次全国代表大会之后，于1925年9月3日召集第二届全省学生代表大会，加入省学联的有太原、大同、平阳、河东、汾阳、长治等地学联所分辖之50余所学校学生会。山西大中学生积极响应"五四"运动、国民运动、五卅运动、"一二·九"运动等全国各项重要学生爱国运动，并结合山西大中学校发展的具体实际情况，进行了必要的示威活动，为以北京、上海为中心的全国学生爱国运动的顺利开展提供了重要的地方支援。

三 "到农村去"："一二·九"学生运动的延伸

从请愿运动被破坏到示威运动被暴力所摧残，北平学生抗日救亡运动面临着严峻的考验，"运动向何处去?""下一步怎么办?"等有关学生运动方向的种种问题摆在当时学生运动领导者面前，促使他们对开展抗日救国运动的斗争方法、策略等进行深刻反思。南下扩大宣传团和中华民族解放先锋队的成立，就是爱国学生面对时局困惑时所作出的方向和道路选择。

---

① 中国新民主主义青年团中央委员会办公厅编：《中国青年运动历史资料》（1915—1924），1957年，第358页。

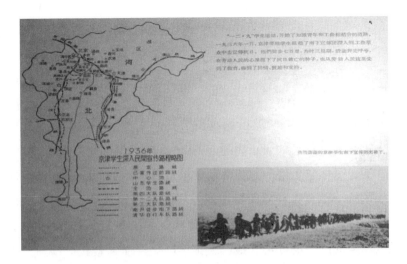

图 2-4　北平学生南下扩大宣传团

1935 年 12 月，北平学联党组织核心成员开会讨论关于学生运动向何处去的问题，彭涛、黄敬、姚依林、郭明秋、董毓华、孙敬文等人出席会议。会议决定：组织南下扩大宣传团，到农村去"唤醒民众"，向农民宣传抗日救国的道理；同时还决定留预备队留守北平，巩固原有阵地，并派代表赴津、沪、汉各地活动，组织全国学生抗日救国联合会。1936 年 1 月，北平学联和天津学联共同组织了平津学生南下扩大宣传团，总指挥为董毓华（中国大学）、宋黎（东北大学）、江明（北师大），宣传团的党团书记是彭涛。平津学生南下扩大宣传团下设四个分团：第一、二团由北京大学、东北大学、北师大、中国大学、弘达学院、东北中山大学、镜湖中学等校学生组成，韩天石（北京大学）、江明分别担任指挥；第三团由清华大学、燕京大学、辅仁大学、朝阳学院等校学生组成，黄华（燕京大学）和蒋南翔（清华大学）担任指挥；第四团由天津各大中学校组成。各校参加南下扩大宣传团的大多数是"一二·九"运动中的骨干和积极分子，共计 500 人左右。在平津学生南下扩大宣传后，上海、武汉、广州、济南等地各大中学学生都先后发动了深入农村的扩大宣传活动。平津学生南下扩大宣传团深入农村进行宣传工作，不仅扩大了党的抗日民族统一战线方针的影响，在一定程度上动员了群众，激发了群众的爱国热情；而且也使学生们在宣传活动中受到深刻的社会教育①，不少同学就由此成长为共产主义战士，成为华北和全国抗日救国运动的骨干力量。

随着平津学生南下宣传活动的深入开展，如何保证宣传活动组织的统一性成为宣传团考虑的首要问题。其实早在1935年11月，中国共产党就发布了《关于青年工作的决定》，"由于中国国内形势的剧烈的变动，最广大青年群众参加到救亡运动与民主自由的斗争中来，在中国共产党前面提出了根本改造青年团及其组织形式，使团变为广大群众的非党的青年组织形式，去吸引广大青年参加抗日救国的民族统一战线中来"。根据这一决定的指示精神，中共北平市委书记林枫与黄敬、姚依林等人举行会议，认为民族武装自卫会和共青团已不能适应当时形势的需要，而商量筹建一个抗日的具有广泛群众性的青年组织。后来，在北师大曹国智的建议下，决定将中国青年救亡先锋队与民族解放先锋队合并，改名为中华民族解放先锋队，并于1936年2月1日在北师大文学院召集各校代表举行第一次代表大会，通过了《斗争纲领》《工作纲要》《组织系统》和《规约》等文件，发表了《宣言》，同时宣布中华民族解放先锋队（简称"民先队"）正式成立。《宣言》提出民先队的首要任务是"揭破汉奸及其走狗的阴谋并打击其种种阴谋的破坏手段；联合一切抗日反帝力量，无党

① 剀岑在《徒步旅行第一日》中曾做过如下描述："见到田野的荒凉，感到严冬的肃杀；看到破产的农村，深痛帝国主义势力的深入；见到农村父老的生活——饥饿线上的挣扎，死亡流离的悲运，面枯骨稿的病容"，有了"打倒帝国主义""推翻目前榨取制度"的新的"猛地觉醒"［《一二九运动资料》（第一辑），人民出版社1981年版，第423页］。

无派在抗日救亡的旗帜下，一致团结起来"；在《工作纲领》中要求队员"一切工作都应以全民族彻底自由解放的利害为出发点"①。中华民族解放先锋队是在中国共产党的领导下建立起来的，具有严密的组织系统和广泛的群众基础，成为华北和全国抗日救亡运动中的一支重要力量。

抗日战争爆发之后，全国成千上万的青年纷纷走上了抗战的前线，参加了抗日武装斗争和其他各种抗战工作，"大部分已成为敌后战场上的军事指挥员、政治工作人员、地方行政负责人以及经济工作、文化工作的指导者"②。特别是在"一二·九"运动中成长的学生和知识青年，走向农村和敌后，与抗日武装、与工农群众结合起来，显现了青年学生在革命运动中的先锋作用和桥梁作用。"这种先锋作用，不仅表现为青年学生勇敢地站在挽救民族危亡的最前列，而且表现为他们勇于改造主观世界和自觉性。这种桥梁作用，不仅使得学生运动发展成为全国性的救亡运动，更重要的是学生运动也成为传播中国共产党抗日民族统一战线方针的重要桥梁。"③

---

① 《一二九运动资料》（第一辑），人民出版社1981年版，第447页。
② 刘少奇：《和广大的工农兵相结合———一九四九年在延安青年纪念"一二九"运动大会上的讲话摘要》，《中国青年》1950年第53、54期合刊。
③ 张留学等：《中国近代学生运动史》，河南人民出版社1992年版，第256页。

第三章 投笔从戎：抗日战争中的成成师生

近40岁的年纪，在他饱经风霜黑黄的面孔上，长着短短的胡须，着一身残旧的灰军衣，炯炯的两目放射着尖锐的光芒，我们紧握起了两手，畅谈着关于大青山间敌我搏斗的故事，一副雄赳赳的气概，使谁又能想到，抗战前他是一位热心服务多年的教育家呢？当初抗战初期太原失守后不久，在报纸上我们便时常听到关于师生游击队战斗胜利的消息，刘墉如先生便是当时师生游击队的支队长，过去太原成成中学的校长。①

——《大青山中师生打游击——师生游击队队长访问记》

第一节 历史背景："山西全省人民都在对日作战"

在抗日战争时期，山西是最引人注目的省份之一。山西——不但是华北抗日战场的主战场之一，而且还是抗日战争爆发之后

---

① 郁文：《大青山中师生打游击——师生游击队队长访问记》，载山西新军历史资料丛书编审委员会编《山西新军暂编第一师》（上），中共党史出版社1993年版，第271页。

中国共产党领导的抗日游击战争最先开始的地方。"山西以一隅之地，进行了守土抗战，收罗进步青年，成立牺盟会，解放思想自由，允许开设生活书店。我看见山西是有了光明，虽然是仅仅点出一支土蜡烛来，光明不大，但我却和许多爱国的青年一样，像灯蛾似的，围着这一点光明，不肯他去了。"①　"到太原去"成为时代的最强音，太原成成中学师生抗日游击队就是在这样的历史背景中成立的。

一　"模范战区"："唯中哲学"的战略抉择

1935 年"华北事变"的爆发，使得全国抗日救亡运动蓬勃兴起，山西遂成为抗日救亡的前哨，"欲占领中国，必先占领华北，欲先占领华北，必先占领山西"。正如毛泽东在《中国共产党在抗日时期的任务》中所指出的，"中日矛盾变动了国内的阶级关系，使资产阶级甚至军阀都遇到了存亡的问题，在他们及其政党内部逐渐地发生了改变政治态度的过程"②，亲日的阎锡山同样也面临着如何摆脱生存危机的战略抉择。与此同时，红军东征横扫大半个山西，并在许多地区开辟了苏区，创建了县、区、乡、村革命政权，而且"已经深入到阎锡山集团内部，连他的核心组织'自强救国同志会'的干部委员，也绝大多数赞成我党提出的'停止内战，一致抗日'的统一战线主张"③；蒋介石的中央军借援助阎锡山拦阻红军之际而驻扎在晋南，甚至利用山西内部的派系斗争，企图策动所谓的"河东道独立"计划，挤垮阎锡山在山西的统治地位。阎锡山面对日本人的"打"、共产党方面

①　穆欣：《拔剑长歌一世雄——续范亭生平》，山西政协文史资料研究委员会编辑 1988 年版，第 172 页。
②　《毛泽东选集》第 1 卷，人民出版社 1991 年版，第 253 页。
③　薄一波：《若飞同志出狱前后》，载中共山西省委党史研究室编《山西革命回忆录》（第一辑），山西人民出版社 1983 年版，第 84 页。

的"拉"与国民党方面的"挤"，围绕着是"联共抗日"还是"降日反共"，是"联共反蒋"还是"拥蒋反共"，在"三颗鸡蛋"上跳出了一段具有"阎氏艺术风格"的舞蹈。阎锡山灵活运用"中的哲学"，经过反复权衡终于在蒋、日、共三方之间找到了一种维系各方力量平衡的合理张力，并摸索出了一条能允许他自如生活的生路。阎锡山首先是开始放弃与中国共产党的敌对立场，"兄弟阋于墙，外御其侮，是道理，亦是利害。不此之能，己不若常人，岂可更甚焉"①，进而思考"东北失守后，张学良退出东三省，坚持抗战的都是共产党，没有一个国民党。假如日本人打进山西来，山西抵抗不了，蒋介石也抵抗不了，怎么办"② 的问题，并于 1936 年 9 月 18 日成立了抗日救亡活动组织"山西牺牲救国同盟会"③。我们从阎锡山组织创办山西牺牲救国同盟会的历程，就不难看出其运用"中的哲学"的手段，即：在抗日救亡活动组织名称的选择上，为了避免刺激日本而采用"山西牺牲救国同盟会"的名称；同样，为了发挥共产党发动群众的作用，"根据'唯中哲学'，他构思了一个新的策略，即：请一位坚决抗日又有号召力的共产党人，但是不以共产党的面目出现，而是以山西抗敌救亡活动家、组织家的面貌出现；采取共产党的进步措施和主张，但在提法上要换成'山西话'，组织上要戴阎锡山的'帽子'，即官办团体的'帽子'，借助共产党的政治影响、做法，但又打着山西的旗号——这样来扩充实力，应付

---

① 山西省地方志办公室、山西省政协文史资料委员会编：《阎锡山日记》，社会科学文献出版社 2011 年版，第 394 页。

② 梁膺庸：《在牺牲盟会和决死队工作的片断回忆》，《山西文史资料》1981 年第 15 辑。

③ "山西牺牲救国同盟会"，是在中国共产党的影响下，由原山西自强救国同志会中的进步青年杜任之、宋劭文、戎子和、刘玉衡等人倡议，经阎锡山批准而成立的。但由于种种原因，甫经成立，即告停顿。薄一波等人的接办、改组，使"山西牺牲救国同盟会"得到新生。

危机难关"①。虽然阎锡山的做法在一定程度上促成了山西抗日救亡活动的新局面，但是其初衷却在于利用共产党来应对山西社会所面临的生存危机。其次，阎锡山对日本的态度由缓变强，发起并组织了历时五个多月的反击日伪军侵占绥远的"绥远抗战"，"是役共歼灭和瓦解一个步兵师，另步骑兵共两个旅，肃清了绥境日伪军，收复了百灵庙、大庙等失地，挫败了敌人侵略的阴谋，大大鼓舞了全国人民的抗战热情和信心"②。毛泽东在给傅作义将军的电报称，"绥远抗战胜利，为全国抗战的先声"③。阎锡山本人与山西一同遂成为全国人民关注和向往的地方，"从11月中旬开始，许多地方如杭州、上海、广东等地都派代表来太原，甚至亲来绥远慰问前线部队。代表团肯定地告诉阎锡山，绥远的抵抗就是保卫全中国，并且鼓励他继续坚持斗争。许多代表团还给阎带来大量资金，这些钱都是作为全国'援绥运动'为前方战士捐献一天工资的口号下而募捐起来的。此外阎还收到好几百份，绝大多数都是来自其他地方实力派们及世界领导人的电报，赞扬他和傅作义将军敢于反抗日本，绥远军杀退敌人的拼搏精神。《中国周刊》载文说，绥远抗战发生后，全国人民即一致动员起来支持英雄的保卫者"④。经过一系列的政治事件，阎锡山于1936年冬在山西独树一帜地树起了"守土抗战"的旗帜，并与"牺牲救国"结合起来，逐渐成为"七七"事变前后山西朝野人士的共识。

"七七"事变之后，抗日战争全面爆发，日本政府在11日即发出《派兵华北的声明》，山西成为日军侵吞华北、占领中国总

---

① 薄一波：《七十年奋斗与思考》（上卷），中共党史出版社1996年版，第203—204页。

② 《绥远抗战》，《内蒙古文史资料》1986年第25辑。

③ 《毛泽东书信选集》，中国人民解放军出版社1984年版，第87页。

④ ［美］唐纳德·季林：《阎锡山研究》，牛长岁等译，黑龙江教育出版社1990年版，第237页。

战略的首要目标。面对如此抗战形势，阎锡山采取了联共拥蒋抗日政策，并于同年 9 月 20 日在山西成立了抗日民族统一战线组织——"第二战区民族革命战争战地总动员委员会"（简称"战动总会"）。战动总会主任委员由国民党元老续范亭担任，共产党员南汉宸、赵宗复、程子华、段云、武新宇等以及阎锡山的代表梁化之、王尊光、郭宗汾及部分民主人士参加了战动总会的领导工作。战动总会的成立，标志着一个新兴的抗日民族统一战线组织在山西和华北战场上诞生，在山西抗战史上占有十分重要的地位并发挥了十分重要的作用。随后，在平型关、忻口等抗击日军侵略的战役中，晋军、八路军和蒋介石的中央军并肩作战——平型关大捷打破了弥漫全国的"日军不可战胜"的神话，是华北战场上中国军队主动寻歼敌人的第一个大胜仗，同样也是八路军出师抗战以来有力配合正面战场防御作战取得的第一个大胜仗[①]；忻口战役则"是华北抗战高潮的标志，是标志抗战前途的一个很有意义的吉兆"[②]。阎锡山的联共拥蒋抗日在保存自己并为自己赢得抗战英雄荣誉的同时，削弱了日军的军事力量，同样也为共产党发动群众、创建抗日武装，建立革命根据地起到了一定的积极作用。正如刘少奇所语："我们在帮助阎锡山抗战的过程中，使山西的抗战坚持了，使山西的革命前进了，也使我们前进了。"[③] 尤其是在太原失守后，阎锡山所领导的第二战区一时成为中外瞩目的"模范战区"，成为全国抗战中的"特殊局面"。尤其在护卫西北半壁河山方面，"山西第二战区之游击力量之功，诚属不可没"[④]。在华北，"以国民党军队为主体的正规战已基本

① 山西省地方志办公室编：《民国山西史》，山西人民出版社 2011 年版，第 325 页。
② ［英］贝特兰：《华北前线》，转引自陈应谦《阎锡山从联共抗日到联日反共》，《炎黄春秋》1999 年第 10 期，第 24 页。
③ 牺盟会和决死队编写组：《牺盟会和决死队》，人民出版社 1986 年版，第 179 页。
④ 中共中央党校本书编写组：《阎锡山评传》，中共中央党校出版社 1991 年版，第 320 页。

结束，以中国共产党领导的八路军、游击队为主体的抗日游击战争将成为主要形式"[1]。

二　"独立自主"：创建三大敌后抗日根据地

在抗日战争爆发前夕，中国共产党把建立山西抗日民族统一战线的任务放在准备抗战部署的突出位置，并且经过艰苦的斗争和多方面的努力工作，终于促成了阎锡山与我党的"合作关系"，实现了山西抗日民族统一战线的政治局面。在抗日战争爆发之后，中国共产党在山西把党的工作重心放在战区和敌后，放手发动独立自主的山地游击战争，开辟敌后战场、建立抗日根据地。特别是在太原失守之后，以中国共产党领导的游击战争成为抗击日军侵略的主要革命斗争手段。

（一）抗日战争前夕：发出抗日号召加强统一战线工作

在民族危机空前严重，中日民族矛盾上升为主要矛盾，国内的阶级矛盾降至服从地位的情况下，中国共产党发出了建立抗日民族统一战线的号召。1935 年 8 月 1 日，发表《为抗日救国告全体同胞书》（即"八一宣言"），提出"停止内战，一致抗日"的政治救国主张。1935 年 10 月，中央红军长征胜利到达陕北。11 月 28 日，中华苏维埃共和国中央政府和中国工农红军革命军事委员会又发布《抗日救国宣言》，号召全国人民团结起来，抗日反蒋，并提出组织抗日联军与国防政府等主张。中国共产党抗日救国的号召和红军长征的胜利，促进了抗日救亡运动的迅速高涨。1935 年 11 月，"为统一反蒋抗日力量，建立反蒋抗日统一战线，山西左联、社联、教联、反帝大同盟、中华民族抗日武装自卫委员会、红军之友社等群众团体合并，组成讨蒋抗日救国会"[2]。1935 年 12 月 9

---

[1]　山西省地方志办公室编：《民国山西史》，山西人民出版社 2011 年版，第 338 页。
[2]　中共山西省委党史研究室编：《中国共产党山西历史大事记》，中共党史出版社 1991 年版，第 142 页。

日，在中共北平临时工作委员会的领导和组织下，北平爱国学生举行的抗日救国示威游行活动，有力地促进了中华民族的觉醒。在"一二·九"学生爱国运动爆发以后，山西的学生运动领袖国师学生、共产党员段若宗等人在北平参加华北学联筹委会，并于12月中旬，联络成成中学、友仁中学、太原女子师范等校的爱国学生救亡积极分子组成太原抗日救国联合会，领导太原各大中学校学生及部分工人联合举行了示威游行，促进了山西各阶层抗日民族运动的新高潮。

1935年12月25日，中共中央在陕北瓦窑堡召开政治局会议，确定广泛建立抗日民族统一战线的策略方针，并把北上抗日的主要方向放在山西、绥远两省。1936年2月，为了打通抗日的道路，在毛泽东、彭德怀率领下红军东征山西，改变了山西的局势。"东征为在全国建立抗日民族统一战线，为促成第二次国共合作，开创抗日战争的新局面，准备了条件。"[1] 同时，为了推进山西抗日民族统一战线和群众性的抗日救亡运动，贯彻瓦窑堡会议的精神，中共北方局[2]大力加强山西党组织的领导，运用党的策略开展统一战线工作。此外，为了与阎锡山在山西结成抗日民族统一战线，中共中央通过各种关系展开与山西当局的统一战线工作。经过中共的多方争取及当时国内外形势的发展变化，阎锡山对中共的态度发生了重大变化。1936年10月，薄一波、杨献珍等人受中共北方局的委派同阎锡山建立抗日的统一战线关系。他们在把牺盟会改造成为抗日进步团体的同时，于1937年8

---

① 程子华：《山西省举行纪念红军东征五十周年报告会》，《人民日报》1986年5月23日。

② 1936年3月，中共中央代表刘少奇到达天津，担任中共北方局书记。彭真任组织部长，陈伯达任宣传部长，林枫任秘书长兼天津市委书记。统辖山东分局、晋察冀分局、太行分局、晋绥分局等华北各战略区的党组织。1937年2月，刘少奇率领北方局机关，由天津迁往北平。7月下旬，刘少奇由延安到达山西太原，在成成中学院内中部重新组建北方局机关，任北方局书记。

月，成立由共产党人起领导作用的革命武装——"山西青年抗战决死队"（新军）。实际上，在抗日战争爆发前夕和国共两党重新合作之前，山西的抗日民族统一战线工作已取得了一定的成效，开始出现了群众性的抗日救亡高潮，为八路军开赴山西抗击日军，建立抗日根据地，提供了良好的思想准备和组织准备。

（二）抗日战争爆发之后：创建抗日根据地坚持敌后抗战

抗日战争的全面爆发，促成了国共两党的重新合作。在红军改编为八路军，开赴华北抗日战线之前，中共中央为了制定指导抗日战争的纲领、战略和方针，于1937年8月22日到24日，在陕北洛川县举行了政治局扩大会议。会议根据毛泽东的报告，通过了《关于目前形势与党的任务的决定》和《抗日救国十大纲领》。会议在分析全国抗战开始以后的新形势和战争的持久性的基础之上，决定必须坚持统一战线中的无产阶级领导权，把党的工作重心放在战区和敌后，放手发动独立自主的山地游击战争，使游击战担负配合正面战场、开辟敌后战场、建立抗日根据地的战略任务。八路军开赴山西的战略任务，"一方面配合国民党正面战场作战，从侧翼阻击敌人，掩护国民党军撤退；另一方面伺机深入敌后，广泛发动群众，开展抗日游击战争，创建抗日根据地"[1]。八路军从出师华北抗日前线至太原失守，共作战百余次，有力地支援了国民党军队的太原保卫战，扩大了共产党和八路军的政治影响，为在华北地区广泛开展独立自主的游击战争，建立敌后抗日根据地创造了有利的条件。

1937年11月8日，太原失陷。"在华北，以国民党为主体的正规战争已经结束，以共产党为主体的游击战争进入主要地位。"[2] 分兵开展游击战争，创建华北敌后抗日根据地的战略任

---

① 中共山西省委党史研究室编：《中国共产党山西历史纲要》，中共党史出版社1991年版，第20页。

② 《毛泽东选集》第2卷，人民出版社1991年版，第388页。

务，更紧迫地提到了行动日程。11 月 13 日，毛泽东在给《朱德、彭德怀、任弼时及周恩来、刘少奇、杨尚昆并告林彪、聂荣臻、贺龙、萧克、关向应，刘伯承、徐向前、张浩的电报》中指出，"红军任务在于发挥进一步的独立自主原则，坚持华北游击战争，同日寇力争山西全省的大多数乡村，使之化为游击根据地"①。11 月 15 日，刘少奇代表北方局做出了《独立自主地领导华北抗日游击战争》的决定，指出"今后在华北坚持抗战的，将是以八路军为主的游击战争""我党在华北就是要进一步独立自主地去领导游击战争，动员最广大的群众参加游击战争，争取广大的乡村成为游击战争的根据地"②。根据中共中央、毛泽东的指示，八路军总部和北方局确定以山西为主要阵地支撑华北抗战，独立自主地开展游击战争，创建敌后抗日根据地。八路军在晋东北、晋西北、晋东南、晋西南四区，实行战略展开，原山西的地方党组织按创建根据地的需要进行改组。在晋东北地区，留聂荣臻率一一五师一部，依托恒山山脉，与赵振声为书记的中共晋察冀省委配合创建晋察冀抗日根据地；林彪、罗荣桓率一一五师三四三旅，到晋西南地区，依托吕梁山脉，与张友清为书记的中共山西省委配合创建晋西南抗日根据地；贺龙、关向应率一二〇师，到晋西北地区，依托管涔山脉，与赵林为书记的中共晋西北临时省委配合创建晋西北抗日根据地；刘伯承、张浩率一二九师和一一五师三四四旅到晋东南地区，与李菁玉为书记的中共冀豫晋省委配合创建晋冀豫抗日根据地。③ 此后，中共山西地方党组织配合八路军，在山西敌后独立自主地广泛开展抗日游击战

① 《毛泽东军事文选》（内部本），中国人民解放军战士出版社 1981 年版，第88 页。

② 《刘少奇选集》上卷，人民出版社 1981 年版，第 94—95 页。

③ 中共山西省委党史研究室编：《中国共产党山西历史纲要》，中共党史出版社 1991 年版，第 22 页。

争。与此同时，为了广泛发动群众，巩固与扩大敌后根据地，坚持长期抗战，中共中央决定由一二〇师派部队开辟绥远大青山抗日游击根据地。成成中学师生游击队组成的第四支队，就是我党在敌后独立自主开展抗日游击战争开辟大青山抗日游击根据地的过程中，随战动总会和一二〇师一起转战晋西北、血沃大青山。

三 "各界救国"：工、农、青、妇联合抗日

以刘少奇为代表的中共北方局的正确指导，再加上周恩来亲临山西前线的正确指导，以及八路军挺进山西实行抗战的巨大鼓舞，有力地推动了山西抗日民族统一战线的飞速发展，迎来了抗日救国运动的新局面。山西各界群众在牺盟会和战动总会的领导下，成立工人、农民、妇女、青年等各种形式的抗日救国会，有力地推动和促进了山西抗日根据地的建设。同样，山西抗日根据地的巩固与发展，在提高山西各界群众抗日积极性的同时，推动

图 3 - 1　贺龙为《中国青年》（晋西版）题字

和发展了山西各界抗日救国会的各项工作。英国友人林迈可先生曾写道："当时给我最深刻印象的，是蓬勃的宣传运动及群众组织，到处都在开群众大会，演抗日戏剧，墙上出现着新写的标语口号，新组成的军队在操练着。对于群众团体，村庄动员大会和民众教育的展开，人人都非常感到兴趣"。①

（一）工人抗日救国会

在牺盟会、战动总会的领导下，山西的工人通过自己的组织——工人抗日救国会团结起来。1937年7月17日中国共产党在陕甘宁边区党委发布了《关于工会工作的指示信》，对工会工作的方针与任务作了规定，指出："目前边区的中心任务，就在发扬工人在过去土地革命中的积极性与工会的组织力量，而能在政治生活和经济建设中起坚强的先锋作用，并使工会成为教育工人的学校与改善工人生活的工具——以达到工会真正成为边区人民政权之有力支柱，工人群体成为抗日的民主政治的模范公民。"从1937年9月山西省总工会成立起，到1939年，全省工会会员已达22万余人，各级工会骨干达4000人。1938年4月，在延安召开了边区工人第一次代表大会，正式建立了陕甘宁边区总工会。此后，其他敌后抗日根据地也相继建立工会——1938年3月，晋察冀边区建立了总工会；1939年2月，晋冀豫边区正式成立了晋东南总工会；1940年，晋绥边区成立了晋西北总工会。据统计，1940年初华北各根据地的工会会员已有近50万人。截至1940年末，所有的解放区均成立了总工会。1941年5月，为进一步凝聚华北工人的抗战力量，由正太铁路总工会、同蒲铁路总工会、晋南总工会、晋中各分会和晋察冀、晋西北、冀南、冀中、冀东、冀鲁豫、华北各区各业总工会，联合提出建立华北总

---

① 谢忠厚、肖银成主编：《晋察冀抗日根据地史》，改革出版社1992年版，第75页。

工会的提议，这对于推动华北以至全国工人抗日斗争的发展，具有巨大的意义。1943 年底，六大解放区的总工会联合成立华北工会联合会，拥有会员 70 万。据统计，截至 1943 年各解放区的工人人数分别为：陕甘宁边区为 55694 人，晋察冀边区为 234682 人，晋冀鲁豫边区为 123625 人，山东边区为 200000 人，华中边区为 150000 人，晋西北边区为 55000 人。[1]

晋察冀、晋冀豫和晋绥边区的工会和工救会始终在党的领导下，在人民军队和抗日民主政府的全力支持和保护下，组织工人群众在不脱离生产的情况下，组成侦察、除奸、担架组或队，为军队侦察敌情，送信带路，抢救和运送伤员，还经常破坏日军的交通，袭击小股日军，配合八路军作战。随着日军向根据地进攻的时间与方向而发展起来的根据地工人武装，在 1937 年底到 1940 年期间最为活跃。例如，当日军侵占正太铁路的娘子关时，正太路的铁路工人、阳泉煤矿工人，随时就拿起枪来，在正太路沿线打击日军，以后与榆次晋华纱厂工人等三个游击队合编为榆太游击支队，取得了许多战绩。在晋冀鲁豫根据地成立的主要工人抗日武装队伍主要有：同蒲铁路工人抗日武装自卫队、正太铁路工人游击队、道清铁路工人游击队、六河沟煤矿工人游击支队、榆次工人抗日武装自卫大队、正太游击队、榆太祁工人游击队、磁县工人地下军、卫辉华新纱厂工人抗日大队、黄崖洞工人自卫队、长治市工商自卫队、介休工人游击队等。在农村，大部分是不脱离生产的雇工、羊工、牛工以及回乡的城镇产业工人参加工人自卫队或游击小组。据有关资料不完全统计，晋冀豫区各县成立的脱离生产的工人自卫队、工人游击队有[2]：

---

① ［日］中村三登志：《中国工人运动史》，王玉平译，工人出版社 1989 年版，第 183 页。
② 表中数据来源：《晋冀鲁豫革命根据地工人运动史》，中国工人出版社 1991 年，第 37—38 页。

表 3 - 1   晋冀豫区各县成立的脱离生产的工人自卫队、工人游击队

县别	人数	县别	人数	县别	人数	县别	人数
平定	300	寿阳	120	沁县	35	榆社	30
襄垣	95	屯留	60	壶关	40	沁源	25
高平	40	阳城	50	武乡	35	黎城	20
翼城	35	长子	72	陵川	10	辽县	10
平顺	10	介休	30				

1939 年 4 月 12 日，《中共中央关于开展职工运动与"五一"工作的决定》中指出，"在华北及一切可能组织工会的地方，应该尽可能地把工会组织起来，吸收最大多数的工人于工会之内，与农民及一切抗日团体结成紧密的关系，使工会成为抗日政权下有力的团体"[①]。1940 年 2 月，中央职工运动委员会又创办了《中国工人》月刊，毛泽东亲自写了发刊词，为工人运动提出了正确的方针。山西的工人运动在中共中央的正确领导下，逐步担负起了团结自己和团结民众，坚持抗战的历史重任。

（二）农民救国会

山西农民运动同样也是在牺盟会和战动总会的直接领导和推动下而产生和蓬勃发展的。从 1937 年太原失陷到 1939 年 5 月间，山西农民运动大致经历了以下三个阶段的主要历程。第一个阶段，农民抗日救国团体在晋察冀、晋绥、晋冀鲁豫等革命根据地的县、区、村开始广泛建立，但尚未建立领导各级农民抗日救国团体的统一组织。第二个阶段，农民抗日救国团体在各县、区、村都成立了农民救国组织的领导机关，并把组织的名称全部统一为农民救国会。例如，1938 年 3 月 3 日，晋察冀革命根据地的农民救国会在阜平召开了边区各县的代表大会，正式成立了农

---

① 中华全国总工会编：《中共中央关于工人运动文件选编》（下），档案出版社 1986 年版，第 15 页。

救会的边区总领导机关，并选举杨耕田为边区农救会主任。会议还规定了农救会的工作总方针与具体纲领：（1）遵守统一战线工作方式；（2）以经济斗争为主要工作转到以抗日武装斗争为主要工作；（3）积极参加生产，改善生活。此后，农救会执委会又提出严密各级农救会组织及各级联络，下级组织向上级报告工作等要求。第三个阶段，在巩固和健全各县、区、村级的农民救国会的基础之上，在县级以上成立了牺盟会中心区一级的农民救国会领导机关，从而使农民运动的领导机关逐步走向统一。截至1939年1月，据对9个牺盟中心区、100个县的统计，农民救国会会员达到116万余人，其中五台中心区8万余人，岢岚中心区12万余人，沁县中心区23万余人，临县中心区14万余人，长治中心区33万余人，洪赵中心区12万余人，夏县中心区4万余人，太原中心区4万余人，乡宁中心区7万余人。[1] 随着农民救国会的进一步发展及抗日战争形势的新变化，1939年5月至6月间由牺盟会组织召开了山西省农民救国会第一次代表大会，大会制定并通过了《山西农村救国会工作纲要》。《纲要》指出，各级农民救国会要把扩大与健全农民组织，发动广大农民参军、参战，巩固抗日革命根据地民主政权，改善农民生活和发展农村经济建设，建立农村合作事业作为当前和今后农运工作的中心和重心。第一次农民救国会的召开，对于团结全省农民积极参与各项农救会工作，推动农运事业的新发展起到了十分关键的作用。

（三）妇女救国会

在抗日战争全面爆发后，妇女运动的斗争目标和主要内容也发生了根本性的变化，"妇女运动随即服从于民族的最高利益，服从于抗日的利益，以抗战为中心而出现于抗战工作的各个战线"[2]。

---

[1]　山西省地方志办公室编：《民国山西史》，山西人民出版社2011年版，第355页。

[2]　邓颖超：《纪念"三八"节与几项重要工作》，《新华日报》1938年3月8日。

中共中央为了加强对全国妇女运动的领导，于 1937 年 8 月洛川会议后，任命李富春主持中共中央妇女运动委员会的工作。同年 9 月，中共中央组织部发布《妇女工作纲要》，指出妇女工作的基本任务是"以动员妇女力量参加抗战，争取抗战胜利"，"经过统一战线的活动与组织，团结各阶层广大妇女群众在党的周围，并特别注意发动与组织劳动妇女，为我党妇女工作的路线"。《纲要》为妇女工作坚持贯彻抗日民族统一战线的方针，动员各阶层妇女投入全民抗战的队伍当中，提供了有力的思想保障和制度保障。地处山西抗日根据地的妇女工作，随着根据地的创建和发展也相继开展起来。在抗日根据地农村妇女工作运动的初期，女知识分子成为联系、发动、团结广大农村妇女的纽带和桥梁。以山西军政训练班女兵连为首的各种名目的培训抗日骨干的学校，培养出了几百名训练有素的、日后成为华北根据地妇女运动骨干力量的女战士。在根据地大部分地区，宣传队、工作组的女队员深入群众，教农村妇女唱歌、识字，宣传剪发、放足，向群众抗诉日军残害中国人民的罪行。根据地农村出现了妇女识字班、夜校，个别村落建立了村妇女抗日救国会，农村妇女中逐渐涌现出了一批抗日的积极分子。

随着抗日根据地农村妇女工作的不断发展，为了抗日民族统一战线工作的需要，建立不分阶级、不分党派的抗日根据地妇女抗日统一战线组织就成为当时更好地开展和领导农村妇女工作的现实需要。1938 年 2 月，晋察冀边区在知识妇女集中的阜平、平山、定县、定襄等县成立妇女抗日救国会的基础上酝酿成立了边区妇女抗日救国联合会筹委会，并培训各县妇女积极分子，为建立各级妇女组织在干部方面做了准备，3 月 6 日，晋察冀边区第一次妇女代表大会在河北阜平召开，晋察冀边区妇女抗日救国联合会宣告成立，其机关设于五台县，赵宝瑾任妇联主任。晋察冀边区妇女抗日救国会的成立，对以后各根据地妇女组织以及全国性妇女统一战线组织的建立，起了示范作用。此后，晋绥边区、晋冀鲁豫边区都成立了相应的妇女抗日救国联合会等妇女群众组织。其中，晋绥边区妇女抗日救国联合会，大致包括晋西北、晋西南和大青山等地区。1937 年 10 月，保德县、临汾县分别建立了晋西北和晋西南地区最早的县级妇女救国会。1938 年 11 月，晋西北妇女救国会筹委会成立，到 1939 年春已有 9 个县正式成立了县妇救会，8 个县成立了妇救会筹委会。1939 年 3 月 8 日，晋西北妇女抗日救国联合会①在山西岢岚县成立，姜宝箴任主任，机关设于兴县。与此同时，晋西南区党委于 1939 年 1 月，组成由郭明秋任主任，王亦侠、贾美玉为委员的妇女工作委员会，领导全区的妇女运动。3 月间，全区已有女党员 396 人，大半以上的县、区妇救会已宣告成立。此外，为了团结蒙族人民共同抗日，中国共产党在 1938 年 1 月提出了"蒙汉联合抗日""蒙古平民王公团结一致抗日"等口号。1938 年 6 月，"中共伊盟蒙古工作委员会"从三边迁至伊克昭盟中心桃力民，原三边分区妇女部部长白凌云在桃力民组建了"战地动员委员会妇女组"，许多蒙族进步女学生和农牧妇女加入了妇女组，积极为八路军做军鞋、缝棉衣、送军粮，想方设法为抗日部队解决困难。在大青山抗日游击根据地的创建过程中，蒙古妇女在站岗放哨、掩护干部、护理伤员等方面起了非常重要的作用，其中仅 1941 年武川县 1、2 联区的妇女就完成军衣、军鞋 2500 件。在抗日战争时期，晋察冀边区、晋绥边区及晋冀鲁豫边区成立的各级妇女救国会，在培训妇运人才、争取妇女自身觉醒和解放、参加根据地建设、宣传和支持抗日等方面，起到了非常重要的作用。

（四）青年救国会

1937 年 2 月，抗日民族统一战线初步形成。在第二次国共合

---

① 1940 年，晋西北妇女救国联合会改称晋西妇女抗日救国联合会。1942 年，因晋绥分局成立，晋西妇联又改称晋绥妇女抗日救国联合会。

作的新形势下，为了总结青年抗日救亡运动的经验教训，进一步团结全国青年担负起民族解放的任务，在中共中央的直接领导下，1937年4月12日至17日在延安召开了西北青年救国第一次代表大会。大会根据中央领导人的指示精神，提出了《全国青年救国纲领（草案）》和《中华青年救国联合会组织简章（草案）》，通过了《目前政治形势与青年救亡运动的决议》，决定建立"西北青年救国联合会"，作为全国青年救国会成立前现有各地青年团体的最高领导机构。大会规定：青救会"是各党派各界青年联合的群众团体"，中心任务是"一切为着中华民族的团结和统一而奋斗"。大会之后，中国青年运动的两大力量源泉——学生运动与工农青年运动至此就团结在青救会的旗帜之下，从而为抗日战争时期青年运动的蓬勃发展做了思想上和组织上的准备。抗日战争爆发之后，为了团结全国抗战青年，进一步发挥青年在抗战中的作用，1938年10月10日，西北青救会在延安召开第二次代表大会。西北青救会主任冯文彬在《中国青年运动的新方向》的总报告中指出，抗日根据地的青救会的任务是"要大量的组织青年、武装青年，建立民主抗日政权，猛烈发展游击战争"。大会特成立中华青年救国团体联合办事处，作为全国青年抗日救国运动的领导机关。在山西，除山西青年抗日决死队发挥团结和引领进步青年参加抗日活动之外，在抗日根据地建立之后出现了引领青年抗日救亡活动的新组织——青救会。其中：1938年6月，晋察冀边区青年救国会成立；1939年3月间，晋东南和晋西北青年救国会成立。到1939年7月，晋察冀边区的青救会会员22万人（内有儿童12万人），晋西北有会员12万人（内有儿童占一半），晋东南有会员30万人（包括儿童），晋西南有会员8.2万人（儿童一半）。①

---

① 郑洸：《中国青年运动六十年》（1919—1979），中国青年出版社1990年版，第265页。

晋察冀、晋冀豫、晋绥边区青救会在抗日战争时期，主要开展以下几方面的主要工作：第一，向青年进行抗战的宣传和动员。青救会主要通过组织适合青年特点的青年俱乐部，利用讲授军事课、组织读报、编演各种文艺节目等组织形式，向青年进行抗战动员。如：在晋东南各县青救会领导下的青年剧团占了整个地区 400 多个剧团的绝大多数，创办的报纸有《生力报》《战地青年》《青年副刊》等。① 在晋察冀抗日根据地，有抗敌剧社、西战团、联大文工团、火线剧社、铁血剧社、七月剧社等 7 个剧团，成员绝大多数是 16 岁至 23 岁的青年人，他们曾先后在游击区及敌占区演出 350 次，展览 180 次，写大标语 234 件，街头宣传 250 次，吸引观众 12.5 万余人，编写大小剧本 188 篇。② 第二，动员青年参加抗日武装，组织青年参加各项支前工作（这也是青救会的工作中心）。1938 年到 1939 年，晋察冀青救会就动员了 1500 多人参军。除动员青年参军之外，青救会还组织了半军事性的自卫武装，如青年抗日先锋队（简称青抗先）、青年抗敌自卫队、青年抗日义勇队、抗日青年队及各种青年抗日游击队、游击小组等。1938 年到 1940 年，各根据地都先后建立了青抗先，队员达 15800 多人。③ 青救会还组织青年积极支前，为前线运送粮草、弹药、抬送照护伤病员，为抗日部队募集钱物等。正如朱德曾经指出的，"只要当地有抗日武装，青年就在里面起了极大的作用"，"越是战斗激烈的地方，青年就越热烈"④。第

---

① 延安时事问题研究会编：《抗战中的中国政治》，上海人民出版社 1961 年版，第 287 页。

② 张学新：《晋察冀革命戏剧运动史料（内部发行）》，河北省文化厅 1991 年版，第 258 页。

③ 牛山：《冀察晋青年工作的成就》，《中国青年》1939 年第 1 卷第 4、5 期合刊。

④ 共青团中央清运史研究室：《中国青年运动史》，中国青年出版社 1984 年版，第 168 页。

三，协助党和政府开展国民教育和群众文化运动，提高广大青少年、儿童的政治和文化水平。抗战初期，陕甘宁边区青救会在短短3年就动员了6万青年，参加文化教育的突击运动，为教育机关培养了100多名教育干部。青救会还举办夜校、冬学，推行识字运动，消灭文盲。截止到1939年10月，各级青救会协助政府创办的小学由1937年的545所增加到883所，动员学生入学达6.8万人以上，为教育部门输送了300个青年干部。[1] 第四，发动广大青年积极参加生产和根据地的各项建设工作。许多青救会会员带动青年和家庭，成立变工队、互助组和开荒队。与此同时，青救会通过培养青年干部，在根据地政权建设过程中发挥了重要作用。如1939年，晋察冀边区的村级干部中，十分之九是青年，县级的青年干部有360多名。根据晋察冀边区6个县的材料，青年担任政府代表、议员、县长的统计是：在村代表中青年占28.5%；在区级议员中青年占34.8%；在县一级议员中青年占37.8%；青年担任县长的占40.8%。[2] 根据地的青救会就是在党的领导下团结广大青年，为发展抗日统一战线，为巩固和发展抗日根据地做出了重要的历史贡献。"八路军之所以能够从出征时的3万余人迅速扩展成为拥有数十万之众的强大集团军，是和山西青年运动的大发展分不开的，山西新军更是以山西青年为主体发展起来的一支抗日劲旅，而妇女运动则成为青年抗日运动蓬勃发展的强大动力和后盾。"[3]

在晋察冀、晋绥、晋冀鲁豫等革命根据地，除工人救国会、农民救国会、妇女救国会和青年救国会等抗日救亡组织之外，还

---

① 共青团中央青运史研究室：《抗日战争时期青年运动专题论文集》，延安大学出版社1988年版，第122页。

② 《晋察冀日报》1943年3月19日。

③ 山西省地方志办公室编：《民国山西史》，山西人民出版社2011年版，第356页。

有商人、文化界、教育界、宗教界以及其他少数民族等组织的抗日救亡团体，参与抗日救国活动。总之，在抗日战争期间，整个山西各界人士都从不同方面表达了自己的爱国热情，成成中学师生游击队就是在山西全民抗战的背景下而成立的。它的成立标志着山西（太原）学生反抗日本侵略战争的新高峰，同样它也是在当时特殊历史背景之下，学生运动的一个典型的组织形式。

第二节 举校从军："驰骋晋西北，
长驱大青山"

从 1937 年 8 月成成中学整体搬迁至距太原市清源县城内办学到 1945 年抗日战争结束，成成中学师生的抗日革命活动随着战事的变化而变化，抗日革命活动的地点、方式等也随着战事的发展而变化。[①] 我们从成成中学抗日革命活动组织名称的不断变化就可窥其一斑：成成中学抗日活动的组织名称经历了由"成成中学师生抗日义勇队"到"成成中学师生抗日游击队"，再从"第二战区民族革命战争战地总动员委员会游击第 4 支队"到"保安 2 区游击第 4 支队"，再从"八路军大青山支队四支队"到"晋西北军区大青山骑兵支队独立营"，直至 1942 年 3 月撤销骑兵支队建制成立塞北军分区，从此四支队作为一个独立建制单位已不存在为止。同样，成成中学师生在围绕大青山地区开展的抗日革命活动，也随着山西乃至全国抗日革命活动形势的发展而变化的同时，呈现出大青山抗日游击根据地自身的地域特质。本书试图围绕成成中学师生挺进大青山建立抗日游击根据地的革命活动历程，在结合山西乃至全国抗日革命活动大背景的基础之

---

① 成成中学师生的抗日革命活动历程，可参见《太原成成中学大事记（1924—1949 年）》。

上，以转战晋西北、挺进大青山、留守大青山为纲，以各阶段的典型性革命事件为目，呈现成成中学师生抗日革命活动的主要历程。

一 转战晋西北（1937年8月—1938年8月）：从课堂到战场

成成中学师生从1937年8月迁校清源至1938年8月挺进大青山期间，他们在经历从课堂到战场之间活动场景转变之际，他们的思想观念、意志品质及军事素养都在不断得以提升，而他们种种素养的提升为其挺进大青山，担负更大的责任奠定了基础。

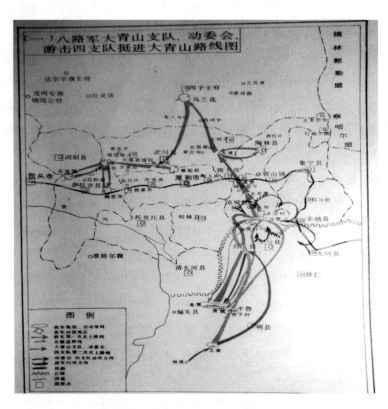

图3-2 成成中学师生转战晋西北

（一）整训：转变观念

1937年10月10日，随着成成中学师生抗日义勇队的成立，成成中学师生从组织建制上实现了生活情境和身份的转型，即随着生活情境逐步从课堂向战场转变，其身份也由学生转变为战士。但他们从思想观念层面上的真正转变，大都经历了相当长的一段时间。在抗日义勇队成立前后，成成中学学生中曾出现一些思想波动或起伏。如：有的同学受"好人不当兵，好铁不打钉"旧观念的影响，有的同学有"回家后看看再说"的想法，有的同学已收到家信催其返里举家西迁，有的同学想到抗日的其他行列中去贡献自己的力量，有的同学想另找门路学习一技之长便于日后去谋生，有的同学想去大后方求学深造或谋职业，有的同学想去延安参加抗日的队伍，等等。学校本着说服争取、自愿参见的原则，完全尊重学生个人自己的意愿。最后，有数十人没有参加义勇队而离校，但是对于当时因年龄小（特别是女学生）而不能参军的同学，学校劝勉其还乡异地读书。

为了从思想上及行动上帮助学生树立正确抗战意识，学校党组织和战动总会的同志们都采取了相应的措施。在成成中学学生组建抗日义勇队之前，主要采取的措施有：首先，在学校课程的设置方面，增加讲解日本侵华史的历史课、讲解抗日民族统一战线问题的政治课等与抗日战争相关的课程，并在此基础之上通过师生中的党员和学生中的进步分子的示范作用，增强学生抗日救国的思想观念。其次，利用学生参加课外抗日救亡实践活动的机会，让学生们在实践锻炼中增强武装抗日的愿望。再次，战动总会的彭雪枫在全校组建抗日武装之际，来成成中学接见了全体师生，并就全校师生所关心的、在面临抗战形势的背景下如何做出人生选择的问题，进行了一次具体的思想政治教育动员工作。彭雪枫同志结合抗战形势着重强调武装斗争重要意义和迫切性的讲话，在坚定原先在思想上存在犹豫情绪的学生之外，使成成中学师生组建抗日武装的热情更加高涨。最后，为了加强党对成成中学武装的领导，战动总会委派曹振之来学校做学生中党的工作，派曾在红军中担任过营级职务的冯福厚来校从事军事工作。在成成中学学生组建抗日义勇队之后，主要采取的措施有：首先，进行军事、政治训练及抗日军人素质的养成，尤其是在政治训练中根据抗日战争形势的变化，来讲解相应的课程内容，这样一方面有利于队员了解抗战形势的演变，另一方面有利于队员增强抗日斗争的信念。其次，在师生中发展党员，扩大党组织，利用师生中的党员对队员进行有针对性地思想政治教育。再次，积极发展"民先"队员，这样一方面在党的组织活动尚处于地下状态时，便于把一切积极表示坚决抗日的同学组织起来；另一方面也为日后党组织吸纳新成员，提供充足的人才储备。最后，战动总会程子华同志就如何发动群众组成抗日统一战线、如何开展游击战争等问题，与成成中学师生进行了交谈。经过程子华的讲解，在一定程度上解决了队员们在如何动员群众、如何开展游击战争等方面存在的具体问题。校党组织和战动总会对全体队员在思想观念方面的教育，为全体队员在思想上树立：坚持走与工农群众相结合的道路，坚定参加武装抗战的信念，提供了必要的思想基础和组织保障。

（二）转移：磨炼意志

1937年11月5日深夜，由于学校附近因敌机出现而产生安全问题，成成中学师生抗日游击队决定遵照太原市委先前指示的精神，连夜出发撤离清源城，进山区寻找战动总会，从此开始走上新的征程。直到1938年2月12日抵达一二〇师部期间，成成师生抗日游击队历经磨难，在一系列连续的宿地转移过程中逐渐由学生成长为合格的战士。周立波在出席欢迎成成中学师生游击队到达一二〇师政治部的欢迎晚会之后，在《师生游击队》一文中就曾谈到，"贺龙没有错，这些学生和先生的确值得人尊重。

他们不但没有逃难，而且背起了武器。他们胸前佩着的两个黄色手榴弹，表现了他们的英勇，他们的眼色完全黑了，不像书生，真像战士。去年从清源本校出发，经历了许多艰苦，饿过几次肚皮，爬过许许多多的最坏的山路，到了贺龙这里，他们已经是非常老练的游击战士了"①。成成中学师生抗日游击队从清源出发，历经东圩村（11 月 6 日）、交城县山区途经磁窑沟、峪口村、东社、沙沟村、离石县城、马茂庄村（第二战区民族革命战争战地总动员委员会驻地）。在进入晋西北地区之后，又奉命进驻离石城郊歧则沟村，移驻柳林镇沙曲村（12 月 9 日）、离石县属胜地村（1937 年 12 月至 1938 年 1 月）。他们在不断转移的过程中，既磨炼了自己的革命意志，又在实践中运用自己所掌握的革命理论知识灵活、恰当地处理了转移途中所遇到的种种突发性的事件。

1. 个人的机智："小刘归队"

刘法权同学的故事只是成成中学师生个人故事中被记载下来的一个小片段，我们试从故事中回溯成成中学师生曾经经历过的那段难忘的岁月。

师生游击队从东圩出发向开栅镇方向夜行军的途中，常有从太原慌乱中撤退下来的不明番号的部队，从师生游击队伍中插空当而过，交叉并行，夜幕下辨不清部队建制，"跟上"的传话，听不清，极易掉队。一天夜间，13 岁的初一小同学刘法权疲累已极，两眼合拢走几步，睁眼一看，仍以为身前的是自己的队伍，继续跟着走，待到清醒时，才分辨出不像自家队伍，前寻后找，不知自家队伍走向。小刘跟着那支队伍，睡意全消，边走边想办法。他不暴露自己，偶然间，听有人念叨是到离石集。小刘急中生智，先跟他们去离石，再打听师生游击队。一路上，小刘

---

① 周立波：《师生游击队》，《群众》1938 年第 1 卷第 18 期。

的主意是回避国民党部队当官的，跟当兵的走，跟当兵的住，佯装送信掉了队。小刘背的步枪比他还高些，他懂得枪的重要性，睡觉时紧抱着它，白天更是枪不离身。人家宿营开饭，当兵的看他年幼，给他饭吃。小刘就一直跟着那支队伍到了离石城。一进城，他拐弯找到县政府，请帮助打听师生游击队。当师生游击队驻歧则沟后，小刘全副武装归队了。不少人围着问小刘的一路经历，听着人们都笑了，称赞小刘人小智谋大，像个战士了。

成成中学师生游击队的同学们最大的十八九岁，最小的十三四岁，（按照正常社会条件）都应该在校园里度过自己美好的人生年华。我们可以想象：爱国热情、一腔热血使他们在本应该读书的年龄，让他们选择了一条不同以往读书人的报国之路。拿起枪，他们成了战士；因为爱国，他们走上了抗日的征程，像刘法权同学那样义无反顾地参加了抗日的队伍。从课堂直接走上战场，需要转变的不仅仅是思想，虽然前期校党组织和战动总会对学生进行过相应的教育，但是当同学们真正接近真实战争情景的时候，更需要的是自我的坚持。夜行军，对于十几岁的孩子们来说，困难可想而知；在行军途中，带着比自己还高的枪行走，劳累可想而知；中途掉队，既要保护好自己（包括自己的武器），又要学会如何面对国民党的军队，危险可想而知；在寻找途中，能多方打探，运用自己的机智，完美归队，榜样作用可想而知。刘法权同学的经历，只是我们能找到的、成成师生游击队行军过程中的一个片段，但是通过这个片段，我们看到了他们的成长——由学生向战士的转变。

2. 集体的智慧："沙沟事件"

"沙沟事件"是成成中学师生在校长刘墉如的带领之下，在坚持统一战线中独立自主原则的基础之上，通过有针对性的策略和细致的政治工作，独立开展革命工作并恰当处理队伍在行军途中受阻留问题的一个典型事件。它的成功处理，为后期成成师生游击队与国民党军队合作提供了可资借鉴的范例，也增强了成成中学师生日后恰当处理类似事件的信心和勇气，同样也从中检验了成成中学师生坚持和运用党的抗日方针、政策的能力。

"沙沟事件"的情景还原：

（1）双方主人公：以队长刘墉如为首的成成中学师生游击队、以团长赵霖为首的晋军七十三师的一个团。

（2）时间、地点：1937年11月，东社镇沙沟村。

（3）起因：成成中学师生在沙沟宿营当晚，成中的教师、队部和太原牺盟中心区的同志都住在村东的一个大院子里，各中队住村的西头。第二天早晨，被国民党部队拦阻在村西口，声称要游击队随他们一起"联合"抗日。随后，被胁迫的全部人员被引到东社镇。牺盟会的全部人员和随他们行动的教二团的两个同志一并被分配到连队当了兵。

（4）经过：由赵霖带领七十三师的一个团窜到东社镇时只剩下三四百人，还保留着团部和三个营的番号（实际只有两个营）。赵霖宣称："中央军跑了，晋绥军垮了，这碗饭吃不成了。"实际上，他是妄图扩充实力，"占山为王"。刘墉如校长针对其计划扩军的意图，在与游击队其他同志协商的基础之上，决定将计就计，利用各种机会和条件对其属下部队开展统一战线工作。

（5）结果：第一，在事件处理过程中，始终坚持独立自主的原则，从而保证了师生游击队的独立建制。第二，利用各种便利条件，并在结合具体实际情况的基础之上，灵活运用统一战线政策，利用搞政训工作的合法身份，创造条件，分化瓦解赵部，扩大张亚光、郑逵与赵霖的矛盾，把赵的部队争取过来，走团结抗日之路。并抓住一切机会向下属军官和士兵晓以大义，进行大敌当前应维护团结、一致对外等方面的宣传教育工作。第三，通过不懈的努力，在成功化解师生游击队所面临的困境的前提下，团结和带动了赵霖的两个团脱离国民党军队而跟随师生游击队一起抗日。①

　　成成中学师生游击队独立自主运用党的统一战线政策，合理地处理了行军途中所遭遇的突发性事件，并在保证自我独立建制的前提之下，成功地带动了赵霖两个团脱离国民党军队。邓小平同志听闻师生游击队这段经历后，非常高兴地说："赤手空拳带出两个团，这个功绩很大。"刘少奇同志在师生游击队宿营盛地村期间曾到驻地与刘墉如支队长交谈，高度赞扬"支队领导在统一战线中自觉地坚持了独立自主的原则，从而使国民党反动势力像赵霖之流吞并师生游击队的阴谋不能得逞"②。作为事件经历者的张亚光在事后，也不无感慨地说："500 块银洋也换不来你们一个念书人，你们可真会教育人！作为一个军人，兄弟我是实感惭愧啊！""谁说枪杆子厉害，我们找枪杆子的，还是叫你们拿笔杆子的给拉出来了。"③

　　（三）战斗：实战检验

　　1938 年 2 月，蒋介石佯称要反攻太原，令八路军一二〇师担负切断同蒲路北段的任务。在贺龙师长率主力部队出发后，四支队奉命开向一二〇师前线指挥所驻地岚县城。此后，至 1938 年 8 月 2 日四支队挺进大青山之前，四支队一直在一二〇师所在地晋西北地区活动。在此期间，他们跟随一二〇师参与了收复岢岚、五寨、神池、宁武、保德、河曲、偏关等 7 座县城的部分战斗，并先后在岢岚、偏关等地担负城防工作，同时训练部队、扩大兵

---

　　① 阎锡山在得知张亚光、郑逵两个团和师生抗日游击队一起到达离石的消息后，立即向在山西的中共领导人要这两个团归还原来的部队建制。为了维护统一战线的新局面，以争取阎锡山继续抗日，经战动总会领导协商，最后同意让张亚光和郑逵两个团复归入傅作义将军的部队建制。

　　② 中共内蒙古自治区委党史研究室编：《投笔从戎　血沃青山——四支队（成成中学师生抗日游击队）史稿》，中共党史出版社 1992 年版，第 40 页。

　　③ 同上书，第 37 页。

源，开展统战工作与地方群众工作。1938 年 6 月 10 日，支队进驻五寨城内，根据上级领导的指示精神，在巩固和发展根据地、提高军事素质的同时，继续开展统战工作与群众工作，直至从五寨县城出发挺进大青山。

1. 有硝烟的战场：跟随主力学习打仗

在一二〇师收复岢岚、五寨、神池、宁武、保德、河曲、偏关等 7 座县城的战斗过程之中，为了锻炼队伍跟随一二〇师主力部队学习打仗，四支队队员历经了侦察五寨城、河湾会战、麻会沟伏击等小规模战斗之后，取得了支队出征以来的第一次有硝烟背景下的战斗成果。战争教育着他们，实战锻炼着他们，胜利鼓舞着他们。

侦察五寨城纪实：在宋玉森、胡定钧的带领下，四支队的三中队队员黑夜摸到距五寨城最近的前沿阵地，侦察敌情，相机袭扰驻守之敌。

河湾会战纪实：三中队黑夜侦察五寨城之后，天亮前在距五寨城约五里的河湾村东山隐蔽。中午时分日军突然袭击，支队队员在宋玉森、胡定钧的带领之下，迅速占领高地还击，以掩护其他人员撤离。日军由于没有占据有利地形，本身也无心恋战，故战斗持续时间不是很长。这是四支队三中队队员在真实的战场上与敌抗战，虽然在战斗开始阶段有些慌乱，但安全撤离，增长了从未有过的见识。

麻会沟伏击纪实：1938 年 3 月 10 日，一二〇师收复岢岚，日军弃城北逃，四支队奉命配合主力在岢五公路麻会沟村高地一个庙宇附近隐蔽待命伏击敌人。当成群的日本兵仓皇向北逃窜，我主力部队正尾追其后时，冯福厚副支队长即速指派一部兵力隐蔽至接近公路一侧有利地带，边以猛烈火力突袭逃敌，边向前冲进。四支队在这场小伏击中大获全胜，在缴获大量敌军战利品的同时，也使队员在实战中得到了应有的锻炼。

2. 无硝烟的战场：自主开展统战工作

为了扩大宣传工作，支队联合当地政、军、群众团体等各界，在河曲城内召开了庆祝国民党主力部队在台儿庄歼敌万余的祝捷大会。支队宣传队演出自己创作的快板、活报剧、舞蹈和《放下你的鞭子》《撤退赵家庄》等揭露日军罪行的节目。当《国共合作舞》演到结尾拉开标有"国共合作、作战到底"八个大字的红色横幅时，全场欢呼、掌声雷动。紧接着，以《流亡三部曲》的歌声开头，《牺牲已到最后关头》《中国人不打中国人》《打回老家去》等一个接一个的抗日救亡歌曲响彻整个会场。歌声既唱出了东北同胞凄惨悲凉、流离失所的景象，又激发起人们团结抗日、同仇敌忾的高昂之情。骑二军东北籍的官兵们看到写有八个大字的横幅标语和听到催人奋发的歌曲时，很多人不禁热泪盈眶，有些竟痛哭失声，还有人起立振臂高呼"打倒日本帝国主义！""打回老家去！""誓死不当亡国奴"的口号。支队宣传员抓住时机，队员互相挽起手臂站在台前，再次领唱"打回老家去"和"枪口对外，齐步向前，不打老百姓，不打自己人……"的歌曲。会场上的激昂慷慨之情，令人难以平静下来。

四支队队员通过各种类型的宣传活动，向友军宣传了团结抗战的重要意义，以富有真实感情的演出和歌咏，联络了感情，鼓舞了友军的士气，给当时驻扎在河曲和偏关县境内的国民党东北军何柱国部官兵留下了深刻的印象。

二 挺进大青山（1938 年 8 月 2 日—1938 年底）：从绥中到绥南

大青山位于横贯绥远省全境的阴山山脉的中段，东起集宁以北的灰腾梁，西接包头以西的乌拉山，东西绵延七百余里，南北宽百余里。大青山地区即绥远省中东部地区，包括乌兰察布市的达尔罕旗、茂明安旗、四子王旗；察哈尔部右翼正黄旗、正红

图 3 - 3　开辟大青山抗日游击根据地形势图

旗、镶黄旗、镶兰旗以及土默特旗；绥远省所辖之武川、陶林、
兴和、丰镇、凉城、清水河、和林格尔、托克托、萨拉齐、固阳
以及包头、归绥、集宁等县。大青山地区在长期的历史发展过程
中形成了蒙古族聚居，包括汉族及其他少数民族（如回族、满族
等）的多民族杂居地区。对于大青山地区的战略地位及其民情风
俗，谢冰心在 1934 年参加"平绥沿线旅行团"的序文中就曾谈
到，"平绥沿线的旅行，自我个人看来，有极其重要的几点：一、
自从东北失守之后，国人蓦然地觉出了边防之重要，于是开发西
北之声，甚嚣尘上。而到底西北在哪里？中国西北边况到底如
何？则大抵茫然莫知所答，且自东北沦亡，西北牧畜、垦殖，又
成全国富源之所在，而西北的土地、物产、商运等各种情形，我
们亦都甚隔膜。平绥铁路是人民到西北去，及货物从西北来的一
条孔道，是个个国人所应当经行，应当调查的。……三、平绥铁
路沿线横经长城内外，所过城邑的人民风俗习惯，宗教信仰各不
相同……在国难之中，我们不当狃于旧习，闭居关内，目边人为

异族，视塞外为畏途，我们是应当远出边境，与各族同胞剖心开怀，精庄联合，以共御强邻的侵逼的"①。同样，《正在巩固中的大青山游击根据地》一文也指出创建大青山游击根据地的重要意义，"大青山游击根据地的创立，无疑地具有它伟大的作用：在军事方面，可以控制平绥线的交通，牵制敌人进攻我大西北的后方。在民族方面，则绥远境内，汉蒙杂处。敌人正在利用历史上的民族仇恨，挑拨汉蒙关系，实行其分离中华民族团结的毒辣政策。只要看蒙伪军怎样叫人利用，便知这个问题严重万分，我们运用正确的民族政策，在这里开展了强有力的救亡工作，是完全必要而迫切的"②。

在抗日战争爆发以后，中共中央在1937年7月10日发出的《关于蒙古工作的信》中就曾指出，日伪军进攻绥东失败以后，并没有放弃侵绥的计划，"绥蒙当局与蒙汉人民，应该有积极的准备和充分的动员，以抗击日寇及其走狗的新进攻"。并明确规定"蒙汉联合抗日，是目前绥蒙工作的最高原则"，提出"蒙古民族，不分盟旗，不分上下，团结一致，抗日援绥！保卫绥远，保卫蒙古！驱逐日寇出绥蒙！"的抗日口号。中共中央在此后多次提到动员一切力量争取抗日战争胜利的重要性和必要性，尤其是在太原失守之后更加重视开辟敌后战场（尤其是华北地区）、发动游击战争在抗日战争中的作用。在1938年初，粉碎日军围攻晋西北战役计划并收复岢岚、五寨、神池、宁武、保德、河曲、偏关等7座县城的背景之下，党中央从大青山地区的战略地位出发，根据抗日战争的战略要求，提出了建立大青山抗日游击根据地的战略主张。1938年3月30日，就如何建立大青山抗日游击根据地的问题，同当时一二〇师师长贺龙、政委关向应、副

---

① 谢冰心：《平绥沿线旅行记·序》，山西古籍出版社2002年版，第220—221页。

② 受三：《正在巩固中的大青山游击根据地》，《西线》1939年创刊号。

师长萧克等人，在经过多次协商的基础之上制订了周密的计划。最后决定由三部分主要力量开展大青山抗日游击根据地前期的创建工作：一部分为三五八旅七一五团和师直骑兵营一个连，组成大青山支队[①]；一部分为战动总会在岢岚县组建的第二战区民族革命战争战动总动员委员会晋察绥边区工作委员会（简称总动委）的部分工作人员 70 多人；一部分为由太原成成中学师生抗日游击队所组成的战动总会晋察绥边区工作委员会游击第四支队（简称四支队），共计 2300 多人。从晋西北到大青山的途中，虽然路途不是很遥远，但是由于敌人的围追堵截，再加上晋西北地区相对不利的交通条件，大青山支队、总动委会和四支队按照中共中央军委的部署，在克服重重封锁之后于 1938 年 9 月 1 日[②]到达预定地点大滩和甘沟子，把抗日的红旗插到了大青山上，从此开始了创建大青山抗日游击根据地的革命工作。[③]

（一）开辟绥中

在抗日战争时期，所谓绥中、绥西、绥东、绥南的划分，只是就大青山抗日游击根据地的范围而言，而不是从整个绥远省的实际地域范围来划分的。绥中地区主要是指归武公路以东，平绥铁路以北，集宁至土木尔台一线以西地区。大青山支队首先进入绥中地区，是根据中共中央军委在 1937 年 7 月间部署开辟大青山抗日游击根据地的指示精神，"八月挺进大青山，进入大青山后，应先以主力进入归绥、武川、陶林、集宁之间地区，另以一

---

① 由于三五八旅政治委员李井泉任大青山支队司令员，故大青山支队也被称为李支队。

② 关于挺进大青山的时间，经过考证认为是 1938 年 8 月 2 日。对于《大青山武装抗日斗争史略》7 月 29 日之说，经过资料考证：1938 年 7 月 29 日召开会议，决定派由大青山支队、战动总会游击第四支队和总动委会的工作人员共赴大青山，8 月 2 日离开五寨向大青山地区进军。此外，关于四支队从五寨出发挺进大青山的经过，可参见附录中贺寿祺的回忆文章《记成成中学师生游击队》。

③ 本着研究需要，本书只从绥中、绥西、绥南三个方面，就成成中学生抗日游击队的活动情况展开研究。

个营活动于平绥路南，以保证大青山与雁北的联络"。四支队随同大青山支队和总动委会进入大青山之后，首先在绥中地区的中心点大滩一带活动。夜袭陶林县城拉开了大青山抗日游击战争的序幕，绥中游击区也由此战役之后得以开创。此后，大青山支队发动了攻陷乌兰花、蜈蚣坝伏击战等一系列战斗，通过战斗沉重打击了日伪军的嚣张气焰，提高了八路军的抗日声威，增强了人民军队在绥蒙地区各族民众之间的威信。

同样，为了加强与当地各阶层之间的联系，宣传中国共产党的抗日统一战线政策，以联合各界力量团结一致抗日，在大青山支队开展绥中游击战的同时，战动总会晋察绥边区工作委员会在武新宇主任的领导下，在四支队的配合下，在大滩、西河子、五塔背一带开展群众工作，宣传抗日救亡，发动与组织群众支援八路军，号召各族各阶层"有钱出钱，有力出力"，并在大滩成立起第一个区动委会。在大青山支队进入乌兰花镇之后，四支队配合总动委通过出布告、贴标语等方式，宣传中国共产党和八路军抗日的基本主张，并通过召开群众大会和民运小组入户宣传等活动，向当地各族各阶层人士详细宣讲中国共产党关于联合各民族各阶层各党派共同抗日，组建抗日民族统一战线的方针和政策。还召集被俘伪军官兵阐明我党的抗日政策和优待俘虏政策，并向他们仔细说明自己人不打自己人、团结抗日的主张。在整个宣传活动中，总动委和四支队的工作人员都十分尊重和重视绥蒙地区群众的风俗习惯和宗教信仰，通过讲解增强了八路军和当地民众之间的联系，不仅在绥中地区广泛建立了乡、村动委会组织，而且还为大青山支队、四支队和动委会人员在绥中地区顺利开展工作提供了必要的群众基础。

（二）挺进绥西

1938年9月下旬，大青山支队在武川西南的井儿沟召开了支部党政干部会议，在总结开辟绥中游击区的经验和教训的基础之上，决定由姚喆、武新宇、朱辉照、唐金龙带领大青山支队一、二营各三个连，骑兵连，四支队三、四连和动委会部分工作人员，以大滩为中心，坚持和发展绥中游击区的斗争；邹凤山带一营三连和四支队一连及动委会部分工作人员回师蛮汗山，开辟绥南游击区；李井泉、王尚荣、李维中、陈刚、宁德青、宋玉森等人率三营和二营五连、四支队二连及动委会部分工作人员挺进绥西，开辟绥西游击区。

绥西即归武公路以西，包括武川县、归绥县西部，萨拉齐县、固阳县全部，托克托县一部分和包头以东地区。大青山支队三营和二营五连、四支队二连及动委会工作人员挺进绥西开展游击战争的中心地带，是在武川、萨拉齐、固阳三县交界处的后脑包、官地一带。在开辟绥西游击区的过程中，我军主要进行了三次主要战斗：第一次，在我军计划进入绥西之前，日军为了阻止我军西进，顺着武固公路向绥西地区增兵，我军在李井泉司令员的指挥下沉着应对，粉碎了日军的阴谋，取得了进入绥西地区的首战胜利；第二次，为了打开绥西局面，雨夜奇袭陶思浩，沉重打击了敌人的凶恶气焰；第三次，仅用半个小时就获胜的智取石拐镇战斗，俘敌三百余名，打死打伤百余人。我军在绥西地区三战三捷，不仅打开了在绥西地区的工作局面，而且在绥西地区群众心中树立了很高的威望，群众纷传"八路军是神兵，刀枪不入，能爬上鬼子的坦克打坦克"。

在绥西开展游击战争的过程中，总动委会和四支队密切配合部队，开展群众工作，宣传抗日，动员群众，支援抗日游击战争。他们的工作主要从以下几个方面展开：首先，在成立绥西动委会的基础之上，建立各级动委会，先后在绥西游击区成立了区、乡、村三级动委会，广泛动员和吸收爱国志士和革命青年加入各级动委会组织。其次，成立了平川工作队，以大青山为依托，西起陶思浩，东到察素齐的沿山地区和铁路两旁，广泛开展群众工作，宣传、动员蒙汉各族人民奋起抗日，并在动员群众的基础上组织了动委会以及救国会等群众抗日团体。再次，加强对绥西地区国民党"绥远民众抗日自卫军"第八路军的统一战线工作，宣传共产党抗日统一战线主张，启发"自卫军"官兵的抗日热情。最后，注重对被俘伪军的争取教育工作，以争取伪军中立及团结一切可以团结的力量抗日。总动委会和四支队的宣传工作，既扩大了共产党在绥西地区的影响，又向绥西地区各界人士宣传共产党的抗日统一战线方针政策；既通过加强与绥西各界人士的关系保卫了游击战争革命成果，又为我军在绥西地区更好地开展工作提供了必要的群众基础和物质基础（尤其是在征集过冬衣物方面）。

（三）回师绥南

绥南地区是指平绥铁路以南，以蛮汗山为中心，包括凉城县、清水河县和林格尔县及归绥县、托克托县、丰镇县的一部分。当初称绥东，也叫绥东南①。1938年10月，邹凤山带一营三连和四支队一连及动委会部分工作人员回师蛮汗山，开辟绥南游击区。绥南相对绥中、绥西来说有它的特殊之处：首先，我党我军北上曾经经过绥南，在群众中存在较为广泛的影响，为绥南工作展开提供了一定的群众基础；其次，在绥南地区，日军主要的活动范围在平原地区和较大的城镇，山区主要以大小土匪和伪军活动为主。因此，我军在回师绥南以后，主要在广泛发动群众支援游击战争的基础之上，打击对群众危害较大的土匪，解救被土匪抢走的群众财物和部分妇女。此外，针对绥南地区的地形特点和战争的需要，组建了绥南骑兵支队，较好地保护了大青山与晋西北抗日根据地之间的交通路线，为我军向绥南的平原地区开展工作提供了便利。

---

① 1940年8月，建立绥南专员公署以后，绥东南改称绥南。

三 留守大青山（1939 年 1 月—1945 年 9 月）：从相持到胜利

1938 年 12 月 22 日，贺龙、关向应率部从岚县出发向冀中进军。王尚荣团长率第七一五团两个营从大青山出发开赴冀中。在此背景下，大青山支队进行调整，以第七一五团 1 个营、动委会第 4 支队为基础，组建为绥中、绥西、绥南 3 个支队及 1 个独立营。实际上，在 1939 年以后至 1945 年抗日战争结束之前，在大青山抗日游击根据地主要以留守在大青山的动委会第 4 支队（即成成师生抗日游击队）为基础①，而进行各项抗日救亡活动的。成成师生抗日游击队在长达 6 年的留守大青山的岁月里，用自己的坚持、用自己的血汗为大青山抗日游击根据地建设，做出了不朽的贡献。

（一）独立建制阶段②（1939 年 1 月—1941 年 12 月）

随着全国抗日战争形势的发展，从全国抗日战争相持阶段的全局出发，根据 1938 年 9 月 22 日至 11 月 6 日中国共产党召开的六届六中全会精神，并在结合绥远敌占区的实际以及一二〇师七一五团主力开赴冀中之后的兵力现实情况，中央提出了发展大青山抗日游击根据地方针、任务、政策和策略，即 1938 年 11 月 22 日党中央做出的《中共中央关于绥蒙工作的决定》和 1940 年 4 月做出的《中共中央关于绥远敌占区工作的决定》。在两个《决定》精神的指导下，大青山抗日游击战争呈现出了一个蓬勃发展的新局面。

---

① 1940 年 1 月 4 日，贺龙、关向应致李井泉、姚喆并报毛泽东、王稼祥、朱德、彭德怀电文，关于大青山只留四支队及游击队的报告［《大青山抗日游击根据地资料选编》（中册），内蒙古人民出版社 1987 年版，第 98 页］。

② 本书为研究便利，把四支队留守大青山时期，分为独立建制和撤销建制两个阶段，分类的标准为 1942 年 3 月晋绥军委撤销了于 1941 年 12 月 5 日建制的八路军大青山骑兵支队独立骑兵营（由四支队改编），而造成四支队作为一个独立的建制单位已不存在，但四支队的部分队员仍然战斗在大青山抗日斗争的前线。

1. 《中共中央关于绥蒙工作的决定》：绥蒙抗日斗争的纲领性文件（1939 年—1940 年初）

1938 年 11 月 22 日，党中央在根据抗日战争的战略相持阶段党的战略思想和总方针，并在分析绥蒙地区特点的基础之上，做出了《中共中央关于绥蒙工作的决定》（以下简称《决定》）。《决定》主要由任务问题、统一战线策略问题、在蒙人中的工作、友军工作、汉人群众工作、伪军伪组织中的工作、部队行动与扩大问题及党的组织问题等八个组成部分。《决定》提出了绥蒙工作的任务是，第一："唤起和团结蒙汉一切力量，一致联合抗日"；第二："以我们正确的扶助境内少数民族解放政策，去帮助各方消除蒙汉间的对立"；第三："以我们坚持抗战的模范作用，去提高蒙汉军民王公官吏抗战必胜的信心"；第四："要广大地展开绥蒙抗日游击战争，把绥蒙全境造成敌人不可征服、不能巩固统治的游击区，逐渐在将来敌我力量的变动中，形成坚强的抗日根据地，形成我反攻阶段的前沿阵地"。为了更好地完成中共中央关于绥蒙工作的任务，中央决定以大青山支队的活动为中心，成立受中共北方局领导，统一领导绥远敌占区及河套一带工作的组织——中共绥远省委。在中共绥远省委的直接领导下，八路军大青山支队在 1939 年到 1940 年初的一年多时间里，"坚持了大青山、蛮汗山一带的游击战争，并在建立武装、改进政权、发动民众、争取伪军、开展蒙古工作，以及建立党组织等方面均进行了一些工作，使党及八路军的政治影响与组织力量逐渐扩大与建立起来"①。

从 1930 年到 1940 年大青山地区的各项工作都进入新的发展阶段期间，经过一年多的前所未有的实践锻炼，四支队无论在思想上或者在认识上都发生了很大的变化。他们与工农兵一起生

---

① 引自《中共中央关于绥远敌占区工作的决定》，1940 年 4 月。

活、战斗、工作、学习，已把那些小资产阶级的情调淹没了，代之而来的是战争环境中炼出来的脚踏实地、朴实无华、勇于向上的思想感情。尤其在四支队改建骑兵的工作中，支队队员恰当、合理地开展群众工作，圆满地完成了征募马匹的任务。四支队队员樊瑞生、田恩民带领梁劲秀、阎焕春和张光仪奉命去完成征募马匹的任务。樊瑞生、田恩民等人率一个排在武川二区大湾子乡、库伦图乡、五合乡和三元井乡一带征募工作；又派王恒率宣传队在黄花窝铺、韭菜沟、二合义、南沟子、万隆昌一带征募。出发前他们先对执行任务的同志做好思想政治工作，主要是正确认识征募马匹改建骑兵的意义，特别强调了执行政策的重要性，重申了必须严守"三大纪律、八项注意"。到达工作地区后，他们通过宣传阐释政策以解除群众疑虑，并深入调查社情，根据所在乡和村的具体情况进行工作。樊瑞生、田恩民等人活动的五合乡、三元井乡一带是新区，存在着旧的乡村政权，教会势力也很强，大的村落都有天主教堂和外国籍神甫，绝大多数群众信教，甚至一个乡的教会势力比旧政权的势力还大。为此，他们大力宣传党的宗教政策，阐释如何正确对待抗日与信教的问题。为了争取比利时籍神甫能以积极态度支持我方抗日，并用他的言行来影响一些教徒，樊瑞生、田恩民曾多次向他做了细致的宣传解释工作。王恒等人所活动的村落都是八路军最早开辟的游击地区，多数乡村政权是新改建的，群众对八路军有初步了解，开展工作则着重于调查社情（如开座谈会、村民大会等），宣传"抗日救国，人人有责"的精神，推动群众自报自献。经过一段时间的努力工作，他们圆满地完成了征募马匹的任务，还征募到一部分部队过冬急需的物资。此外，四支队队员在粉碎日军从 1939 年 4 月 3 日到 5 月 31 日对绥中、绥西、绥南游击根据地大扫荡的战争及 1940 年初反击自卫军顽固派的反共斗争中，都发挥了重要的作用。

2.《中共中央关于绥远敌占区工作的决定》：完善党在绥远敌占区的工作（1940年4月—1941年12月）

为了进一步明确绥远敌占区工作的方针、任务，在对1939年到1940年初八路军大青山支队工作进行总结的基础之上[①]，结合绥远敌占区的形势及面临的艰巨任务，中共中央于1940年4月做出了《关于绥远敌占区工作的决定》（以下简称《决定》）。《决定》指出，绥远敌占区的总任务是坚持与发展广泛的地方性与群众性的游击战争，积蓄力量以准备将来的局面。同时，必须认识到建立广泛的抗日民族统一战线与坚持绥远敌占区游击战争是不可分离的，必须克服过去统一战线工作中狭隘的自高自大与关门主义倾向，而以党的正确与灵活的策略去开展统一战线工作。《决定》成为指导大青山抗日游击战争正确展开，及敌占区各项工作健康发展的政策保障。

从1939年初到1942年，侵略者在华北地区陆续推行过五次所谓"治安强化运动"之后，又发动了四次"施政跃进运动"，以加强其在伪"蒙疆"的统治。日军在大青山地区实行"治安强化"和"施政跃进"，是以防共反共为主要目标，对八路军和抗日游击队，对大青山抗日游击根据地的人民，进行更加野蛮的"围剿"。特别是从1941年以来，日军对大青山抗日游击根据地的扫荡、围攻和突袭日趋频繁。日军在"扫荡"，或突袭时，往往实行杀光、烧光、抢光的"三光"政策，大造无人区。但是，四支队全体指战员，始终坚持军民鱼水情的传统，苦口婆心动员群众回村，帮助他们重建家园。敌人来了破坏，我军来了助民建设。那里的群众在十分艰苦的环境下，始终与我军一道向困难作斗争，他们把窖藏的粮食挖出来接济部队。在对敌战斗频繁的岁

[①] 工作经验总结主要为：《十六个月来大青山支队工作总结报告》（1939年12月），参见《大青山抗日游击根据地资料选编》（中册），内蒙古人民出版社1987年版，第68—97页。

月里，部队白天在山上隐蔽，夜间下山转移，不知有多少个日日
夜夜，人不脱衣，马不卸鞍。这一年，从仅能查到的部分战报上
看，记载了四支队十几次的战斗情况。虽然对敌斗争进入了一个
异常艰苦困难的时期，我军在根据地、游击区、敌占区的群众工
作、公开工作和隐蔽工作的配合等方面取得了新进展：一是党政
军民的各级领导机关都加强了对全体人员的形势教育和前途教
育；二是以根据地为依托，突破敌人的军事封锁，向东、向南扩
大游击活动范围，深入敌后之敌后，逼近敌占区铁路附近村庄开
展工作；三是把工作扩展到过去活动较少的游击区，组织群众抗
日斗争，把与根据地接壤的村落，扩大为解放区；四是部队插入
敌占区，在秘密工作已有基础的地段协同地方政府和游击队开展
除奸斗争，争取已表现动摇的投敌分子。随着这些工作的深入开
展，绥中区、绥南区和绥西区的许多县、区、乡，都取得了不同
程度的发展。在绥察行政公署所属的上述三大地区中，许多县、
区、乡都建立了抗日民主政权，各个县政府和区政府都组建有
30—50 人的骑兵游击队。

（二）撤销建制阶段（1942 年 3 月—1945 年 9 月）

1942 年 3 月，四支队虽然作为一个独立的建制单位已不存
在，但是四支队部分队员的身影依然活跃在大青山抗日游击根据
地的抗日前线。从 1942 年到 1945 年，大青山抗日游击根据地的
抗战形势也同全国抗战形势一样，历经了从极端困难时期向全面
反攻时期的过渡。而大青山抗日游击根据地的特殊情况，使得大
青山地区的抗日武装在困难时期遭遇比同时期其他抗日根据地更
为困难的局面。在极端困难时期，大青山抗日游击根据地坚持了
游击战争，武工队、各级军政干部和骑兵队也陆续深入敌后，开
展地下群众工作，并为战略反攻阶段的到来积蓄了力量。他们根
据晋绥分局对敌斗争的指示精神，开展"挤敌人"的斗争——
"向下钻"，深入群众工作；"向前进"，开展伪军伪组织工作。

到 1944 年 8 月，大青山抗日游击根据地基本上恢复到了 1942 年日军秋季大"扫荡"之前的局面。从 1944 年 9 月至抗日战争胜利结束，大青山抗日游击根据军民对日军从局部反攻转向全面反攻，并最终取得了绥蒙抗战的最后胜利。

第三节　追思怀远：反观全国青年学生的人生选择

太原成成中学学生在民族危亡时刻举校从军，是当时全国大中学生抗日救亡运动的一面旗帜。我们试图在分析抗日战争烽火中包括山西在内的、全国其他省市的大中学校学生的人生选择的基础之上，从宏观上呈现太原成成中学师生走与工农运动相结合道路的历史地位与价值。

一　抗日战争烽火中的全国大中学校学生

抗日战争爆发之后，包括山西大中学校学生在内的全国大中学校学生，面对国家危难之际以实际行动支援或直接参加对日作战，成为抗日战争时期青年学生运动的任务主旨所在。

（一）山西大中学校学生抗日救亡运动的新发展

1. 1937—1945 年国民党统治区、抗日根据地和解放区、日伪侵占区办学情况

1937 年抗日战争开始，山西被划为第二战区，阎锡山担任了第二战区司令长官。1937 年 9 月 29 日省会太原沦陷后，山西出现并形成了以阎锡山领导的国民党统治区、中国共产党和八路军领导建立的抗日根据地和以后的解放区，以及日伪侵占区三种不同政治势力和政权性质同时并存的政治局面。我们试从国民党统治区、抗日根据地和解放区、日伪侵占区等三个方面，来呈现 1937—1945 年山西各级各类学校办学的大致情况。

（1）1937—1945 年山西国民党统治区大中小学校的办学状况为：

表 3 - 2　　　1937—1945 年山西国民党统治区大中小学校

时间	学校名称		负责人	办学状况
1937 年 8 月	山西大学			工、理两院迁往临汾，法学院迁往平遥，文学院迁往运城。9 月中旬，各学院陆续开课。11 月，日军占领太原，学校停课。1939 年 12 月，在陕西省三原县复校并正式上课
1937 年 10 月	山西民族革命大学		阎锡山兼任校长，梁化之兼任校长办公室主任，杜心源和杜任之分别担任政治主任和校务主任	抗日统一战线性质的学校，学校下设四个分校，学生来自全国各地
1938 年 3 月	国立山西中学		王怀明任校务委员会主席，张国瑞任校长	收容由晋退陕的学生，共 1500 余人，1939 年 4 月改名为国立第七中学
1938 年	民族革命中学		阎锡山兼任校长，薄一波兼任副校长	第三专署，沁县冀家洼 1939 年全部师生加入山西青年抗战决死第一纵队，即行停办
			阎锡山兼任校长，张隽轩兼任副校长，教务主任刘墉如负责全校实际工作	第四专署，岚县 1939 年"晋西事变"后，由晋绥边区接管，1940 年 3 月在临县改为晋绥一中
1939—1943 年	山西省立联合中学	第一		阳城，1948 年 7 月并入长治师范
		第二		陕西宜川，1945 年并入太原师范
		第三		蒲县，1945 年改为临汾师范
		第四		
		第五		原民大二分校，1946 年并入临汾中学
		第六		

续表

时间	学校名称	负责人	办学状况
1939 年 12 月	阎锡山将原在各专区（全省 15 个）建立的民大分校改为民族革命中学，校长由各专区专员兼任，"晋西事变"后解散		
1939 年	山西省立初级实用职业学校		
1940 年	克难小学		吉县克难坡
	省立第一小学		吉县县城
	省立第一小学		陕西省宜川县
	省立第一小学		隰县城内
	省立第一小学		乡宁县城内
1942 年 7 月	省立第一师范		陕西省宜川县创办，抗战胜利后，迁回乡宁，改名为山西省立乡宁师范学校
1942 年 9 月	华灵中学	初为阎锡山兼任校长	原为私立尊德中学改组，抗战胜利后由孝义迁至平遥后迁至榆次，1948 年并入太原中学
1945 年 10 月	太原工业职业学校	校长赵中枢	接受日伪办的太原工业职业学校、太谷农业学校、山西省政府在晋西举办的工业实验学校合并而成
1945 年	川至医专、进山中学、克难中学、克难小学先后由晋西迁回太原复校		
1946 年	山西省立太原师范、女子师范、国民师范、太原中学和私立新民、三晋、友仁、云山、阳兴、明原、加辣等中学，先后在太原复校		
1946 年	山西省立太原工业职业学校、山西省立运城农业职业学校、山西省立忻县农业职业学校、山西省立榆次农业职业学校、山西省立高级助产职业学校、山西省立戏剧学校、太原市立中学先后成立，并分别开学		

据统计：1946 年度全省（国统区）公私立普通中学校数共有 40 所，计省立 12 所、市县立 24 所、私立 4 所；其中完全中学 14 所、初级中学 26 所。师范学校 22 所，省立 10 所、县立 12 所，其中男师 19 所、女师 3 所。职业学校 7 所，均为省立。高等学校 3 所，为山西大学、省立川至医学专科学校、铭贤学院。

（2）1937—1945 年山西抗日根据地和解放区大中小学校的办学状况为：

· 156 ·

表 3 – 3 1937—1945 年山西抗日根据地和解放区大中小学校

时间	学校办学状况
1938 年	3 月，晋冀鲁豫边区八路军军政干部学校在阳城县成立，共开办三期，先后共培训出军政干部 600 余人
	7 月，晋察冀边区抗战学院成立，边区政府主席杨秀峰兼任院长，1939 年 2 月停办
	10 月，中共北方局在太行区晋城县创办八路军华北抗日军政干部学校，朱瑞任校长
1939 年	7 月，中国人民抗日军政大学总校，由陕北迁入山西
	8 月，晋察冀边区抗战建国学院成立，宋劭文任院长，彭任之任副院长。1941 年 3 月并入华北联合大学
1940 年	1 月，鲁迅艺术学校在武乡下北漳村成立，校长李伯钊
	1 月，太行抗战建国学院成立，杨秀峰任名誉校长。1942 年冬与太行一中、二中、三中合并，组成为太行联中
	5 月，永田中学在交城县正式成立，1941 年 7 月，改名为晋绥二中
	7 月，太行区第五专署把原民族革命中学改为太南中学，张维翰任校长
	7 月 1 日，晋冀豫区冀太联办（冀南、太行、太岳三区联合办事处的简称）成立，决定以路东干校为基础，在黎城成立太行中学，委任李棣华为校长，并将冀西中学并入。不久，太行中学改为太行一中，原太南中学改为太行二中
	8 月，太岳中学成立，校址在沁源县史家沟村，裴丽生兼任校长，刘舒侠任校务主任。1950 年并入平遥第一中学
	8 月，晋西北抗战学院改名为晋西北师范学校
1941 年	6 月，晋西北行署二专署在河曲县成立师范学校，11 月改组为晋绥四中。1942 年与晋绥边区第二中学合并；1950 年 2 月改名为山西省立五寨师范学校
	9 月，晋冀豫区政府批准太行区第三专署在武乡成立太行三中，李子康任校长

续表

时间	学校办学状况
1943 年	1 月，晋冀鲁豫边区政府教育厅，召开各直属中等以上学校联席会议，决定将抗战学院及一中、二中、三中等四校合并组成边区联合中学，由王振华、李棣华分别担任正副校长
1945 年	5 月，太岳区沁屯襄耕读师范学校成立，校长张艾如，校址设在屯留老军庄。1946 年改为沁屯中学，同年 8 月沁县解放，定名为沁县中学
	12 月，晋冀鲁豫边区政府决定在太行区邢台市设立新华大学，次年 1 月改名为北方大学。1948 年 8 月与华北联合大学合并，命名为华北大学

据统计：到抗战结束，各抗日根据地的办学情况为：晋冀鲁豫区（太行、太岳区）有中等学校 22 所，学生有 5000 余人；高级小学 258 所，学生 25463 人；初级小学 8303 所，学生 448363 人。晋西北区有中等学校 3 所，小学 1096 所，其中民办小学 431 所

（3）1937—1945 年山西日伪侵占区大中小学校的办学状况为：

表 3 - 4　　　1937—1945 年山西日伪侵占区大中小学校

时间	学校办学状况
1938 年 8 月	日伪在太原先后恢复了西校尉营、西缉虎营、天平西巷、前所街、新城北街等五所小学，并分别改为省立第一至第五新民小学校。在校学生总数为 2672 人
1938 年秋	日伪在太原成立"太原市商业新民学校"
1938 年	日伪在太原将原国民师范附小恢复，改名为省立第一新民学校，设少年班、青年班、成年班，首先开办了少年班 6 个班
1939 年	日伪在太原恢复了"公立清真小学校"
1939 年 8 月	日伪在太原恢复了"山西省立第一师范学校"，设立师范两个班（男女各一），初中三个班，学生共 200 余人，由郭璞任校长
1939 年秋	日伪在太原先后又开办了东缉虎营小学和北仓巷小学，定名为省立第六、第七新民小学；同时还建立太原市立第一、第二、第三等三所新民小学。加上扶轮小学和清真小学，太原市共有公立小学 13 所，在校学生总数 4773 人

时间	学校办学状况
1939 年 11 月	日伪在太原恢复了"山西省立第一中学"，设高中一班，初中三个班，学生共有 150 余人，苑友梅任校长
1940 年 9 月	日伪在太原国师街恢复了"山西省立第一女子师范学校"，傅汝媛担任校长；在临汾城内铁佛寺、运城、代县恢复了"山西省立第二师范学校""山西省立第三师范学校""山西省立第四师范学校"
1940 年 10 月	日伪在太原开办"山西省立初级农科职业学校"，曲宜善担任校长
1940 年	日伪在太原成立"山西省立师政专科学校"，校长贾向辰
	太原私立聋哑职业学校由聋人刘翔云创办，为山西省历史上第一所特殊教育学校，于 1949 年初停办
1941 年 5 月	勒令私立铭义中学（汾阳）停办，于 8 月筹办省立汾阳初级中学校，9 月初开学
1942 年 8 月	日伪分别在榆次、太谷成立"山西省立榆次初级农科职业学校""山西省立太谷初级农科职业学校"
1942 年 9 月	日伪在太原成立"山西省立桐旭医学专科学校"，首任校长由伪教育厅长王骧兼任。日军降后并入川至医专，后又归属于山西大学医学院
	日伪在长治城内设立"山西省立长治师范学校"
1943 年	夏，日伪在太原成立"太原初级工业职业学校"
	秋，日伪在太原成立"太原日语专科学校"
1944 年	日伪在太原侯家巷原山西大学校址，设立"山西工业职业学校"
1945 年 8 月	日伪在芮城、猗氏两县设立县办简易师范学校，在山阴县设立"师范讲习所"，抗战胜利后改名为山阴县立简易师范学校

据统计：太原市在 8 年沦陷期间，公私立各级各类学校，仅有高等专科学校 3 所、普通中学 2 所、普通师范 2 所、职业学校 2 所、小学 15 所

2. 1937—1945 年大中学生主要抗日救亡运动

鉴于 1937—1945 年山西大中学生的活动区域分别为：国民党统治区、抗日根据地和解放区、日伪侵占区，在对各个区域的办学大致情况进行总结的基础之上，试分别从三个区域来呈现大中学生的主要抗日救亡活动。

（1）国民党统治区的大中学生抗日救亡活动

太原失守后，聚集在临汾的抗日救亡青年，积极要求参加抗日战争。民族革命大学就是适应这一新形势的需要，在一些与阎锡山合作抗战的共产党员和进步人士的倡议下，成立的一个抗日统一战线性质的进步学校。民族革命大学学生生源的成分虽然较为复杂，但是他们都有一个共同的愿望，就是参加抗日战争，驱逐日本帝国主义，争取民族独立、自由和生存。民大学校内部进步学生驱逐汉奸张慕陶的斗争，就是对当时混到抗日前线的二战区的汉奸及其他反动分子的有力打击，对于巩固当时二战区的抗日民族统一战线和推动阎锡山的抗战起到了一定的作用。此外，二战区由共产党员和牺盟会所领导的坚持抗战、团结和进步的力量，与阎锡山所领导的准备投降、分裂、倒退的顽固势力，所展开的斗争也同样在民大存在。它主要表现为：民大的大多数学生和干部，在共产党员和牺盟会组织的领导下，与校内与阎锡山集团有关的干部和学生之间的斗争。民大内部进步青年学生的斗争，在保证民大坚持统一战线的办学方向的同时，为山西抗战培养了一大批积极要求进步和抗战的革命青年，为山西抗日进步力量的迅速发展储备了人才资源。当然，在这一阶段由于太原沦陷造成多数大中学生失学，即使有些学校勉强在异地复校，但由于学校数量较少，况且又不集中，故很难形成规模较大（相对于抗日战争爆发之前）的爱国学生运动。另外，在这一阶段因国内革命形势的变化，以及爱国运动形式的变化，国统区的进步青年知识分子（包括大中学生）在牺盟会的领导下，与广大人民群众在一起，通过参与抗日革命宣传、参加抗日革命活动等，为山西乃至全国抗日战争的胜利作出了应有的贡献。

表3-5　　　　国民党统治区大中学生的主要抗日救亡活动

时　间	主　要　内　容
1938 年 2 月 4 日	民族革命大学的师生，在临汾本校痛打破坏抗日民族统一战线的张慕陶。5 日，临汾各界召开反汉奸、托派大会，近万名群众要求公审张慕陶，会后张慕陶被关押至少先队的营房里，后被阎锡山秘密指示护送到国民党西安行营。10 日，中共中央书记处向全国发表《关于扩大铲除汉奸托匪运动的决定》
1938 年秋	山西省第三专署民族革命中学，在沁县冀家洼成立。1939 年秋季反扫荡后，全部师生加入山西青年抗战决死第一纵队后，即行停办
1939 年 4 月	山西民族革命大学第四分校全体员工，在负责人杨献珍的领导下，提出"武装起来到敌占区打游击"的口号，并组成"民大四分校游击队第一支队"，在翼城地区的敌占区开展抗日游击战争
1940 年 1 月 2 日	民族革命大学中的共产党员、革命师生和进步学生 300 余人，因反对阎锡山解决新（决死队）、旧军之间的冲突与矛盾而发动的"晋西事变"，脱离民大到达延安
1942 年 4 月 22 日	民族革命大学学生 700 余人，在大宁县三多镇举行武装起义，抗议阎锡山与日军勾结投降。阎锡山命令十九军派部队保卫镇压，起义学生被缴械，民大负责人智力展等人被捕

（2）抗日根据地和解放区的大中学生抗日救亡活动

从 1937 年 9 月到 1938 年上半年，八路军、新四军挺进华北、华中敌后抗战，先后建立了晋察冀、晋冀鲁豫、晋绥、华中等抗日根据地。其中，大多数抗日根据地都与山西有关，在抗日根据地建立起来的学校，起初办学水平相对较低、办学规模相对较小、办学层次（相对正规教育来说）参差不齐，办学目的大多是在扫盲教育基础之上，宣传抗日革命的道理，号召革命青年拿起武器进行坚决的斗争，走真正抗日救国的道路。虽然随着革命形势的不断向前发展，抗日根据地办学的水平、规模、层次有所发展，但是为抗战服务的办学宗旨成为抗日根据地学校的显著特色。教育为人民服务、教育为抗战服务、教育与生产劳动相结合等符合当时办学实践的办学方针，成为指导和保证抗日根据地大中学生积极追寻进步思想的有力保障。

表 3 - 6　　抗日根据地和解放区大中学生的主要抗日救亡活动

时　间	主　要　内　容
1938 年 6 月	山西境内各抗日根据地原有的初级小学和高级小学，均改称民族革命初级小学和民族革命高级小学，并在各地组织建立儿童团，掀起了抗日宣传、站岗放哨等抗日活动
1941 年 5 月 7 日	晋冀豫区召开学生联合会代表大会，太行、太岳、冀南三个区 21 所学校的 75 名代表参加了大会，并成立了晋冀豫区学生联合会，选举陈幼伟为第一届学联主席
1941 年 12 月	晋西北行署发布《关于战时各级学校工作的指示信》《关于冬学运动配合反扫荡战争的紧急指示信》。要求本年冬学运动贯彻三个内容：第一，广泛进行锄奸教育；第二，动员号召教育广大群众进行公民誓约运动；第三，号召与动员广大青壮年参军

（3）日伪侵占区的大中学生抗日救亡活动

从 1937 年至 1945 年，随着日本侵略者对山西的步步进逼，包括山西省会太原在内的许多地区变成日伪侵占区。日伪在各地建立政权之后，相应地在不同地区建立了规模不等的地方学校教育。日军在沦陷区成立各级各类学校之后，开始推行奴化教育，主要措施为：废除日军侵入山西前印发的各类教科书，并在伪省公署设立图书审查委员会，负责审查各类学校教学书目；从小学开始，把日语定为主课，大肆宣扬"日本至上，天皇至上"说，将日本民族说成优等民族，将中华民族视为劣等民族；在中小学课程中，宣扬礼义廉耻等封建思想，并予以奴化教育，让学生忘掉国耻，接受日本奴役；在各类学校派驻日本人担任教官，师范学校和中学的日语教师全部由日本人担任；在假期组织学生赴日本参观，并以公费的名义，将学生送往日本本土，接受奴化教育。从本质上来看，日伪建立的地方学校教育是为了培养为日伪政权服务的各级各类的人才。但是，我们必须承认中国人民在外来侵略者面前所表现出来的顽强抗争的革命精神，即使是身处沦陷区也不能泯灭他们的革命斗志。例如，"太原市建立了太原市学生民主救国会（也称学生民主同盟），简称'民救会'，采取长期埋伏、积蓄力量等方针，利用社会合法地位，尽可能地团结壮大抗日民主力量"①；再如，"榆次县光绪廪生郝维藩于民国二十八年创办'退一步斋'，针对日军侵华罪行给学生讲屈原的《国殇》和文天祥的《正气歌》《过零丁洋》等，在日军眼皮底下坚持了7年之久"②等，采取多种形式，抵制日伪奴化教育。但是，相对于国统区和抗日根据地来说，处在日伪侵占区大中学生的抗日救亡运动环境要更加恶劣，其困难程度可想而知。

（二）全国其他省市大中学生抗日救亡运动的新趋势

在抗日战争爆发之后，全国青年学生奋起抗日。抗战初期，北平学联和民先队、华北各界救国联合会、东北抗日救国联合会等团体组成了各界人民抗敌后援会，开展了广泛的抗战活动，组织了募捐团、慰劳团、看护队、宣传队、战地团等。在平津沦陷后，大批青年学生参加了抗日游击队，为建立敌后根据地作出了贡献。在上海、南京随之失守之后，大批青年学生在徘徊、惆怅中为国家、为民族、为抗战、为救亡都各自寻找出路，他们有的奔赴延安③，有的到抗战前方，有的继续徘徊。在《青春之歌》中，坚强不屈的共产党员卢嘉川、江华、林红；经过艰难曲折甚至是惨痛的生活遭遇才走上革命征程的林道静、王晓燕、许宁、李槐英；始而革命最终堕落的白莉萍；追名逐利投机钻营的余永

---

① 李东福等主编：《山西教育史》，山西人民出版社2010年版，第579页。
② 同上书，第578页。
③ 据西安八路军办事处统计，仅1938年5—8月，经此处到延安去的学生青年就达到2288人。

泽；背叛革命甘做内奸的无耻叛徒戴愉等人，他们就是那个时期艺术化了的青年学生的典型代表。我们无须再对他们的选择作出这样或那样的评价，但他们的选择真正体现了身处那个时代的青年学生所面对的徘徊与惆怅。

二　世界学联在中国

中国青年学生反抗日本帝国主义侵略的救亡运动，同样也引起了世界青年学生团体的重视和支持。1938 年 5 月，世界学联代表团对抗战中的中国进行访问、考察，表达了世界青年学生对中国人民抗战事业的声援和支持，也使中国青年学生同全世界青年学生紧密地联系在一起，共同反对法西斯的罪恶行径。因此，作为同时期世界青年学生运动的重要组成部分的中国青年学生反抗日本侵略的救亡运动，与世界学生运动紧密相连、息息相关，在世界青年学生运动史上谱写了光辉的篇章。

（一）世界学联之决定

1934 年 12 月，在比利时首都布鲁塞尔举行了世界学生反对战争、反对法西斯大会，中国学生是主持者之一。在这次大会上，除了决定在第二年——1935 年 11 月 11 日为"世界学生保卫和平、自由与文化的运动日"之外，还通过了一个反对侵略战争的工作纲领，谴责了日、德帝国主义的侵略行径。1936 年 2 月，在布鲁塞尔又举行了国际青年和平大会，决定专门召开世界学生会议，援助中国学生的抗日运动。经过世界学联（世界学生保卫和平、自由、文化联合会的简称）与中国留英学生总会、伦敦中国学联共同筹备，世界学联大会在同年 3 月 14 日召开。世界学联大会作出了有关援助中国学生的决议，还决定组织世界学生代表团访华。1937 年 6 月，共产国际执委会书记处在《关于世界学联内共产党团迫切任务的决议》中要求："为了巩固中国学生与欧洲学生的国际联系，要组织世界

学生代表团前往中国访问。"① 1938 年 4 月，世界学联代表团由
世界学联秘书、法国共产党员柯乐满，英国青年和平大会学生委
员会代表傅路德，加拿大代表雷克奈，以及英国代表雅德女士等
人组成，对抗战中的中国进行访问、考察。

（二）世界学联之活动

从 1938 年 5 月世界学联代表抵达汉口②，至 1938 年 7 月底
离华赴美，世界学联代表团先后访问和考察了武汉、重庆、成
都、西安、延安等地，包括中国学联及所到各地的各界群众团体
在内的青年爱国学生和进步人士，以不同活动形式对世界学生代
表的到访给予了热烈欢迎。

表 3 - 7 世界学联的主要活动

活动地点	活 动 内 容
武汉	中国青年救亡协会、中国学生救国联合会等 20 多个团体都先后集会欢迎，代表团在武汉还参观了武汉女中、汉口一中等学校，中共中央和八路军驻汉代表周恩来、陈绍禹、博古和吴玉章举行盛大茶话会欢迎世界学联代表团，邵子力、沈钧儒、黄炎培、郭沫若、邹韬奋、钱俊瑞等社会名流，中国学联代表，武汉各校学生代表及歌咏团体，有些国家的外交使节和美国进步作家斯沫特莱等国际友人都出席了这次茶话会
重庆	世界学联代表团出席了文化界扩大座谈会，讨论了"如何发动世界青年一致参加反侵略运动"
成都	四川大学举行了欢迎会，学生界、文化界和新闻界也都举行了座谈会，欢迎世界学联代表团
西安	民先队、西北青年救国会以及抗敌后援会学生支会的青年学生和世界学联代表团进行了座谈，其中丁玲和战地服务团的女团员，以及许多青年女学生向代表团报告了西北妇女在救亡事业中的工作，与代表团交流了工作经验

① 《青年共产国际与中国青年运动》，中国青年出版社 1985 年版，第 538 页。
② 《群众》周刊在第 1 卷第 23 期发表社论——《欢迎世界学生代表》，提出希望来华代表号召全世界青年推动各自的政府对援华反日采取切实有效的方法。

续表

活 动 地 点	活 动 内 容
延安	世界学联代表团受到了抗日军政大学、陕北公学、鲁迅艺术学院、鲁迅小学同延安机关、各团体等延安人民的热烈欢迎，抗日军政大学还专门组织招待会，在会上授予各代表"抗日军政大学名誉博士学位"

尤其值得一提的是，1938 年 7 月 2 日，毛泽东会见了柯乐满、雅德、博路德、雷克奈等世界学联代表团成员，并进行了谈话，回答了代表们提出的问题。毛泽东与世界学联代表团成员之间的谈话，主要围绕："目前陕甘宁边区在中国的意义与作用是什么？""目前中共在全中国的作用是什么？""中国是否有条件可以缩短这一持久战的时间呢？""抗战获得最后胜利之后，中共的主要任务将是什么？""你以为现在中国的学生及青年在抗战中的主要任务是什么？世界学生与青年在援华运动中的主要任务是什么？"等五个方面的话题展开。其中，毛泽东在回答第五个方面的问题时，谈道："中国青年们的任务，可以分为一般的与特殊的。一般的任务，与前面所讲的相同，就是坚持抗战，坚持统一战线，坚持持久战，驱逐日本帝国主义，建立自由平等的民主共和国。这是中国任何年龄、任何职业的人民之共同的任务，没有什么分别的。有分别的，是其特殊的任务。中国青年们的特殊任务是什么？就是争取自身的特殊利益，例如改良教育与学习，在学习中有参加救亡运动的权利，有组织学生与青年团体及组织救亡团体的权利，十八岁以上的青年有选举与被选举权，贫苦学生有免费入学之权，青年应大批上前线等等。""世界青年们帮助中国抗战的主要任务，我想，首先是经过世界学联，使世界大多数青年与学生了解有共同反对日本、帮助中国的必要，并使他们了解，这种工作是与他们自身的利益有关系的，因为和平不可分割，法西斯的世界侵略，是世界和平的仇敌。其次，学生是联络

人民的桥梁，经过学生，使各个民族的人民懂得反对日本、帮助中国的必要，以及这种工作与他们自身利益的关系。至于具体的帮助方法，例如用口头和文字作宣传，劝告人民与政府给我们以物质上的帮助，不买日本货与不卖货给日本，直至组织国际抗日义勇军，准备于适当时机来华参加战争等等。"在会见结束时毛泽东代表中国共产党与中国人民向世界学联致敬，并希望代表们回去之后把中国人民抗日战争的真相告诉世界的学生与人民，"我们与你们永远团结起来，为中国的自由平等而战，为世界的永久和平与永久幸福而战！"[1]

（三）世界学联之影响

世界学联代表团于 1938 年 7 月底离华赴美，参加 8 月 16 日在美国纽约华沙大学召开的第二次世界青年大会。出席这次大会的代表有 500 余人，代表了 54 个国家，4000 万有组织的青年，中国也派代表团出席了会议。大会期间，访华归来的世界学联代表团代表在大会上发表《告世界青年学生团体及报界书》，阐述来华后对中国抗战的种种感想，并提出争取各国民众对华进行援助的倡议。世界青年大会在经过认真讨论之后，将援华方案写进了文件，援华的具体办法：（1）禁运和禁卖一切战争物资给日本，禁止借款给日本；（2）由政府明令抵制日货；（3）人民抵制日货，同时助销中国货；（4）以有国际担保的借款给中国，以增强中国国防及建设复兴之用。[2] 世界学联代表团除在参加第二次世界青年大会时提出要对中国进行援助之外，还在欧美一些国家的大学及重要城市的青年团体中公开讲演中国问题，以争取各国民众对华的物资援助，发展各地抵制日货

---

[1] 《毛泽东先生与世界学联代表团柯乐满先生、雅讌先生、傅路讌先生、雷克难先生之谈话》（1938.7.2），《新华日报》1938 年 7 月 25 日第 4 版。

[2] 《第二届世界青年大会关于将来工作的决议》，《新华日报》1938 年 10 月 14 日第 4 版。

运动，宣传对日封锁。总之，世界学联代表团的中国之行，不仅促进了中国青年学生和世界学生代表之间的互动和交流，而且推动了国际社会的援华运动，为中国抗日战争的最后胜利贡献了重要的力量。

三　延安青年运动：抗日战争中青年学生运动的榜样

1937 年，日本帝国主义展开了全面侵华战争，伴随着上海、太原等大中城市相继失守，"亡国论"者的"再战必亡"的悲观论调也喧嚣一时，从而使得广大青年学生感到满腔热血、报国无门而陷入苦闷之中，"成千成万的青年人无家可归，无学可求"，不知出路何在？恰逢其时，周恩来的《现阶段青年运动的性质和任务》（1937 年 12 月 31 日）为迷茫中的青年学生指明了方向，毛泽东的《青年运动的方向》（1939 年 5 月 4 日）中所谈到的延安青年学生运动，则为全国青年学生运动继续深入向前发展提供了可资借鉴的范例。

（一）周恩来与《现阶段青年运动的性质和任务》[①]

抗日战争期间，周恩来作为中国共产党的全权代表在国民党统治区开展统一战线工作并领导华中地区的党组织工作。他十分关心青年学生的思想和生活，积极从事青年学生工作，曾经三次到武汉大学讲演。《现阶段青年运动的性质和任务》就是应武汉大学地下党支部的外围组织"抗战问题研究会"的邀请，在武汉大学大礼堂向师生讲演的一部分。周恩来从抗战形势和青年学生的思想实际出发，根据我党的全面抗战路线和政策，阐明了青年运动的性质和任务，特别是为青年学生正确认识时代，肩负挽救祖国危亡的历史使命，积极投入抗日民族斗争，指出了明确的奋斗方向。

---

① 《周恩来选集》，人民出版社 1980 年版，第 88—91 页。

周恩来首先指出青年学生应该为生活在历史转折的时代而庆幸。在抗日战争时期，青年学生"再不能如过去那样地学习，找工作，结婚……再也不能依照平常的生活程序过日子了"，他们身处的"是个变动的战斗的历史上从来未有过的大时代"。对于身处这个时代的青年学生来说，"应该庆幸恰好生活在这样大的动乱的时代里"，因为"这是一个最好的时期"，"可以把我们这一辈的青年锻炼得更伟大，前程更远"。而时代所给予青年学生的任务就是"抗战""坚持抗战到底"，并"争取抗战的最后胜利"。青年学生运动的性质，就是抗日救国争取民族解放的青年运动，就是抗日民族统一战线的青年运动。其次，周恩来指出"救国、建国"是青年学生历史责任。青年学生要发扬爱国主义精神，以祖国的重任为己任，"我们中国的青年，不仅要在救亡的事业中复兴民族，而且要担负起将来建国的责任。救国、建国，我想'任重道远'这四个字，加在中国青年的身上是非常恰当的"，中国青年学生的历史责任，就是不仅要在救亡的事业中复兴中华民族，而且要准备在战后挑起建设新中国的重担。最后，周恩来认为青年学生要实现自己的历史责任，就必须清楚努力的方向。青年学生的个人利益必须服从民族利益，个人的理想必须适应国家的需要，把自己的命运同国家、民族的命运联系在一起，"到军队里去""到战地服务去""到乡村中去""到被敌人占领了的地方去"，同群众结合在一起，"努力去争取抗战的最后的胜利，努力去争取独立的自由的幸福的新中国的来临"。青年学生运动，就是要去完成"五四""一二·九"学生运动未完成的任务，就是要去实现中华民族的民族独立和人民解放！

（二）毛泽东与《青年运动的方向》

广大青年学生在抗日战争爆发之后，积极投入抗日战争并逐渐成为一支英勇、积极的革命力量。尤其延安的青年学生运动在中国共产党的统一领导和组织下，成为全国青年学生运动的模范。那么，担负重大责任的中国青年学生应坚持什么政治方向？应怎样为中国革命作出贡献？毛泽东在延安青年纪念"五四"运动二十周年大会上所作的著名讲演《青年运动的方向》，在总结中国革命和青年学生运动历史经验的基础之上，为中国青年学生运动的深入发展指明了方向。

　　毛泽东把马列主义普遍原理同中国革命实践相结合，指出中国革命的对象、性质、任务和前途，充分肯定青年学生运动在整个人民革命运动中的地位和作用。《青年运动的方向》主要表达了以下三个方面的内容：第一，阐明中国青年学生运动的根本历史经验。"五四"运动以来，中国青年学生们"起了某种先锋队的作用"，"就是带头作用，就是站在革命队伍的前头"。但青年学生只是一个"方面军"，而不是"主力军"，主力军是"占全国人口百分之九十的工农大众"。而要"达到反帝反封建的胜利"只靠"方面军"是达不到的，"全国知识青年和学生青年一定要和广大的工农群众结合在一块，和他们变成一体，才能形成一支强有力的军队"，"才能攻破敌人的坚固阵地，才能攻破敌人的最后堡垒"。[①] 因此，五四以来青年学生运动的根本历史经验就是，青年学生运动必须同中国共产党领导的整个人民革命运动相结合。第二，走与工农群众相结合的道路。青年学生运动同人民运动相结合，就是同工农群众运动相结合。知识青年要投身革命，就必须走同工农群众相结合的道路。同样，判断"革命的或不革命的或反革命的知识分子的最后的分界"，就是"看其是否愿意并且实行和工农群众相结合"。"愿意并且实行和工农结合的，是革命的，否则就是不革命的，或者是反革命的。"第三，学习延安青年运动的经验。毛泽东在讲演中不仅指明青年运动必

---

① 《毛泽东选集》第2卷，人民出版社1991年版，第566页。

须同整个人民运动相结合这个政治方向，而且还指出了如何实行这种结合的工作方向。延安青年运动就是全国青年运动的模范，因为延安青年运动的"政治方向是正确的，工作方法也是正确的"，这主要在于"延安的青年们是团结的，是统一的"，"他们在学习革命的理论，研究抗日救国的道理和方法"，"实行生产运动，开发了千亩万亩的荒地"[①]。"团结、学习、劳动"就是毛泽东同志为延安青年运动总结的经验。"历史证明延安的青年学生，没有辜负毛泽东同志的期望，他们按照毛泽东同志的教导，坚持青年运动坚定正确的方向，为中华民族民主革命的胜利，作出了可贵的贡献。"[②]

总之，如果说"一二·九"运动继承了"五四"运动以来中国青年学生运动的传统，拓宽了知识青年与工农相结合的道路，证明了"'一二九'时代的革命青年学生（特别是北平学生），已经指出了一条道路——到乡村去，到革命的武装部队中去，和人民特别是和农民结合起来，在共产党领导之下，建立革命根据地和进行抗日战争。这是一切革命青年学生在民族危机中争取民族解放的正确道路"[③]。那么中国青年学生在中国共产党的正确组织和领导下所进行的抗日战争，则是从革命实践中再次证明——走与工农群众相结合的道路是青年学生运动的必然选择。"从抗战开始到一九四〇年上半年，我们在华北和各个战区，有几十万青年参加了军队，青年成了八路军、新四军的主要来源。在八路军内，百分之九十以上是青年，在新四军里绝大多数指挥员，都是二十三岁以下的青年，连级以上干部中有三分之一

---

① 《毛泽东选集》第2卷，人民出版社1991年版，第568页。

② 共青团中央青运史研究室编：《中国青年运动史》，中国青年出版社1984年版，第191页。

③ 刘少奇：《和广大的工农兵相结合——一九四九年在延安青年纪念"一二九"运动大会上的讲话摘要》，《中国青年》1950年第53、54期合刊。

是青年，班排两级干部青年占二分之一以上。他们在战斗中起了先锋的作用。"[1] 成成中学师生抗日游击队的革命活动就是对这一革命道路和革命真理的鲜血明证！

---

[1] 共青团中央青运史研究室编：《中国青年运动史》，中国青年出版社 1984 年版，第 168 页。

第四章 以身报国：个体视域中的成成师生

太原成成中学师生抗日义勇队是一个特殊的群体，是一个由教师和学生共同组成的特殊群体。同样，这个特殊的群体是由无数个具有鲜明个性特征的个体所组成，正是因为具有鲜明个性特征的教师个体和学生个体的存在，这个群体才具有更加顽强的生命力和强大的战斗力。我们试以教师和学生群体中的特殊个体为例，来全面呈现成成烽火背后那充满人格魅力特征的个体形象。

第一节 教师形象——以杜心源老师为中心的个案分析

1927 年，一个十九岁的农村青年从他的家乡五台山只身到北平求学，并加入中国共产党。从此开始了一生艰难的奉献……

随着时间的流逝，人们对他的怀念之情不但没有淡化，反而越来越深切，这是父亲的人格魅力、高尚情操和不朽灵魂力量的感召。

——《艰难的奉献：杜心源纪念文集》

太原成成中学师生在抗日战争爆发之后举校从军，既是成中学生受时代环境感召的爱国情怀所致，更是成中教师面命耳提、精心呵护的结晶，武新宇、刘墉如、杜心源、刘丹顿、焦国鼐等人就是青年导师中的典型代表。我们试以杜心源①老师为个案，深入剖析成成中学教师的个人成长、教育教学及革命工作经历，以此来透视成成中学教师们的艰难奉献历程。

一　个人成长：川至初露，师大定向

特殊的地缘及特殊的人生经历，使得身处特殊年代的杜心源，在其个人成长历程中增添了许多特殊的人生际遇。历经风雨的川至中学、省立一中、北平师大，既见证了杜心源对知识不懈追求的求学历程，又见证了其不断追求进步直至加入中国共产党、开启人生新征程的革命历程。杜心源的个人成长历程，作为同时期追求进步的知识青年的人生缩影，更为革命青年群体成长的影像中增添了一抹浓郁的个性色彩。

（一）五台出身，沱南川至，初露锋芒

杜心源于1907年11月8日出生在山西省五台县大建安村。大建安村是五台县经济比较繁荣的村落之一，在民国初年就有两千三百多人，被称为"五台第一村"。距离大建安村五六里地的东冶镇，是较早受到资产阶级民主革命思想影响地之一。东冶镇是太原至五台山的必经之路，也是交通枢纽和商贸集散之地。1905年，东冶镇创办了五台县第一所地区性新式学堂——沱阳学校②，它就是由教育界人士及留日学生发起并赞助的，所聘的教

---

① 以杜心源老师为研究个案的原因为：第一，1933—1937年，杜心源老师一直在成中任教，是除刘墉如校长、焦国鼐老师以外在成中任教时间最长的；第二，杜心源为语文老师，在平时的教学过程中更容易结合语文教学来培养学生的爱国主义情感；第三，在现阶段能收集到的研究资料当中，有关杜心源老师的资料相对来说是最多的，更加有助于研究的深入开展。

② 徐向前就曾在沱阳中学读书，并接受了新思想的启蒙。

师中也有留学日本的同盟会会员。阎锡山本人早年留学日本就曾参加同盟会，在其出任山西都督府都督之后，委任留日同学、同乡康佩珩负责自己家乡（五台县）的地方治安。康佩珩与东冶乡绅林铭山、朱应龙等人成立保安社，并以沱阳中学为主要活动场所开展活动，维护社会治安，宣传民主、平等思想，提倡男剪辫子、女放缠足。保安社在东冶镇的革命活动，既是阎锡山新政中的一个重要组成部分，又使资产阶级革命思想在东冶镇及其周围村庄迅速得以传播。杜心源本人就是出生在这样一个东西文化交织的文化氛围之中。

1915—1927 年，杜心源分别就读于沱南小学、川至中学附属小学高小部、川至中学中学部、省立一中旧制初中第三十八班。在从小学的启蒙教育到高中教育阶段，在思想方面对杜心源个人成长起到重要影响的事件为：第一，"五四"运动，开启心扉。"五四"运动期间，在北京求学的五台籍学生宋进仁、田子芳、赵承齐等人也积极参加了天安门广场的示威游行活动。当消息传到五台川至中学之后，川至中学的部分学生（其中包括杜心源老师的哥哥）发起了声援北京爱国学生的罢课斗争。川至中学学生的爱国行动使杜心源深受感染，在其心中萌发了渴望学到更多知识及渴望接触外面世界的种子。第二，"徐干头"任教，人格熏陶。1919 年秋，杜心源考入川至中学附属小学高小部。在杜心源高小求学期间，徐向前（1921 年徐向前从太原国民师范学校毕业）1922 年被川至中学聘用，任川至附小体育课专任教师。因徐老师平易近人、与学生关系融洽，其本人当时身材较为瘦小，所以同学们私下称其为"徐干头"，把老师视为自己的同伙人，用五台话来讲就是："一拨拉子"。徐老师在任教期间，经常与学生交谈，并告诉学生许多爱国知识，而引起校方不满被学校辞退。但徐老师的言行在杜心源的心中留下了深深的印记，特别是徐老师在离开川至中学之后所作出的人生及道路选择，对杜心源一生的影响更为深远。第三，国文教师朱应龙，养民族气节。1923 年秋，杜心源进入川至中学中学部学习。在中学学习期间，国文教师朱应龙本人崇尚民主平等的思想观念，在国文课堂知识教学的讲解过程中，经常结合社会现实情况对学生进行爱国主义教育。杜心源之所以在大学选择国文专业，就是受到朱应龙老师的言行影响，并且在自己日后的课堂教学过程中也经常结合时局对学生进行爱国主义教育。第四，声援"五卅"，初露锋芒。在上海发生"五卅"反帝爱国运动之后，山西地下党以太原市学联为核心并联合各阶层人员组成了太原市"沪案后援会"。当时在五台川至中学读书的杜心源，以学生自治会主席的名义联合同班同学赖若愚（当时叫来秉敬）、曲廷渊、郭子杰等人带领数百同学，步行到太原向山西省政府请愿，声援太原及全国爱国学生运动，受到了各界人士的热烈欢迎和支持。杜心源因带头领导同学声援"五卅"运动，而被学校开除学籍。第五，同窗共励，初识马列。在杜心源考入省立一中（1925 年秋）旧制初中第三十八班之后，深深受到省立一中及太原其他学校的学生运动和革命运动感染。尤其是在同班同学王瀛、邓国栋等人的影响下，杜心源开始接触和阅读马列主义书籍和其他进步刊物。同班同学的影响及进步文化氛围的熏陶，使杜心源萌发了走信仰马列主义道路的最初想法。

（二）逆境入党，北师历练，志向初定

1927 年 5 月，杜心源从省立一中毕业之后，与川至中学同学兼好友赖若愚一同到北京参加大学入学考试。在备考期间，杜心源通过赖若愚认识了张隽轩，并通过张隽轩认识了刘墉如。在张隽轩的启发和介绍下，杜心源、赖若愚、刘墉如三人（党龄从1927 年 8 月算起）在 1927 年这个特殊的年代，加入了中国共产党，至此开始一心向党、坚定不移地献身中国革命事业。

1927 年 9 月，杜心源和刘墉如考入北京师范大学预科，赖若愚考入北平大学工学院。他们在北师大的党组织领导人和联系人都是萧政卿。就在杜心源刚进入学校学习之时，北师大发生了北师大师生反对把北京九所学校合并为国立京师大学的事件。杜心源与其他同学、老师一起参加了游行示威和集会，从中受到了很大的教育。1929年秋经过严格考试，杜心源顺利升入国文系本科，刘墉如和焦国鼐升入物理系本科，狄景襄升入地理系本科。同年秋，杜心源参加了"鏖尔"读书会，成员有李舜琴、萧政卿、张衡宇、郝德青、雷任民、刘墉如、焦国鼐、狄景襄、孙志远、刘西林等。读书会主要学习马列著作、辩证法和政治经济学，还利用假期组织同学们到北京郊区农村去做调查，研究中国农村性质、农村经济等问题，也到大同煤矿、长辛店机车车辆厂去进行社会考察，了解中国产业工人的状况。杜心源后来还参加了包括北大、清华等学校进步学生的"宏毅"读书会，并在此过程中通过赖若愚认识了在北平大学工学院读书的工学院地下党支部书记林枫。1930年，杜心源经刘丹顿介绍，参加了党的外围组织华北教育劳动者联盟。在北师大学习期间，杜心源和刘墉如还利用同乡、同学的关系陆续给山西各个学校（如成成中学、进山中学、平遥中学、运城省二师、国民师范、太原师范等学校）介绍进步教师（大多为党员或党的外围组织成员）。他们的介绍为山西革命工作的开展，特别是为成成中学党的革命工作的开展奠定了基础。

特别值得一提的是，杜心源在北师大求学期间，于1931年倡议创办了北平中华中学。中华中学专门招收北平平民子女和东三省的流亡学生，教学工作全部由师大同学义务承担，杜心源主要负责国文教学并参与课外思想品德教育工作。从1931年创办到1937年停办，中华中学培养了近千名学生，其大多参加了抗日战争。在杜心源求学期间，为解决完成学业所需的生活费，经党组织批准，利用休学时间到太原进山中学教国文，并在传播革命思想的同时开辟了革命阵地。其间，杜心源还利用在成成中学代课的机会，参加成成中学的地下工作，并利用放假回家的机会，在家乡尤其是在川至中学的学生中宣传进步思想。1933 年夏，杜心源从北师大毕业。萧政卿曾对杜心源的大学之路，做出如下评论："求学的目的不仅是为了考上一个好大学，应当是为了革命。你应该向老杜（杜心源）和小杜（杜润生）学习。"

二 教育教学：红色教师，投笔从戎

作为在成成中学最早担任代课教师的杜心源，通过自己的言传身教，既向成成中学学生传授了救国救民的革命道理，又以自己的行动切实引导和鼓励了成成中学学生的人生选择。杜心源既是成成中学学生走向革命道路的指引者和见证者，同样更是把革命道理运用于革命实践的先行者。成成中学学生的人生选择既是他们爱国爱民之情、之心使然，更是成成中学教师精心培育、日积月累的教育成果，而杜心源老师就是成成中学教师队伍的杰出代表。他用自己的一言一行诠释了红色教师的爱国之情。

（一）任教成中，培育学生爱国情怀

心源同志到校后，发挥了很大的作用，进一步加强了成中党的力量，在学生中发展和团结了很多进步力量。[①]

——焦国鼐

1. "普罗米修斯"式的星星之火

杜心源虽然是在 1933 年受党组织正式委派到成成中学工作，但是早在 1929 年就曾在成成中学担任语文代课教师。力群在回忆成成中学求学经历时，就曾谈到"1929 年一个冬天的夜晚，当我正在太原成成中学的教室里上自习的时候，突然进来一位身

---

① 吴得民、卢耸岗主编：《艰难的奉献：杜心源纪念文集》，四川人民出版社 2011 年版，第 525 页。

材较高的老师模样的人，他身穿长衫，笑嘻嘻地上了讲台说：
'同学们，我今晚给你们讲点普罗文学'"，"杜心源老师给我们
的讲话，不啻是做了普罗米修斯的工作，他在我们成中同学荒芜
的心灵上播下了一颗无产阶级的革命火种"①。杜心源老师就是
最早在成成中学授课的党员教师，也是最早在学生中传播新文学
和进步思想的党员教师。成成中学毕业生贾植芳在其《狱里狱
外》一书中，曾这样写道："我对新文艺产生兴趣与接受进步社
会思潮，差不多是同时开始的，这就是在太原上中学的时候。那
时一九二八年，那时我才十四岁，与哥哥贾芝一起考上了太原市
的成成中学。那时一个私立学校，由校长到教师都是北京师大出
身的山西籍学生，它以学风艰苦朴实，对学生在学习上要求严格
著称。……到了初中三年级时，学校的教学面目发生了很大的改
变，由北师大新回来一些年轻教师讲课，他们在课堂里介绍马克
思主义和新文学作品。我记得一位姓杜（指杜心源老师，笔者
按）的语文老师，指导我们看新文学作品《呐喊》《彷徨》《女
神》《少年漂泊者》《胡适文存》《独秀文存》等，以及外国翻
译文学作品，一些政治读物也开始介绍。这类读物使我真正从
'话说''且听下回分解'的旧文学世界进入了一个崭新的天
地。……但我现在想起来，我更感激那位杜心源老师，是他为我
上了最初启蒙的一课。"②

杜心源老师不仅自己在成成中学向学生传授革命知识和革命
道理，而且还有意识地介绍党员教师到成成中学任教。他曾推荐
刘墉如（成成中学的第一位党员教师）、武新宇（成成中学的第
一任校长）和地下党员刘丹顿等进步教师到成成中学任教。正是
在杜心源、刘墉如、武新宇等进步教师的努力经营之下，成成中

---

① 吴得民、卢耸岗主编：《艰难的奉献：杜心源纪念文集》，四川人民出版社
2011年版，第534页。
② 贾植芳：《狱里狱外》，上海远东出版社1995年版，第122—124页。

学真正成为中国共产党的可靠阵地，成为"大家交往的一个中心"（杨尚昆语）。同样，也"正因为有这样一批好的老师，我们对共产主义、共产党，才有了初步的认识，渐渐形成了为共产主义献身的思想"①，"普罗米修斯"式的星星之火终究发展成为具有燎原之势的革命火焰。

2. "活页文选"与"谈一谈"的思想引导

杜心源老师曾在成成中学、国民师范、太原第一师范、进山中学、阳兴中学教授国文。他在教学过程中，既传授文学知识，又结合历史事实和社会现实，激励学生树立爱国爱民的志向。1931 年秋考入进山中学的郭守譓曾回忆杜心源教学情形时谈到，"语文老师杜心源直接讲左翼作家联盟，讲到左翼作家柔石、胡也频在上海龙华被国民党杀害时，声泪俱下，不禁让听讲的学生也义愤填膺。那时的情景，至今记忆犹新"。杜心源还曾自编"活页文选"来补充国文教育内容，以增强国文教育的教育性，引导学生学习新文学，阅读进步文艺作品和理论书刊，激发学生的爱国热情。今在成成中学校史展览室保存下来、由成成中学毕业生马复星提供的、杜心源编写的"活页文选"（高一）共十九篇，其中古文八篇、近现代文学十一篇。《我们的新文学运动》《近代中外文学思想的变迁》《从经济上解释中国的近代思想变动的原因》《高尔基的四十年创作生活——我们的庆祝》《五四评价与纪念之话》《二十年来的中国学生》《失业》《赌场》等具有鲜明时代特色的文章被选入文选。马复星本人就曾回忆说，"杜心源老师对成中的发展和学生们的健康成长，发挥了极大的作用。他利用自选的教材，把知识性、思想性和艺术性有机结合起来进行思想教育，潜移默化，感染学生"。例如，杜心源在讲解鲁迅的《高尔基的四十年创作生活——我们的庆祝》时指出，

① 贾植芳：《狱里狱外》，上海远东出版社 1995 年版，第 535 页。

"鲁迅是中国的高尔基，我们要学习鲁迅，拿起笔杆子为现实的中国服务，走社会主义道路"，在讲文天祥《指南录后序》和《文天祥》时，义愤填膺地对同学们说："南宋赵构、秦桧、贾似道等昏君庸臣误国，近日之中国是谁在误国？今日痛，明日痛，日日痛，痛何如哉？"①

杜心源除了利用正常国文课堂教学对成成中学学生进行爱国主义教育之外，还利用"谈一谈"的方式对学生进行爱国主义性质的形势教育。成中毕业生冀春光在其回忆成中生活的谈话录音中，谈到"心源同志在成成中学任教务主任并兼国文课教师。他自编国文教材，上课学生很欢迎。他不仅课讲得好，还以历史上的民族英雄文天祥、岳飞等生平结合现实的国情宣传不当亡国奴的道理，激励青年学生树立爱国心和民族感。在成中，每晚教师都要查自习教室。心源同志也一样每晚都必到学校查晚自习。每当他一来，学生们就鼓掌欢迎杜老师讲时事，那时叫'谈一谈'，实际上就是政治时事课。我还记得，杜老师一进教室，大家就齐声喊'谈一谈！谈一谈！'他每每简明扼要地讲完，学生们又鼓掌，还要欢迎他讲，不讲就走不了"②。

3. "前夜研究社"等进步社团的实践指引

在刘墉如担任成成中学校长之后，杜心源被安排负责领导学生工作，并与学生会负责人郝廷光、王景涛、张永青③直接联系。"青年读书会""拓荒者""血旌社""曙光周刊社"等进步学生社团，在成中学生会的直接领导下如雨后春笋般地发展并壮大起来，对成中学生爱国主义情感的培养起到了十分重要的指引作用。同样，据成中毕业生刘选伍④回忆，"青年读书会"的发起

---

① 贾植芳：《狱里狱外》，上海远东出版社 1995 年版，第 533 页。
② 同上书，第 308 页。
③ 新中国成立后任西南师范学院党委书记兼院长，并出版《永青文札》。
④ 当时叫刘义祥，新中国成立后任四川石油管理局副局长。

人张永青、阎秀峰①接受了杜心源的建议，把"青年读书会"更名为"前夜研究社"，并创办了《前夜》墙报。在"前夜研究社"创办之后，杜心源和狄景襄老师为了从制度上进一步规范社团活动，就把社联的刊物、纲领等社团活动文件，作为社团活动参阅资料交给张永青等人。张永青等同学在参考、学习之后，又成立了"十月读书会"，与此前成立的"前夜研究社"一同成为指引进步学生开展革命活动的社团组织。此外，杜心源老师还通过太原市社联成员王书良，介绍成中学生张永青、龚子荣、龚允恭、阎秀峰等人加入社联，并由他们组建了成中学生第一个社联支部。张永青任支部书记，成中社联支部受太原市社联领导，并组建发展成为成中学生运动的领导核心。

杜心源不仅注重通过引导学生成立进步社团来对学生进行爱国主义教育，而且还十分注重对进步社团和进步学生的保护工作。据成中毕业学生回忆，有一天，"前夜研究社"改版后的第一期油印刊物《前夜》，张贴在校长办公室对面的壁报栏里，有几篇稿件严厉抨击国民党，公开点名为"帝国主义××党"。杜心源看到后，立即叫人去掉。第二天，杜心源还专门找到张永青说："你们的刊物太赤裸裸了，是我叫人取掉的。现在太原白色恐怖厉害，便衣也多，你们的活动要灰色点，不要暴露自己。"同样，据龚子荣回忆，当时太原市社联受党内"左"倾思想影响，经常组织活动，社联成员缺课现象越来越多，学习成绩也逐渐下降。为此，杜心源教育他们说，"一个好学生怎么突然间就不上课呢？你们还是要保持好学生的称号，这样在学生中才有威信，才不至于脱离同学。革命是要本领的。要灰色一点，才能掩护自己，不然很快就暴露了。""为了保护学生中的共产党员和进步分子，他和学校其他领导人，经常以'开除学籍''勒令退

---

① 当时叫阎伟，新中国成立后任中共中央西南局书记。

学'的严厉'处分'或强制'转学'等办法，安全转移了许多在太原难以立足的进步学生，成功地挫败了敌人的多次大捕杀。"① 当太原社联组织社联成员上街散发反对国民党会考和宣传抗日的传单而被警察抓捕时，杜心源通知成中社联成员立即转移。张永青同学就是在得到杜心源的"处理"通知而免于被捕入狱的。杜心源介绍他们到五台县大建安村，建立了五台县第一个中国共产党的支部。

（二）举校从军，开创学生抗日典范

在1934年刘墉如担任成中校长之后，杜心源和焦国鼐老师分别担任教务主任和训育主任，从而形成了成中坚强的领导层。成中在三位校级领导的带领下，逐步走出了因公开活动多，教学质量下降，报考学生锐减，而导致学校正常运转受到影响的、最困难的时期（1933年下半年至1934年下半年）。他们在采纳时任中共河北省委巡视员林枫的建议下，对成成中学的地下斗争工作做了策略性的调整：在注意隐蔽、蓄积力量，并建立多渠道的上层关系的同时，经党组织批准，加入反动组织"青年救国会"的核心组织"理论研究会"，以便利用公开合法的身份更好地开展工作。同样，为了提高教学质量和升学率，他们把学校招生改为春秋两季，并继续聘用高学历和思想进步的教师，大胆进行教学改革，以进一步巩固阵地和提高教学水平。成中领导层通过内部与外部的努力，在社会各界恢复了良好形象和声誉，得到了学生及家长的认可。同样，也保护和保存了成中这块阵地。1937年8月，党的三大机关②进驻成成中学之前，成中就搬迁至清源县继续办学。在杜心源老师和刘墉如校长向八路军驻晋办事处彭雪枫和彭真汇报工作时，彭雪枫提出组建师生游击队并决定派杜

① 赵冬生：《杜心源事略》，《山西文史资料》1988年第59辑。
② 三大机关指：中共北方局、中共山西省委机关和八路军驻晋办事处。

心源去接受游击训练班的培训。在成成中学抗日义勇队成立之后，杜心源曾担任政治教官，并在师生游击队转移过程中，与游击队其他成员一起成功处理"沙沟事件"。在"沙沟事件"之后，"动委会"曾考虑安排杜心源担任四支队政治处主任，但由于杜心源对于张国祥团长因"沙沟事件"而自杀之事深感内疚，故调离了四支队，开始从事其他方面的革命工作。成中师生在依依惜别之中，含泪相送杜心源。

三　革命工作①：民大晋绥，革命育人

从 1937 年离开四支队至 1945 年抗日战争结束，杜心源曾在多地从事不同种类的革命工作。我们试选取与教育工作有关的革命工作，来重点研究杜心源对于教育工作（尤其是山西教育工作）的革命贡献，以此来较为全面地呈现杜心源对于山西革命工作的贡献以及对于山西教育事业的深远影响。

（一）民大育才，服务统一战线

民大是民族革命大学的简称。在太原失陷之后，临汾成为山西乃至华北抗战的中心。为了将云集临汾的、来自全国各地的爱国青年②培养成为抗战所需要的人才③，在牺盟会及一些进步人士的建议下，阎锡山成立了专门培养抗战干部的学校——民族革

① 杜心源从 1925 年参加革命，为党和人民的事业奉献了 60 年，因研究内容局限只选取 1937—1945 年间的部分工作实践。

② 据山西省政协文史资料研究委员会编的《阎锡山统治山西史实》（山西人民出版社 1981 年版，第 246 页）一书，指出："学生来自全国各地，北自长白山脉，南至珠江流域，共有十八个省份的青年，而且还有归国参加抗战的南洋华侨学生。按文化程度说，从小学到大学以及外国留学生都有。除了学生以外，也有工人、农民、军人、小学教师、小商贩以及其他自由职业者。从政治及思想信仰上来说，有共产党员，有国民党员，有三青团员，也有无党派的和各种宗教信仰者。但他们却都有一个共同的愿望和要求，就是参加抗日战争，驱逐日本帝国主义，争取民族独立、自由和生存"。

③ 据秦丰川在《民大见闻录》中指出，阎锡山创办民大的另外的原因为：阎锡山为了骗取爱国青年到山西，阻止他们到延安参加"抗大"学习而成立民大。

命大学。

1. 民大的发展历程

据秦丰川《民大见闻录》[①] 一文记载：民大从 1937 年冬成立到 1940 年基本结束统战性质的使命，办学的基本演变趋势为：规模越变越小，程度越变越低，性质越变越反动。在这个时期，民大的发展历程大致可以分为四个阶段：（1）临汾阶段。临汾阶段是民大的创办阶段，同样也是民大发展的"黄金时代"。从 1937 年冬天成立开始，到 1938 年春天阎锡山退出临汾，在短短的两三个月的时间之内，民大就在临汾成立了本校、一分校和在运城、曲沃成立了二分校、三分校和四分校。学生人数达四五千人，聘请了当时许多知名人士担任教授，全校的政治空气非常活跃。（2）宜川阶段。宜川阶段是民大的大动荡阶段，也是民大的分化阶段。1938 年 2 月，日军进攻临汾，民大随阎锡山向西撤退。在撤退至宜川时，阎锡山为了把一部分学生置于自己的直接控制之下，特批准薄佑丞从原本校学生中挑选三四百名"优秀学生"，成立了"随营分校"。同样，也在这个阶段绝大部分的知名教授离开民大，许多进步学生也离开民大。（3）南村阶段。南村阶段是民大的"调整"阶段，也是民大的衰退阶段。其中，"调整"具体表现为：第一，把临汾时期招来的本校学生，当作第一期分配了工作，又从西安招了一个"大高第四队"，算作第二期学生。第二，把原来的一分校和三分校的学生重新编队，成为本校的基础，另外单独保留二分校。第三，在课程方面增加了符合阎锡山要求的课程内容。（4）川庄阶段。川庄阶段为民大的质变阶段，也是民大开始变成一个普通训练班的阶段。此后，民大作为进步的统一战线性质的学校发生了变化，成为普通中等学校。

---

① 秦丰川：《民大见闻录》，《山西文史资料》1988 年第 59 辑。

2. 杜心源在民大

民大在校长办公厅的直接领导下，设有军训、政治、教务、总务四个处。其中，军训处领导军事干部，主管对学生的军事管理和军事教育；政治处领导政治干部，主管对学生进行政治教育；教务处主管与教授联系，并负责课程安排；总务处主管会计、事务、运输、医疗等。1938 年 1 月 20 日民大正式开学，阎锡山兼任校长，梁化之任办公室主任，郎贯一（郎咸德）任军训处主任，杜任之任教务主任，杜心源任政治处主任，裴济明任总务处主任。其中，杜任之和杜心源是共产党员并实际主持校务，在他们先后离开民大之后，校务由共产党员梁膺庸（接替杜心源）全面主持。因此，"民大第一期的临汾阶段，第二期的晋西阶段和第三期的陕北阶段，政治势态基本上是这样的：学校的实际领导权，掌握在中国共产党人手里"①。杜心源从 1938 年 1 月 20 日民大开学便到校工作，至 1939 年夏（或是 3 月或是 7 月②）离开民大，在民大的实际工作时间为一年半。

杜心源在民大担任政治处主任一职，主要负责对学生进行政治教育，"是民大工作重要决策人之一，是民大进步青年的良师益友"③。民大"这所大学名义上属阎锡山创办和领导，但实际领导权却在中国共产党手里，杜心源在其中做了大量工作"④。杜心源通过开设进步课程，聘请进步教官，开展进步的图书、墙报、歌咏和戏剧活动，对学生进行爱国主义教育。此外，还注重

---

① 博民：《民大五龙宫起义纪实》，《山西文史资料》1988 年第 59 辑。

② 据山西省政协文史资料研究委员会编《阎锡山统治山西史实》（山西人民出版社 1981 年版）一书，指出："一九三九年三月间，在校内的实际负责人杜心源、杜任之等另调其他职务，改由担任校长办公室副主任的梁膺庸负责。"同样，据《艰难的奉献：杜心源纪念文集》（四川人民出版社 2011 年版）一书，指出："1939 年 7 月被阎锡山解除民大职务。"

③ 博民：《杜心源在民大》，《山西文史资料》1988 年第 59 辑。

④ 赵冬生：《杜心源事略》，《山西文史资料》1988 年第 59 辑。

通过自己的行动来影响和感染学生。据博民①在回忆文章《杜心源在民大》中谈到，"在校学习期间，对我印象最深的是民大政治处主任杜心源。在我考入民大的那天起，他就同学校的进步发展联系在一起"。博民在文中记载："1938 年 11 月，日军进攻吉县县城，民大为避开敌人的袭击，全校 500 多名学生，由原驻地翻山越岭，迁回于晋西一角，在杜心源等的部署下，曾于夜间穿越在日军占据下的隰县城郊，白天躲开日机低空飞行的袭扰，辗转到了蒲县克城镇。在积雪很厚的山路行进途中，杜心源以他那瘦高的身躯，奔走于学生队伍前后，以炯炯有神的大眼，热情有礼的嗓音，照顾和呼唤大家，生怕发生不测事情。勃勃生机的中年人形象，真不愧为在'七七'事变发生后，太原成成中学师生抗日游击队的组织者和领导人——一位久经锻炼的共产党人。"②身教重于言传，负责学生思想政治教育的杜心源老师就是通过自己的行动，去影响和感动每一位爱国青年。而博民本人就是在杜心源等老师的影响下，在民大参加了牺盟会，成为他日后与党组织发生关系的起点。据不完全统计，在民大的学生中，出了近两千名八路军团级以上的干部。后曾任新华社川西分社社长的民大学生邵挺军回忆说："抗战时期，不少民大学院转道去了延安，参加了革命；民大毕业生和工作人员也有很多去了'牺盟会'。民大培养了不少党的干部，可以说桃李满天下。民大的工作人员和学生很多后来都成了党的高级干部。"③民大学生的人生选择，离不开杜任之、杜心源等老师的人格影响和政治教育。同样，正是因为有了他们这样一批领路人，来自全国各地的进步青年才最终走上了革命道路。

---

① 博民即薛博民，新中国成立后曾任民盟中央文史办公室主任。

② 博民：《杜心源在民大》，《山西文史资料》1988 年第 59 辑。

③ 吴得民、卢耸岗主编：《艰难的奉献：杜心源纪念文集》，四川人民出版社 2011 年版，第 566—567 页。

（二）晋绥执教，巩固革命政权

晋西北行署是在晋绥边区形成之后而成立的。1938 年 8 月，晋绥边区形成；1940 年 2 月 1 日至 3 日，晋西北行署（当时仍沿用"山西省第二游击区行署"的名称，1941 年 8 月 1 日正式改称为晋西北行署）召开第一次行政会议，正式宣布行署成立。续范亭担任行署主任，牛荫冠任副主任。晋西北行署成立之后，下设教育处，任命刘墉如为处长，梁膺庸、张韶芳为副处长。1941 年 10 月，行署政务会议决定教育处处长刘墉如调任新设静乐行政区专员，副处长梁膺庸调任行署秘书处主任，张韶芳调任行署司法处处长。杜心源是在 1940 年 3 月被派往晋绥边区任抗战学院教员，在刘墉如调任之后任教育处处长，并在 1942 年 9 月教育处与民政处合并为民教处之后任处长。从 1940 年 3 月至 1949 年 10 月任中国人民解放军西北南下工作团第四梯队政委之前（其间有过多次的工作变动①），杜心源一直在晋绥边区工作，为晋绥边区的教育事业、政权建设等工作做出了积极贡献。

杜心源在担任教育处处长之后，根据中央的教育政策，深入领会北方局、晋西分局、行署各级领导对教育工作的指示精神，遵照行署二次行政会议的决定，制定了一系列教育法令：《教育宗旨及实施方针》《中学法》《小学法》《小学教员任用及待遇条例》《社会教育组织暂行条例》《免费公费生条例》《管理教育基金暂行办法》《文化工作者待遇办法》。这些教育法令虽几经修改，但一直在晋西北行署各级学校教育的办学实践中被运用和执行。同样，杜心源也十分注重组织队伍建设，尤其注重培养教育

①　在此时期，杜心源的工作范围大致在晋西北行署，但工作任务却是多种多样的，所担任的职务名称也有很多种，如 1946 年 3 月，成成中学复校，增设大学部，更名为成成学院，杜心源任副院长；再如 1947 年 10 月，曾任晋绥分局二地委书记兼军分区政委等。

处的骨干干部力量，为晋西北行署教育工作的有序开展奠定了制度基础和提供了人才保障。1943 年 9 月，在晋西北行署召开的第二次中等教育会议上，杜心源以整风精神总结了三年来的中等教育工作。我们试以杜心源所作的《三年来中等教育工作总结》报告，来呈现其在中等教育工作中所取得的教育成效，以此来体现杜心源在晋绥边区教育工作中的教育成效。杜心源在工作总结中指出，三年来中等教育的成绩主要体现在以下八个方面："第一，在艰苦的战争环境中，创立了中等教育。1942 年专员会议以来，曾经 3 次精简，质量提高，才有了比较正规的 3 个中等学校。第二，各校培养出大批干部参加根据地工作。到 1943 年上学期，已培养出 1164 人参加工作，临时工作的，从 1942 年秋到 1943 年夏，即有 440 人。第三，课程、教材与教学内容都有改进，使教学日益接近实际，学用一致，初期的游击作风没有了。确定以国文、算术、历史为主科，减少了不适用的科目，改变了与学生程度相差太远的社会科学概论，并加以充实，这是克服主观主义与教条主义的开始。第四，建立了教导合一与班主任制度。确定了班主任对教员的领导关系，从而改正了政治脱离教学、教学与课外指导脱节、班主任与教导脱节的现象。第五，各校根据教育方针，规定了校训和指导目标，建立学生会，实行了民主自治的教学管理，培养了集体、互助、紧张、踏实、艰苦学习的作风，思想认识显著进步。第六，各校普遍建立了正规的工作制度和学习制度，克服了初期的混乱状态。第七，大力整理了教育基金，组织了自力更生，解决了物质上的一切困难，使今后的教育工作有了很大的保证。第八，进行了整风，干部认识开始有转变，开展批评与自我批评；学校工作研究，开始向教学与指导方面深入了一步，着重实效"，"三年总的来看，客观条件困难，主观力量不足，发展历史不长，以此衡量中等教育工作是有成绩的，进步是相当快的"。① 通过杜心源对三年来在中等教育方面的工作总结，我们不难发现：晋西北行署的中等教育工作在中等教育数量、培养人才规模、课程教材建设、各项教育制度的制定与完善以及学校领导和教师作风建设等方面，都取得了长足的进步，尤其是在各项条件都不是非常具备的条件下能取得如此成效，与杜心源的正确领导和辛勤工作是密不可分的。

第二节　学生形象——以阎氏三兄弟为中心的个案分析

"我父亲本来不是独子，但一场抗日战争还没有结束，他却变成了独子。"

"十八岁，十九岁，二十二岁，是人生的锦绣年华。有的人用无知的挥霍度过，有的人用摸索的迷惘度过，三位伯父却选择了用舍生取义的壮烈度过。他们已永远地站立在了我们这家普通中国人的家族史上，让我这样的后来人一旦想起，就会为自己和他们有着血缘的关系感到光荣，也为他们的英年早亡痛心不已。"

——简杨《青山何处埋忠骨——为忘却的历史》②

1937 年 10 月 10 日成立的成成中学师生抗日义勇队，是一支特殊的武装力量，由一个学校的校长、教师和学生组成，同时，它又是一支绝无仅有的"学生军"。义勇队的学生队员，最大的十八九岁，最小的才十三四岁。更为感人的是，义勇队中有父子兵，学生队员中有兄弟兵。焦国鼐和焦国柱，石

---

① 杜心源：《三年来中等教育工作总结》，晋西北行署 1943 年 10 月 10 日油印本，第 5—11 页。

② 简杨为阎氏三兄弟的侄子，其父亲与阎焕景、阎焕曜、阎焕春是兄弟。

国柱和石国干，阎焕景、阎焕曜和阎焕春，秦赞忠和秦赞贵，李仁富和李恩富，高重生和高铭生，就是学生队员中的兄弟兵。他们在的抗日战争和解放战争中，付出了极大的牺牲。我们知道：虽然这个特殊的抗日群体已经被载入了抗日战争的光辉史册，但是他们身上所体现出的爱国精神却值得我们当代人去深思、回味！是什么让他们走出课堂走向战场？是什么促使他们由学生转变为战士？又是什么让他们在抗日战争中无怨无悔地付出自己的青春甚至是生命？我们试图从阎焕景、阎焕曜和阎焕春兄弟三人身上，去追溯成成中学师生抗日义勇队的爱国精神。

一　成己成人："在民族存亡的时刻，责任促使他们离别课堂，走出校门"

阎焕景、阎焕曜和阎焕春兄弟三人在民族危亡时刻所作出的人生选择，既是汾阳地域文化浸蕴的结果，同样也是传统民族精神在民族危亡时刻的真实体现。

（一）汾阳故里，子夏山河汾，仰韶文化换新颜

阎焕景、阎焕曜和阎焕春兄弟三人是汾阳县（今汾阳市）冀村人。汾阳县春秋属晋，为瓜衍属地。战国属赵，为兹氏地。秦建兹氏县，沿至三国。晋改兹氏县为隰城县，经隋至唐初。唐上元改隰城县为西河县，经唐末、五代、宋、金、元。明初，入汾州。万历二十三年，升汾州为府，置汾阳县，清建置相沿。民国元年，废府存县。新中国成立之后，汾阳县行政划分屡有变迁，但汾阳县名直到1996年因撤县设市而变更。

汾阳县素有"文化之乡"的美称。在新石器时代仰韶文化、龙山文化时期，汾阳就有人类在此繁衍生息。汾阳境内的子夏山，据说因春秋末、战国初，孔子弟子子夏设教西河，遗有石室（子夏石室），而由此得名。此后，历经朝代更迭，汾阳教育

逐步发展，私塾、书院等各种办学形式遍及乡里。据史籍记载，汾阳的书院历代先后有六处之多：白宫书院、文昌书院、卜山书院、仰高书院、棠荫书院、西河书院，而私塾三百六十余处，义学二百四十余处。1902 年，汾州知府为顺应改革学制、兴办学堂的历史潮流，将"西河书院"改为"西河学堂"，并增设了"算术堂"。1906 年，"西河学堂"改组为"汾州府中学堂"。1908 年，"汾州府中学堂"改名为"汾宁中学"。在民国初年，"汾宁中学"改名为"山西省公立河汾中学"。次年，汾阳县县立两等小学堂改为县立两等学校，县立女子高等小学校重新恢复。在此影响下，兴办学校波及农村一些较大的村、镇，三泉、董家庄、演武、冀村等相继办起了初等小学校。1915 年，基督教华北公理会创办铭义中学。河汾中学、铭义中学为当时汾阳仅有的两所中学，同样在日后也成为汾阳学生抗日救亡活动的发起者和组织者。1921 年，李舜琴考入河汾中学。1923 年，李舜琴由侯士敏介绍加入中国社会主义青年团，并指示李舜琴在河汾中学发展团的组织。同年，李舜琴在学生中发展了梁克元、冀兆雄、张培元、车亭通等四名团员，并创建了"中国社会主义青年团汾阳河汾中学团支部"。1925 年冬，中共铭义中学党支部在铭义中学秘密成立，学生韩寿萱任党支部书记；1926 年，中共河汾中学党支部在河汾中学成立，学生贺三多任党支部书记。

"九一八"事变之后，在中国共产党的领导下，汾阳学生抗日救国运动如火如荼。1930 年冬，在冯玉祥将军的支持下，以河汾、铭义中学学生为主体，在汾阳开展了"雪耻救国纪念周"活动。当时决定每星期一在县文庙东侧操场举行一次群众集会，参加集会的有工人、农民、中小学教师、学生与各界人士。"雪耻救国纪念周"一直坚持了两个多月，为以后铭中、河汾学生以及各界人士抗日救国运动奠定了思想基础。1931 年冬，太原

"穆光正事件"① 发生后，铭义中学校长办公室秘书仓丹武等人集合全体师生在操场讲述了"穆光正事件"的真相。铭义师生和军校（冯玉祥将军的随营军官学校）学生愤怒万分，当即整队去县国民党党部请愿，要求出兵抗日。这一行动鼓舞了汾阳广大民众抗日的情绪。1935 年"一二·九"运动爆发之后，铭义中学以邓全泽、温恩生为首的一批学生联合河汾中学以及部分小学的高年级学生，于 12 月 14 日在汾阳狄公庙集会，号召群众支持"一二·九"北平学生的爱国运动，呼吁国民党政府"停止内战，一致抗日"。会后，河汾中学为表示以实际行动支持"一二·九"运动，特举行了为时两天的总罢课运动。1936年至 1937 年夏，铭义中学、河汾中学、汾阳牺盟会儿童队以及县立高小的师生，发起了检查日货、焚烧日货等一系列抵制日货的爱国运动。由于学生抵制日货的爱国运动，这一时期汾阳城内经营日货的商店寥寥无几。

（二）阎氏蒋氏，兄弟齐抗日，《汾二子传》树新篇

《汾二子传》一文是傅山为悼念故友薛宗周、王如金而作。清兵入关后，明朝遗民统统面临"生降死不降，男降女不降，妓降优不降"的现实境遇，出现了一个全民族无条件投降的局面。包括傅山在内的许多明朝遗老遗少，都不接受明亡的现实和清朝的统治。各地拥明遗臣起义反清之举动，屡有发生。顺治六年大同总兵姜壤举兵反清，汾阳志士薛宗周、王如金等人举兵响应，"宗周，字文伯；王子如金，字子坚，皆汾之高才生"，并率汾阳山乡义勇军在晋祠与清兵交战，苦战数日，薛王二人兵败身死。"往者不悔，来者不豫。何哉？余乃今愧二子。"

---

① 1931 年 12 月 18 日，太原市各校学生数千人到国民党山西省党部请愿，遭到军警开枪镇压，进山中学学生穆光正不幸牺牲。之后，各校学生举行反蒋抗日大游行，并得到了工商各界的声援和支持。这就是山西革命斗争史上有名的"一二·一八"学生运动。

在抗日战争年代，汾阳人把曾经反清复明的革命精神升华为革命英雄主义和爱国主义。冀村镇的第一位红军战士和共产党员张瑞田，于1931年在参加红军晋西游击队之后不幸被捕牺牲；1937年卢沟桥事变之后，阎焕景、阎焕曜和阎焕春几乎同时走上抗日战场，弟兄三人先后在战斗中壮烈牺牲。马烽作品《扑不灭的火焰》中的原型人物——蒋三①，同样也是冀村镇人，1938年投身抗日参加地方游击队，1942年在战斗中负伤自尽而亡。蒋三的弟弟蒋四、蒋七也分别为抗日战争事业而献出了宝贵的生命。同样也是一门三兄弟。据汾阳民政局在新中国成立初编制的《烈士英名录》（统计不完全）烈士名单，冀村镇有198名烈士，这在当时的汾阳县绝对是一个很大的比例。

在阎焕景、阎焕曜、阎焕春三兄弟中，阎焕景和阎焕曜是亲兄弟，阎焕春是他们叔叔（在太原供职）的孩子，幼年时期一直在汾阳老家生活。阎氏三兄弟分别于1930年、1932年、1933年考入成成中学。在考入中学之前，他们就是在老家汾阳冀村接受的小学教育。因此，从他们出生到离开家乡故土之前，汾阳的地域文化传统以及包括河汾中学、铭义中学所发动的学生爱国运动，对他们的人生成长必然有着十分重要的影响。同样，在他们之后，蒋氏三兄弟在国难当头之际所做出的人生选择，也再次证明汾阳乃至全省以及全国的爱国青年面对国难，都会做出无愧于时代的命运抉择。

二　血沃青山："我这三个舅舅已经都牺牲了"

汾阳的乡土风情无疑影响着阎氏三兄弟在国难面前的人生选择，但在人生成长更为关键的定向时期，成成中学的爱国主义教

---

① 关于蒋三的抗日壮举，也可以参见王记厚口述、高春平采访及整理的《游击队长蒋三》一文（张成德、孙丽萍：《山西抗战口述史》（第三部），山西人民出版社2005年版，第218—219页）。

育对他们的成长起到了更为重要的引导作用。正是在成成中学的正确教育下，在太原大中学校学生爱国运动的氛围中，阎氏三兄弟决定参加抗日革命斗争，为民族解放奉献自己的人生。

（一）成成熏陶，养成爱国心

阎氏三兄弟在成成中学求学期间（1930—1937），既是中华民族危机日益增长的七年，同样也是成成中学爱国主义政治氛围不断得以加强的七年。在1930年以后，成成中学教师队伍的政治状况已经有了明显的变化——1930年刘墉如来校任教；1931年暑假，刘墉如介绍焦国鼐来校任教；"九一八"事变之后，刘墉如又介绍武新宇来校任教；1932年春，校董事会推选武新宇担任成成中学的第二任校长；武新宇任校长之后，又先后聘请共产党员刘丹顿、"教联"成员狄景襄来校任教，共产党员教师第一次掌握了成成中学的领导权。同样，成成中学学生中思想进步敢于同旧势力做斗争的人数逐步增多——早在1927年成成中学学生中就有李维清、吕调元、刘玉等学生党员；在20世纪30年代初，裴鸿昌、李延年、旬兆瑞（李嘉森）、冀春寿等同学先后加入中国共产党。此外，成成中学校内的进步社团也在不断增长。1932年春，"文总"和"教联"在成成中学武新宇校长办公室正式成立，参加者有刘丹顿、武新宇、杜连秀、王书良等人。不久，又在这间校长办公室成立了"文总党团"，确定刘丹顿任文总书记，武新宇任教联书记，杜连秀任社联书记，王书良任左联书记。党的外围组织中的"文总"，实际上是代理共产党统一领导其余三个外围组织的组织，它的参加者都是共产党员。成成中学的刘丹顿、武新宇、刘墉如都是文总成员。当时，太原有不少大中学校逐步建立起"教联"组织，其中以成成中学建立的最早，刘丹顿、武新宇、刘墉如、狄景襄（由社联转入教联）、焦国鼐都是其中成员。

同时期，随着成成中学师生中间进步力量的不断增强，成成中学的课堂教学内容也在不断地发生着显著的变化。尤其是在武新宇担任校长之后，在与刘墉如交换意见之后，改变治校方针，发扬民主，加强对学生爱国救国思想的教育，积极通过教学活动宣传抗日救国运动。成成中学教师在各科课堂教学过程中，纷纷谈及与国家命运相关的话题，爱国救亡一时成了成成中学校园内的主旋律。武新宇还结合自己在东北地区的所见所闻，向学生讲述抗日斗争的形势，介绍东北抗日义勇军和全国人民声援义勇军的许多英雄事迹和感人事例，揭露国民党政府的不抵抗政策及其种种祸国殃民的罪行。他还积极支持学生中的抗日救亡活动和进步团体的活动，引导学生把读书与爱国活动结合起来，以形成学生正视国难维艰、救亡兴国、学子有责的正确认识。在全校范围内不同年级、不同班级的进步学生因共同爱国信念走到一起，爱国上进、团结互助的爱国氛围在成成中学正悄然形成并日渐发展起来。

阎氏三兄弟在民族危机面前所做出的人生选择，既是自身民族责任感使然，又是成成中学长期爱国主义教育的结果。成成中学以武新宇、刘墉如等校长为核心的共产党员领导班子、以进步教师为主要师资力量的教学团队、以爱国主义社团为主体的师生社团活动组织，既为国难当前的中学生指明了前进的方向，又为身处患难时代的中学生提供了人生成长不可或缺的精神食粮。阎氏三兄弟因其兄弟三人的特殊性而成为我们关注的对象，同样在成成中学师生抗日游击队中有更多的像阎氏三兄弟一样的普通中学生，在国难面前做出了无愧于时代、无愧于人生的道路选择。他们包括他们的人生选择——充分体现和彰显了成成中学学校教育的丰硕成果。

（二）保家卫国，流芳大青山

1937 年 10 月 10 日，经过教师中的共产党员、"教联"、"社联"成员和学生中的共产党员分别在教师和学生中开始发动工作，成成中学师生抗日义勇队正式宣告成立。阎焕景与阎焕曜随当时成中部分学生一起加入义勇队，阎焕景在义勇队成立之初任部队辖三个分队的其中一个分队的队长，在部队进入大青山地区之后，任四支队骑兵支队的连长，并加入中国共产党；阎焕曜先担任义勇队的班长，随队进入大青山地区之后，任四支队骑兵支队的排长，并加入中国共产党。阎焕春于1933年考入成成中学，后转入新民中学求学。阎焕春在听闻成成中学组建游击队之后，因未能找到游击队的具体方位，而返回老家汾阳冀村与成成中学学生张琨及成安玉组建了区农民协会。后因种种原因被驻汾阳县的国民党军傅存怀扣留在汾阳县城内，后经八路军随营学校领导人韦国清和战动总会主任续范亭出面营救得以释放。阎焕春后在二支队政治处任地方工作干事。1938年初，二支队更名为战动总会游击第五支队，在岢岚县与四支队会合时，阎焕春提议经战动总会批准于同年春调到四支队工作并于同年加入中国共产党。至此，三兄弟开始了同在一个支队并肩作战的岁月。

　　1938年8月2日，阎氏三兄弟随四支队一行642人离开五寨县城向大青山地区进军。在进军大青山的途中，他们主要的任务是利用一切有利时机开展群众工作，宣传抗日，向群众介绍八路军的性质，密切军民关系。他们历时一个多月，历经艰苦，徒步千里，终于到达目的地。在大青山地区，四支队在李支队的统一指挥下，参加了一系列艰苦的对敌斗争——既有敌伪也有日军。阎氏三兄弟就是在对敌斗争的战斗中光荣牺牲——阎焕景（19岁）在1938年12月的一次战斗中，为掩护战士们撤出战斗，光荣牺牲；阎焕曜（18岁）在1939年5月阻击敌人的战斗中，不幸中弹牺牲；阎焕春（22岁）于1942年在武川县一次战斗中，不幸光荣牺牲。据不完全统计，成成中学师生抗日游击队的队员，在参加大青山地区的战斗中有50多名队员光荣牺牲，阎氏三兄弟就是他们当中杰出的代表。他们是幸运的，是因为他们的英名得以载入抗日革命烈士史册而被后人奠念（同样，我们也不应该遗忘，在大青山地区为了整个民族命运而献出宝贵生命的许多无名烈士）；他们更是不幸的，是因为他们生活在一个民族危机重重的年代，责任让他们离开课堂走向战场，扔掉钢笔拿起钢枪，牺牲自己保卫祖国。阎氏三兄弟同其他烈士一起把自己的鲜血洒向了自己热爱的土地，茫茫青山会用它的厚重铭记为它奉献一生的中华儿女。正是他们，正是他们的热血奉献，才有了我们今天美好的一切！

三　精神永存："每个有血性的中国人都会这么做"

阎氏三兄弟及为民族解放献出宝贵生命的所有烈士们，必将载入我们民族史册受到所有后来人的爱戴与敬仰。在我们民族危难的每个时刻，都会涌现出无数志士仁人，为了整个民族利益抛头颅洒热血，甚至献出自己宝贵的生命。阎氏三兄弟，就是他们当中典型的代表。

（一）勉励阎家族，几多感慨永不悔

据署名简杨（阎氏三兄弟的侄子）的回忆文章《青山何处埋忠骨——为忘却的历史》中记载，阎焕景和阎焕曜的父亲为前清的秀才，因清政府废除科举考试制度，而考入山西大学学习化学和英语，并于1911年毕业。其本欲出国而因家事未能成行，故返回家乡一边经营农事一边办学教书。在小学教育过程中，他经常把爱国主义教育贯穿到日常教学当中。阎氏三兄弟的小学教育，就是在他们父亲的言传身教下度过的。他在诗句中寄托了在孩子们参军之后的思念之情，"今宵明月又空玩，六处伤心一样酸。那日不言便远行，何时鞭马把家旋。游子纵有乘风志，丈夫岂无结发缘。说甚果鲜汾酒美，形单影只殊堪怜"。"六处"是指他有六位亲人都在参加抗日革命工作，"丈夫"应该指阎焕景。在明月当空之夜思念自己的亲人，有爱有责，有怜有痛，此乃人

之常情。但作为父亲并不是不理解孩子的选择，同样他也有自己的豪情壮志，"老夫无份扛枪刀，极贱腐儒品却高"。倘若来日青春仍在，抗日的战场上定会看到父亲与亲人们一起并肩作战的场景。

简杨的父亲姊妹四人，长兄幼年夭亡，兄长焕景和焕曜在抗日战争中牺牲，唯一与自己在一起的就是自己的姐姐。简杨的父亲把对兄长的思念寄托在对姐姐生活的长期照顾上，本来一个大的家族却因战争，而变成只身一人，其思念、孤独可想而知。简杨在自己的孩提时代，几乎没有听到过关于几位伯父的只言片语。简杨在自己成为父亲之后，看着自己的孩子，也有许多的人生感慨，感慨自己那几位英年早逝的伯父，感慨自己家族在民族战争中所遭受的创伤。但当问道是否后悔时，简杨的回答如同他的伯父们一样铿锵有力，面对民族危难"每个有血性的中国人都会这么做"，都会走上战场为祖国奉献自己的所有。这是阎氏一家三代人的坚定回答，同样它也是中华儿女的坚定回答——我们属于我们的祖国，包括我们的生命；我们的命运与我们的祖国一起，生死相依。

（二）共存全社会，抗日精神励全民

以太行山为中心的华北各敌后抗日根据地，是一片充满和凝结着炽热的爱国主义和革命英雄主义的热土。1937年，日本发动全面侵华战争，狂妄叫嚣"三个月灭亡中国"。平津沦陷，河北、山东、山西、绥远大片国土成为敌后。中华民族面临着近代以来最严重的生存危机，每一个中国人都在经受着生与死的考验。风在吼，马在叫，黄河在咆哮。怀抱着强烈的救国理念和抗战必胜的信念，古老的黄土高原集合起中华民族最优秀的儿女。国共两军为了共同的理想，在山西忻口团结合作，血战日军，共御外辱。在此前后，一批批、一队队抗日志士、热血青年、爱国华侨和革命知识分子，响应民族抗战的号召，义无反顾地涌向当时华北的抗日中心太原，汇聚到八路军总部所在地的太行山，随之又奔向山西各地，奔赴华北和全国的抗日战场。

"牺盟会"发动上层人士和基层群众，在全省开创了抗日救国运动的政治局面。"战动总会"将统一战线突破山西范围，在一个战区开创了全民团结抗战的新局面。三晋大地以工人、农民为主体的抗日群众运动汇成强大的革命洪流。在此基础上，八路军开展游击战，创建根据地，又以山西为依托，将抗日游击战争推向华北敌后区域，开辟了广大的华北敌后战场，创建了晋察冀、晋西北、晋西南和晋冀豫四大战略基地，从而奠定了山西在整个抗日战争中作为华北抗战战略基点的重要地位。在这个过程中，山西战场上涌现出了众多的英雄群体和英雄个人。成成中学师生投笔从戎，组成抗日游击队，转战晋西北，挺进绥远大青山，在创建大青山抗日游击根据地的斗争中做出了特殊贡献，其中有50多名师生血洒青山，被誉为中国知识分子的楷模，"青年运动的一面旗帜"。在成成中学师生抗日游击队中，所涌现出来的包括诸如阎氏三兄弟在内的无数青年学生，在三晋大地上谱写了全民抗战的爱国主义英雄史诗，浩气长存天地，彪炳千秋。

"我们中华民族有同自己的敌人血战到底的气概，有在自力更生的基础上光复旧物的决心，有自立于世界民族之林的能力"①。抗战精神就是以爱国主义为核心的民族精神。爱国主义历来是中华民族的优良传统，从屈原到苏武、从岳飞到文天祥、从林则徐到谭嗣同、秋瑾，他（她）们"苟利国家生死以，岂因祸福避之"，无不凝聚崇高的民族精神和坚韧不拔的民族气节。在抗日战争爆发后，中华民族面临着有史以来最深刻的民族危机和空前严峻的生死考验。中国共产党领导的抗日军民和国民党的许多爱国将士，以自己的血肉之躯在太行山、在山西、在整个华

---

① 《毛泽东选集》第1卷，人民出版社1991年版，第161页。

北大地同仇敌忾，前仆后继，上演了一幕幕壮烈抗日的英雄故事，谱写了一曲曲气壮山河的英雄史诗。他（她）们无与伦比的英雄壮举是对中华民族伟大品格的血肉诠释。正是因为有了如此众多的民族精英，华北各抗日根据地才能在极端困难的情况下，坚持抗战，最终迎来了抗日战争的伟大胜利。

正是因为有了这种精神，我们才能在任何时候、无论遇到任何困难都能有充足的信心去战胜它；正是因为有了这种精神，我们才能在整个民族遭遇最为困难的时刻，爆发出力挽狂澜的时代最强音；正是因为有了这种精神，我们才能更加自信、更加强大地屹立于世界民族之林。这种精神就是：不畏艰难、不怕挫折、勇于开拓、锐意创新。这种精神成为我们民族、我们国家不断发展壮大，走向独立解放，走向繁荣富强的灵魂、源泉和不竭动力。在民族最危难的时刻，成成中学师生创建师生抗日游击队，转战晋西北、血战大青山，就是对这种精神的生命诠释。

第五章 价值追溯："成成精神"的历史意义与当代价值

一九三七年日军侵华，民族危亡。成中师生义愤难遏，举校从军，共赴国难，组成抗日游击队，转战晋西北，血沃大青山。史无前例，独树一帜，气壮霄汉，彪炳千秋。仰塑英烈风采，敬缅先辈伟绩，赉志兴校，育盖世英才，建四化勋业。立碑于兹，后学永志。

——大青山纪念碑正文

在炮火中诞生的成成中学师生抗日游击队，经受了抗日战争中炮火的洗礼。成成中学师生抗日游击队从 1937 年 10 月 10 日成立至 1945 年 9 月的战斗岁月里，转战晋西北，挺进大青山，为创建、坚持、扩大、巩固大青山抗日游击根据地，建立游击区的党组织和抗日民主政权，粉碎日伪军对游击区的"扫荡"和治安强化运动，瓦解国民党顽固派的反共限共阴谋，发展抗日民族统一战线，开展伪军、伪组织的转化工作，联合蒙满等各族各阶层各种信仰的爱国人士一致抗日，与大青山李支队一起战斗在大青山上，做出了卓越的贡献和建立了不朽的功勋。他们是知识分子的榜样，同样也是全国各界爱国人士抗日活动的一个典型代表，巍巍峨峨大青山会用它的厚重承托全国人民对他们的思念和敬意，海海漫漫土默川平原会用它的心胸铭记那段令人激情燃烧的岁月！

第一节　何谓"成成精神"

成成精神是以爱国主义为核心的民族精神的时代体现，是中国共产党领导成成中学师生在抗日战争革命实践中所体现出来的知识分子的大局意识和爱国精神。成成精神有着丰富内涵，具体而言，可概括为：成己成人的民族精神，举校从军的抗日壮举，血沃大青山的英雄气概，知识分子与工农群众相结合的革命范例。

一　成己成人的民族精神

中国传统文化注重道德完善在理想人格修养中的作用，尤其强调通过"内省""反求诸己"的内在修身实现通于他人及天地万物的"圣王之道"，并认为"自然、他人、天道都不是'他者'，而是自身或自己的一部分，或是与自己有机联系在一起的整体"①。君子"圣王之道"的过程是个人道德修养由内向外的扩散过程，是实现修身、齐家、治国、平天下的人生志向的过程，更是追求"为天地立心，为生民立命，为往圣继绝学，为万世开太平"②的宏大气概的过程。儒家教育的目标就是要通过"修己、立己、成己"，以养成个人的"德性、学识"，并外化出去，即由"修己"而通向"治人"，使教育的功能由个人层面延伸到国家和政治层面；由"立己"而通向"立人"，使教育发挥教化的作用；由"成己"而通向"成物"，使教育的功能扩大到

---

① 郭齐勇：《中国哲学智慧的探索》，中华书局 2008 年版，第 13 页。
② （宋）张载：《拾遗·近思录拾遗》，载《张载集》，中华书局 1978 年标点本，第 376 页。

事功层面。取名于《中庸·自成章》中"成己成人"之义的成成中学，从其创立之初就在努力践行"成己成人"的办学宗旨。无论是办学之初的"教育救国"还是之后的"革命救国"，其都把教育与救国联系在一起，只是在救国的途径上存在争议。即使在"教育救国"盛行的年代，成成中学师生同山西其他中学的师生并肩参加了诸多爱国性质的革命运动。从1925年至1937年，成成中学师生先后参加了反房税斗争、声援上海"五卅"反帝斗争活动、声援"一·二八"淞沪抗战运动、"驱黄"学潮、"驱段运动"、反会考运动、声援北平"一二·九"学生爱国运动、组织"太原市中等学校暑期学生抗日救国会"等不同类型的爱国运动，并继山西省立一中、太原国民师范之后成为太原爱国学生运动的组织者和领导者。1937年抗战全面爆发之后，成成中学师生在民族危难之际成立抗日义勇队，拿起武器、告别课堂，实现由书生向战士的转变，用自己的行动践行了成己成人的民族精神。离开了课堂，走向了战场，从晋西北到大青山再到全国各地，成成中学师生用自己的奉献、自己的鲜血、自己的生命，同全国人民一起肩并肩、手挽手，践行着"天下兴亡、匹夫有责"的铮铮誓言，直至取得抗日战争的最后胜利。"他们不仅是在思想和精神上汇入了时代的洪流，而且在组织和行动上也皈依了党的旌麾与怀抱；他们不仅是慷慨激昂地奔赴了前线，而且是真刀真枪地杀向了疆场；他们不仅是在党旗面前宣誓要为共产主义奋斗终生，而且是实实在在地成了革命的砥石与民族的希望"①。

二 举校从军的抗日壮举

毛泽东在延安青年群众举行的"五四"运动二十周年纪念会

---

① 本书编委会编：《成成烽火——成成中学师生抗日游击队纪实》，中共党史出版社2009年版，第1页。

上指出，中国知识青年和学生青年是抗日救亡运动的先锋，"在二十年前的今天，由学生们参加的历史上叫作五四运动的大事件，在中国发生了，这是一个有重大意义的运动。'五四'以来，中国青年们起了什么作用呢？起了某种先锋队的作用，这是全国除开顽固分子以外，一切的人都承认的。什么叫做先锋队的作用？就是带头作用，就是站在革命队伍的前头。中国反帝反封建的人民队伍中，有由中国知识青年们和学生青年们组成的一支军队。……是反帝反封建的一个方面军，而且是一个重要的方面军"①。无论是辛亥革命前的留学生运动、1919 年的"五四"运动、1925 年的"五卅"运动、1931 年的"九一八"事变后对蒋介石的不抵抗政策的抗议运动、1932 年"一·二八"事变后配合工人支援十九路军的抗议运动、1935 年的"一二·九"抗日救亡运动，还是抗战爆发后全国大中小城市包括偏僻乡村的许多青年知识分子和青年学生纷纷投身抗日武装和建设民主根据地运动、抗战后方的救国宣传和支援前线运动，进步的青年学生都时刻站在斗争的前列，并付出了巨大的牺牲，作出了不可磨灭的贡献。山西进步青年学生在以高君宇、王振翼、贺昌、彭真等人为代表的共产党人的带领下，从 1919 年声援"五四"运动之日起，掀起了反帝反封建斗争的高潮。从 1924 年学校成立至 1937 年全国抗日战争爆发，成成中学进步青年学生几乎参与了太原地区所有的爱国学生运动，并逐步成为太原爱国学生运动的组织者和领导者。相对于山西同时期其他学校来说，从 1932 年起中国共产党便掌握成成中学的领导权。在武新宇、刘墉如、焦国鼐、杜心源等人的苦心经营下，成成中学学生无论在课堂教学还是在课外活动中都受到了进步思想的熏陶和培育，并在参与和组织校内外的进步社团和爱国运动的活动中得到了充分的锻炼。在抗日战争

---

① 《毛泽东选集》第 2 卷，人民出版社 1991 年版，第 565 页。

全面爆发之后，山西进步青年同全国进步青年一道加入抗日救亡的各种活动之中。随着抗日战争形势的发展，山西成为全国抗日战争的最前线，山西青年的抗日活动受到了全国进步青年的关注，同时也吸引了全国各地进步青年学生的参与。在此关键时刻，成成中学师生在上级党组织的支持和帮助下，成立成成中学师生抗日义勇队。全校师生以整体名义组建抗日义勇队，开了我国进步青年学生爱国抗日运动的先河，被誉为"抗战初期我国青年运动的一面旗帜"。成成中学师生抗日义勇队，不仅是我国进步青年学生保家卫国的楷模，而且也是中华民族抗日战争史上的一次创举。它成立的意义，不仅仅在于体现成成中学师生所具有的革命精神和爱国精神，更在于折射出知识分子投笔从戎的大局意识和爱国情怀。成成中学师生在转战晋西北、血沃大青山的革命征途中，用他们的革命行动诠释了他们无悔的人生选择，并用他们的血肉之躯捍卫了民族的生存和国家的尊严。

三　血沃大青山的英雄气概

中华民族"不但以刻苦耐劳著称于世，同时又是酷爱自由、富于革命传统的民族"①，"有同自己的敌人血战到底的气概，有在自力更生的基础上光复旧物的决心，有自立于世界民族之林的能力"②，毛泽东一语概括出了中华民族不畏强敌、视死如归的英雄气概。"天下兴亡，匹夫有责"，就是对这种英雄气概的高度概括。抗日战争期间，包括全国青年进步学生在内的无数仁人志士为了挽救民族危亡而献出了宝贵的生命。成成中学师生从1937年10月10日成立"成成中学师生抗日义勇队"之后，其革命历程为：1937年12月编入"战动总会"所属的"抗日游击四支

---

① 《毛泽东选集》第2卷，人民出版社1991年版，第623页。
② 《毛泽东选集》第1卷，人民出版社1991年版，第161页。

队"，1938 年配合八路军一二〇师转战大西北、血沃大青山，1941 年 12 月游击四支队改编为八路军一二〇师骑兵支队独立营（取消独立建制）。最小十三四岁，最大十八九岁，正处于人生大好年华的成成学生，从清源出发，长途跋涉来到大青山，创建大青山抗日游击根据地。面对异常恶劣的行军路程、危险丛生的实战场景、形势复杂的革命态势，成成中学师生用他们的智慧和意志战胜了种种困难，成功地到达了大青山地区，胜利完成了中央的军事部署。他们在创建和巩固大青山抗日游击根据地的过程中，战胜了常人难以忍受的困难：异常寒冷和贫瘠的地理环境与日、伪、顽三种势力相互交错的革命环境。他们三战三捷，在大青山地区顺利打开了工作局面，开辟了包括绥中、绥西、绥南在内的抗日游击根据地。他们实现了从书生向战士的转变，同样也付出了巨大的牺牲——武生意、杜松山、刘俊惨死在小灰壕村，王定洲献身运送物资到绥中的途中，梁文成牺牲于日伪军的包围袭击中，宁德青积劳成疾病逝于工作岗位上，阎焕景、阎焕曜和阎焕春三兄弟战死在保卫抗日游击根据地的战斗中……但是，他们是幸运的——相对于那些无名烈士来说，至少我们还能说出他们的名字，知道他们献身革命的事迹；他们是幸福的，因为他们把安宁留给了我们，他们的形象永远活在我们的心中；他们更是伟大的，他们用年轻的生命捍卫了民族的尊严，他们用一己的付出成就了共和国美好的明天！烈士们走了，奉献了生命；战士们回来了，带来了胜利的消息，也带来了生命的沉重——他们的记忆中永远有挥不去的痛……

四　知识分子与工农群众相结合的革命范例

"在中国的民主革命运动中，知识分子是首先觉悟的成分。辛亥革命和五四运动都明显地表现了这一点，而五四运动时期的知识分子则比辛亥革命时期的知识分子更广大和更觉悟。然而知识分子如果不和工农群众相结合，则将一事无成。革命的或不革命的或反革命的知识分子的最后的分界，看其是否愿意并且实行和工农群众相结合。"① 如果说"延安的青年运动是全国青年运动的模范"②，那么成成中学师生抗日游击队则是抗日战争时期知识分子与工农群众相结合的革命范例。成成中学师生在配合八路军大青山支队创建大青山抗日游击根据地的过程中，积极开展群众工作，宣传党的抗日主张和民族政策，动员群众支援抗战，帮助建立区、乡、村级抗日政权和青年抗日救国会、妇女抗日救国会等群众组织，协助筹集军需物资，扩充新兵补充部队。他们在长期的工作中，与大青山地区民众建立了深厚的友谊。王恒（王达仁）同志生病后，被一位68岁的赵大娘接到家养病，赵大娘把他当儿子一样看待，想着法儿给他好吃的。听说日军要"扫荡"，老大娘把他隐蔽到山洞里，让8岁的小孙女送水送饭。由于她们祖孙二人的精心照料，王恒从重病中脱险。与王恒类似的故事还有很多，他们遇到的不仅仅是好心人而是自己的"父母"，同样也正因为成成学生像儿子一样为大青山的父母们抛头颅、洒热血，才会有如此血浓于水的"亲情关系"。对于成成师生来说，他们不仅要学会创建和维护根据地的革命工作，更需要在日常的革命工作中用自己的细心、耐心，走乡串村，实现各民族的团结抗战，维护抗日民族统一战线大业；不仅要适应角色的转变，更需要在日常的革命工作中运用自己的智慧，最大限度地调动各民族的抗日积极性；不仅要学会做战士，更需要学会做人民的儿子，处处为人民利益着想，为大青山地区的父母呕心沥血。最小十三四岁，最大十八九岁，成成学生奉献的不仅仅是青春和生命，更是青年知识分子的担当和勇气。大地用它的厚重托起了巍

---

① 《毛泽东选集》第2卷，人民出版社1991年版，第559页。
② 同上书，第568页。

巍大青山，大青山见证了成成师生维护抗日民族统一战线大业的革命伟绩！青山永在，精神长存！

第二节　"成成精神"的历史意义

"成成精神"的历史意义就在于考察其在同时期社会发展历程中的地位，在于分析其对于当时社会所产生的实际影响。通过对成成中学师生抗日革命事迹的深入分析，我们发现其在以下四个方面对推动进步青年积极参加抗日活动及促进山西抗日革命的蓬勃发展，具有十分重要的引领作用。

一　举校从军，组建游击队，首创中学师生抗日救国模式

"五四"运动后，马克思主义在山西广泛传播，1921 年 5 月，在高君宇的组织和指导下，以山西省立第一中学学生王振翼、贺昌（贺其颖）为首的十余名青年学生在省立一中校内主持开会，正式成立太原社会主义青年团，并推举王振翼任组长［省立一中学生傅懋恭（彭真）于 1923 年加入团组织，在 1925 年春任太原团地委书记］。太原社会主义青年团从成立之日起，就把继承"五四"光荣传统，提倡科学、民主，反对北洋军阀，反对帝国主义，努力宣传马列主义当作其主要任务。《平民周刊》（1918 年由王振翼创办，以"抱定为人民奋斗"为宗旨）成为太原社会主义青年团的团刊，团成员和进步学生还共同集股在太原市桥头街开设了公开出售马列主义书刊的"晋华书社"。1923 年 8 月，中国社会主义青年团第二次全国代表大会给予太原团组织高度评价："太原团是唯一与中央有密切关系的地方团，此点值得大家赞许。与工人运动亦颇努力。"由于太原尚未建立党的组织，太原社会主义青年团倡行中国共产党的主张，在山西成为组织发动工人运动、学生运动的核心。1922 年 6 月，太原社会主义

青年团在太原大国民印刷厂发动了以提高工人工资和实行八小时工作制为目标的罢工运动，并在斗争中建立了山西省第一个工人团支部。同样，为了传播真理，唤醒民众，太原社会主义青年团组织举办了两所小学。在"五四"运动以后，山西省立第一中学成为太原学生运动的中心。诚如我党的老一辈无产阶级革命家彭真同志所述："山西省立第一中学，是山西共产主义启蒙运动和共产党共（社）青团当时活动的基地。我和山西有些老同志是在那里受到共产主义启蒙教育的。"[①]

太原成成中学就是"五四"运动以后，在中国知识分子兴起办学热潮之际，由北平师范大学晋籍毕业生创办的一所私立学校。太原成成中学从创办之初，就以"自力勤俭、学业精良、注重觉悟、想民为国"而著称。20世纪20年代末就有中共党员在校活动，以后逐年有所发展。从"九一八"到"七七"事变，中共地下党员和革命分子刘墉如、焦国鼐、武新宇、萧政卿、刘丹顿、杜心源、张衡宇等人陆续来校任教后，在中共北方局、山西省工委、太原市委的领导下同各兄弟院校一起积极参加和组织了学生抗日救亡运动。在太原成成中学建立或设置分支的，并成为成成师生参加、探索救国救民之路的抗日组织有二三十个，黎明社、曦光社、前夜社、社联、左联、红军之友社、十月读书会、战旗社、血旌社等就是其中的代表。特别是在1927年以后，山西各地党团组织连续遭到严重破坏，中共山西省委和团山西省委将工作重点转移到农村。山西省立第一中学成为当时国民政府"清党""清校"的重点，中共山西临时省委的领导人、省立一中学生王瀛、邓国栋、王铭，先后被通缉、壮烈牺牲。为了保护省立一中的广大学生，更有利地与敌人做殊死的斗争，党领导的太原学生运动中心由一中转移到国民师范，

---

① 刘玉太：《彭真：山西党组织的重要创建者》，《支部建设》2001年第11期。

国民师范成为山西学生运动的中心。在大力提倡职业教育的形势下，1933 年南京国民政府教育部令国民师范改为职业学校，太原国民师范学校于 1934 年开始招收职业班，1936 年改为"山西省立太原初级工业职业学校"，国师正式停办。太原成成中学虽然屡遭当局的镇压，但是成成中学的地下斗争一直坚持了阵地，最终使成成中学成为在阎锡山统治下唯一的由中国共产党掌握了领导权的一个学校，成为继山西省立第一中学、太原国民师范学校之后太原学生爱国运动的中坚和党在太原的一块坚固阵地。成成中学不仅培养了大批革命干部，掩护过中共北方局、中共山西省委、中共太原市（工）委的一些党的领导干部；而且诞生了当时山西省的"三个第一"：第一教师队伍中有了共产党员、第一个共产党员出任学校校长、第一个成立中共地下党支部。

　　1937 年秋太原危急，地处太原的各大中学校为安全起见，纷纷南迁。山西大学由临汾到了陕西，太原师范到了介休，女师到了榆次，新民中学到了洪洞。当抗日战争进入相持阶段以后，一些学校陆续在外复校，如山西大学在陕西三原、进山中学在隰县、平民中学在陕西城固、并州中学在西安、新民中学在四川望山、友仁中学在四川江津等。成成中学于 1937 年 8 月迁校到清源县（今清徐县）城内，并于 9 月 24 日正式开学。随着各大中学校迁离太原，大中学校学生的抗日救亡活动也从城市抗日活动的第一线转向各个地方抗日活动前线，抗日救亡活动的形式也从公开的宣传活动向其他的多种形式的活动转变。1937 年，成成中学（太原校址）成为中共北方局、八路军驻晋办事处、中共山西工委的办公地点，周恩来、刘少奇、朱德、邓小平、杨尚昆、彭真、彭德怀、张友清等领导人在此居住和工作，当时的成成中学已成为中国共产党北方抗日战争的前线指挥部。

　　成成中学校长刘墉如、教务主任杜心源、训育主任焦国鼐等同志积极倡导，经过教师中党员、"教联""社联"成员和学生中的党员分别在教师和学生中发动，以及当时山西青年抗战决死队和全国抗战形势的影响，全校师生员工在一律自愿原则的基础之上组成"成成中学师生抗日义勇队"。在彭真、杨尚昆、彭雪枫、程子华、林枫等同志的亲切关怀和大力支持下，并经周恩来的批准于 1937 年 10 月 10 日正式组成"成成中学师生抗日游击队"。"成成中学师生抗日游击队"是在特殊历史条件下，由中学师生组成的一个抗日救国性质的抗日组织，"是中国青年知识分子在民族危亡中'投笔从戎'的好榜样"①，"是抗日战争中我国青年运动的一面旗帜"②，"这在全国来说是一个罕见的范例"③。成成中学师生抗日游击队是由一所地处我国内地且较不发达的省份——山西，并处于阎锡山统治下的私立学校——太原成成中学，是一种新型的中学抗日活动组织。成成中学师生抗日游击队的成立，一方面体现了成成中学师生在我党的正确领导下对国内形势所做出的一种道路选择，另一方面其也为太原及其他城市的大中学校学生举行或参加抗日提供了模式；成成中学师生抗日游击队的成立，一方面体现了知识分子在国家危难之际所做出的一种人生选择，另一方面也为团结其他各行业的爱国人士一致抗日做出了示范；成成中学师生抗日游击队的成立，一方面体现了山西人民在民族危亡之际所做出的一种命运选择，另一方面也为全国各省人民联合抗日树立了榜样。

二　共赴国难，转战晋西北，创建大青山抗日游击根据地

大青山抗日游击根据地是晋绥边区的一个重要组成部分。而

---

① 中共山西省委党史研究室编：《战动总会简史》，文津出版社 1993 年版，第 322 页。

② 同上书，第 92 页。

③ 转引自余秋里等《武新宇同志的革命生涯》，《人民日报》1992 年 5 月 3 日。

晋绥边区既是"华北各抗日根据地的枢纽，是前后方的交通要道，是华北五大战略要地之一"[①]，同时也是"中国共产党利用战时环境动员农民、知识分子和地方士绅的试验场"[②]。在抗日战争期间，大青山地区对敌我双方都具有十分重要的战略地位。它是日本帝国主义在我国东北地区建立起伪"满洲国"之后，为推行其"蒙满政策"并进而建立伪"蒙古国"的中心地带。同样，它还是日本侵略者向我国大西北地区进军，并企图在我国西北地区建立伪"回回国"的后方基地，也是连接伪"满洲国"和伪"回回国"的中心枢纽。从当时整个抗战形势来看，如果日本侵略者控制大青山地区以后，北可形成对蒙古人民共和国与苏联发动全面军事进攻的前沿阵地，南可建立起侵略和吞并我国的后方基地，中可与察哈尔、河北等敌占区连为一体，对晋西北抗日根据地形成包围夹击之势，并进而可南渡黄河成为威胁陕甘宁边区的桥头堡。因此，形成、建立、巩固和发展我党在大青山地区的革命军事力量，对我国抗日战争大业和革命根据地建设具有十分重要的战略意义。它既对于我党打通抗日战争国际交通线，沟通与蒙古人民共和国和苏联的联系，也对于我党巩固和发展晋西北与晋察冀抗日根据地，维护整个晋绥地区抗日战争形势具有十分重要的作用。同样，它既有利于我党揭穿日本侵略者破坏蒙汉民族团结的阴谋，也有利于实现蒙汉民族团结而一致共同抗日。

成成中学师生抗日游击队在清源成立以后，因抗日战争形势变化而转战晋西北，在参加一二○师的一系列反击日军战斗中得到实战锻炼之后，被编为战动总会晋察绥边区工作委员会游击第

[①] 《战斗中成长的晋绥边区》（1944 年），载晋绥边区财政经济史编写组、山西省档案馆编《晋绥边区财政经济史资料选编》（总论篇），山西人民出版社 1986 年版，第 16 页。

[②] 冯崇义、古德曼编：《华北抗日根据地与社会生态》，当代中国出版社 1998 年版，第 193 页。

四支队，并决定与大青山支队一同挺进绥远敌占区，参加创建大青山抗日游击根据地。1937 年 11 月初，因山西抗日战争形式的变化，成成中学师生抗日游击队奉命向晋西山区进发。他们经过近一个月的艰难跋涉，从东圩村出发，途经交城县山区的磁窑沟、峪口村、东社、沙沟村，最后到达离石县的马茂庄村（第二战区民族革命战争战地总动员委员会驻地）。1937 年 12 月，成成中学师生抗日游击队奉命移防离石城郊的歧则沟村。在此期间，鉴于全国统一战线工作正向纵深方向发展，同样也为了更好地吸收和团结晋西北地区更多的有志抗日的爱国青年参加到抗日队伍中来，经上级党组织决定，将成成中学师生抗日游击队改编为第二战区民族革命战地总动员委员会抗日游击第四支队（简称为战总会四支队或略称为四支队）。整编之后，四支队奉命于 12 月 9 日移驻沙曲村、柳林镇一带，主要工作为配合战动总会派出的妇女工作团和战地服务团的工作。12 月 25 日，四支队又移驻中阳县属石溪村，主要任务是协助当地进行征兵工作。1938 年 1 月上旬，支队移驻离石县盛地村整训，其间支队设立了政治机关，建立了政治制度，开展了群众工作，支队中一些教师和学生因革命需要调离支队。1938 年 2 月，为了配合蒋介石的统一作战任务，四支队奉命从盛地村出发挺进晋西北，参加一二〇师主力部队收复晋西北七县城的战斗。支队经过侦察五寨城、河湾战斗、麻会沟伏击，取得了出征以来的第一次胜利。同年 3 月，四支队参加了一二〇师庆祝收复晋西北七县城的庆祝大会，紧接着因山西革命形势的需要而改编为山西保安二区游击第四支队。在此后的四个月中，四支队先后在岢岚、偏关等地担负城防任务，同时训练部队、扩大兵员，开展统战工作和地方群众工作。7 月中旬，四支队改编为战动总会晋察绥边区工作委员会游击第四支队，并决定与大青山支队一起挺进绥远敌占区，创建大青山抗日游击根据地。

成成中学师生同大青山支队一起开辟与创建大青山抗日游击根据地的绥中、绥西、绥南地区,并在发展和坚持大青山抗日游击根据地直至大青山抗日游击战争胜利的革命活动中发挥了知识分子应有的重要作用。大青山抗日游击根据地是在党中央和毛泽东的直接领导下,经八路军总部和一二〇师共同协商、讨论而做出的重大战略决策。党中央、毛泽东从1938年3月30日"询问能否沿大青山脉创立一游牧性质的骑兵支队"开始,至1938年6月15日发出"向大青山出动部队之指示",在两个多月的时间里做出创建大青山抗日游击根据地的战略决策,并对创建大青山抗日游击根据地的方针、政策做了明确的指示和部署。一二〇师党委根据党中央和毛泽东的战略决策及一系列指示和1938年7月15日朱德总司令下达的进军大青山的命令,决定由一二〇师三五八旅七一五团和师直骑兵营一个连,组成大青山支队,会同战动总会晋察绥边区工作委员会部分工作人员和四支队,共计2300多人,一同挺进绥远敌占区,参加创建大青山抗日游击根据地。从1938年8月至1938年底,四支队同大青山支队一起,在东起灰腾梁,西到包头、固阳,南至黄河、长城,北到达尔罕、茂明安、四子王旗的范围之内,创建了包括绥中、绥西、绥南在内的抗日游击根据地。此后,至1945年9月抗日战争胜利结束期间,四支队队员在大青山抗日游击根据地发展的各个阶段,都以满腔的热血和坚忍不拔的意志忍受着艰难困苦与流血牺牲,将自己的热血洒在了大青山抗日游击根据地的每个角落,用青春、热血和生命谱写了一曲抗日战争史上动人的诗篇。

三 宣传抗日,配合动委会,维护抗日民族统一战线大业

成成中学迁校清源后,按照中共太原市委的指示精神,通过全校师生中的党员和积极分子来带动其他师生进行抗日救国活

动。成成中学学生救国会通过与清源县救国会合作，利用开办夜校的方式，向城乡青年宣讲中共中央的抗日民族统一战线政策。与此同时，他们还与清源县牺盟会紧密合作，成立了"清源县学生联合救国会""清源县城关教职员救国联合会""清源县妇女救国会"等一系列抗日救亡活动组织。此外，成成中学师生抗日救国活动还随着抗日战争形势变化而变化，从县城内发展到距县城5—20里的无梁殿、六合、马峪、吴村、孔村、屠沟等乡村。他们一方面向当地农民宣讲爱国救国的革命道理，增强民众抗战卫国意识；另一方面组织农村小学教师、学生和乡村知识分子，学习抗日革命知识、练唱抗日革命歌曲。成成中学师生在校内外的抗日救亡宣传活动不仅使当地农民认识到了抗日救国的重要性，激发了乡村知识青年和农民参加牺盟会和农民自卫武装的主动性和积极性，同样也使自身在宣传抗日活动中得到了锻炼，增强了抗日救国的革命意识和必胜信念。在成成中学师生抗日义勇队由清源出发向大青山进军的途中，成成中学师生利用一切机会进行抗日救亡宣传活动。一方面，他们利用自身所掌握的抗日知识，通过各种形式的抗日宣传活动，向当地乡村农民宣传抗日救国的革命道理，并配合动委会在县、区两级建立抗日民主政府、动委会和各种类型的群众抗日团体。另一方面，他们还通过与国民党友军接触的机会，宣传抗日民族统一战线政策及团结抗战的重要意义，增强了国民党官兵抗战到底的信念。在四支队挺进大青山的过程中，他们工作的重点主要是保障全体人员胜利完成行军任务，沿途利用一切有利时机开展群众工作，宣传抗日，密切军民关系。

在四支队挺进大青山后，成成中学师生主要是支持和配合动委会在绥中、绥西、绥南开展抗日宣传和动员工作，为大青山抗日游击根据地的开辟和发展提供了人力、物力和财力基础。动委会在绥远地区建立和维护抗日民族统一战线，既是落实中共中央关于在绥察地区建立广泛的抗日民族统一战线的需要，同样也是开辟和发展大青山抗日游击根据地的需要。第二战区民族革命战争战地总动员委员会（简称"战动总会"，县级称"战动会"，历史资料一般称"动委会"）在八路军一二〇师组建大青山支队并准备挺进大青山时，就在岢岚县组建了第二战区民族革命战争战地总动员委员会晋察绥边区工作委员会（简称总动委会），决定随八路军大青山支队和四支队挺进绥远敌占区开展抗日政治动员工作。四支队以独立建制的形式，主要参与了大青山抗日游击根据地开辟和发展时期的抗日统一战线工作。

在大青山抗日游击根据地开辟时期（1938年4—12月），四支队分别在绥中、绥西、绥南配合动委会开展抗日民族统一战线工作。在绥中，四支队三连和四连配合战动总会晋察绥边区工作委员会，在大滩、西河子、五塔背一带开展群众工作，宣传抗日救亡，发动与组织群众支援八路军，号召各族各阶层"有钱出钱，有力出力"，并在大滩成立起第一个区动委会。在大青山支队进入乌兰花镇之后，四支队配合战动总会通过出布告、贴标语等方式，宣传中国共产党和八路军抗日的基本主张，并通过召开群众大会和民运小组入户宣传等活动，向当地各族各阶层人士详细宣讲中国共产党关于联合各民族各阶层各党派共同抗日，组建抗日民族统一战线的方针和政策。四支队还召集被俘伪军官兵阐明我党的抗日政策和优待俘虏政策，并向他们仔细说明自己人不打自己人、团结抗日的主张。在绥西，四支队开展群众工作，宣传抗日，动员群众，支援抗日游击战争，成立了绥西动委会，并建立各级动委会，先后在绥西游击区成立了区、乡、村三级动委会。他们还成立了平川工作队，广泛开展群众工作，宣传、动员蒙汉各族人民奋起抗日，并在动员群众的基础上组织了动委会以及救国会等群众抗日团体；并加强对绥西地区国民党"绥远民众抗日自卫军"第八路军的统一战线工作，宣传八路军抗日主张，启发"自卫军"官兵的抗日热情。此外，还注重对被俘伪军的争取教育工作，以争取伪军中立及团结一切可以团结的力量抗日。在绥南，四支队二连和动委会在广泛发动群众支援游击战争的基础之上，打击对群众危害较大的土匪，解救被土匪抢走的群众财物和部分妇女。此外，针对绥南地区的地形特点和战争的需要，组建了绥南骑兵支队，较好地保护了大青山与晋西北抗日根据地之间的交通路线，为八路军向绥南的平原地区开展工作提供了便利。

在大青山抗日游击根据地发展时期（1939年1月—1941年12月），四支队主要根据《中共中央关于绥蒙工作的决定》和《中共中央关于绥远敌占区工作的决定》的指示精神，配合动委会从多个方面开展抗日统一战线工作。从1939年初到1942年，日军在华北地区陆续推行过五次所谓"治安强化运动"之后，又发动了四次"施政跃进运动"，以加强其在伪"蒙疆"的统治。日军在"扫荡"或突袭时，往往实行杀光、烧光、抢光的"三光"政策，大造无人区。但是，四支队全体指战员，始终坚持军民鱼水情的传统，苦口婆心动员群众回村，帮助他们重建家园。虽然对敌斗争进入了一个异常艰苦困难的时期，但是八路军在根据地、游击区、敌占区的群众工作、公开工作和隐蔽工作的配合等方面取得了新的进展：第一，党政军民的各级领导机关都加强了对全体人员的形势教育和前途教育；第二，以根据地为依托，突破敌人的军事封锁，向东、向南扩大游击活动范围，深入敌后之敌后，逼近敌占区铁路附近村庄开展工作；第三，把工作扩展到过去活动较少的游击区，组织群众抗日斗争，把与根据地接壤的村落，扩大为解放区；第四，部队插入敌占区，在秘密工作已有基础的地段协同地方政府和游击队开展除奸斗争，争取已表现动摇的投敌分子。

从1942年到1945年，大青山抗日游击根据地的抗战形势也同全国抗战形势一样，历经了从极端困难时期向全面反攻时期的过渡。在1942年四支队作为一个独立建制被撤销之后，四支队部分留守大青山抗日游击根据地的队员，在极端困难的条件下，依然坚持在大青山抗日战争的第一线，深入敌后开展群众工作和统战工作，并积极加强与大青山地区各类爱国人士之间的联系，从而为大青山地区战略反攻和抗日战争的最后胜利积蓄了力量。

四 委身敌后，承担新使命，献身各级各类抗日民族活动

党的知识分子政策是关乎中国革命成败的一个重要政策，在加强党的建设、军队的建设以及革命根据地建设的过程中，发挥了巨大的历史作用。"工农没有革命知识分子的帮忙是不会提高自己的，工农没有知识分子不能治国、治党、治军。"[1] 我党在成立初期就十分注重保护、尊重和优待知识分子，尤其是在抗日战争爆发以后，针对知识分子纷纷投身抗日洪流，并逐渐成为巩固和发展抗日民族统一战线和抗日根据地的重要力量的背景下，我党发出了尊重知识分子和吸收知识分子抗日的政策号召。"广大青年知识分子的最大多数在社会出身上来说均为小资产阶级，他们是新文化运动的最先响应者，是新文化运动深入到群众中去的桥梁"[2]，"数十年来，中国已出现了一个很大的知识分子和青年学生群。在这一群人中间，除去一部分接近帝国主义和大资产阶级并为其服务而反对民众的知识分子之外，一般的是受帝国主义、封建主义和大资产阶级的压迫，遭受着失业和失学的威胁。因此，他们有很大的革命性。他们或多或少地有了资本主义的科学常识，富于政治感，他们在现阶段的中国革命中常常起着先锋

---

[1] 毛泽东：《反投降纲领》，载《中国现代史资料选辑第五册补编》（1937—1945），中国人民大学出版社1986年版，第86页。

[2] 张闻天：《抗战以来中华民族的新文化与今后任务》，载《张闻天选集》（第三卷），中共党史出版社1994年版，第361页。

和桥梁作用"①。因此，"没有知识分子的参加，革命的胜利是不可能的"②。

　　成成中学师生的抗日救亡运动一直就是在党的领导、支持和关心下开展的。在成成中学从地下斗争到抗日战场的时代转型过程中，我党一直在遵循和落实关于保护、尊重和优待知识分子的政策。在成成中学组建抗日救亡组织之前，林枫（1934 年在成成中学任教工作）与校长刘墉如在交谈过程中就曾指出，成成中学师生的反帝爱国运动要"隐蔽一些，千方百计掩护教师和学生，特别注意不暴露自己"；在成成中学组建抗日救亡组织的过程中，当时北方局的领导干部（如杨尚昆、林枫、彭真、程子华）就十分重视成成中学师生抗日武装的政治影响，肯定其对于吸引太原市各校和山西各地有志抗日的青年和学生积极参加抗日活动的社会价值，并向周恩来报告了成成中学师生设想组建抗日武装的意见。周恩来在深入研究北方局的意见报告及亲身感受成成中学师生抗日革命活动热情的基础之上，代表党中央批准了成成中学拟组建抗日武装的计划和报告。同样，为了更好地支持和保护成成中学师生，当时的北方局还有针对性地采取了一系列保护措施：通过山西省工委委派参与领导过"一二·九"运动的郭明秋（女）到成成中学专门负责学生中党的工作；通过"八办"介绍杜心源、王仁山两位教师到战动总会游击干部训练班学习军事知识；通过山西省工委布置在太原各中等学校的党员教师，相机秘密介绍有志抗日的进步学生来成成中学准备参加抗日武装，等等。在成成中学迁校清源后，彭雪枫亲切接见了成成中学全体师生，并结合抗战形势向成成中学师生强调了武装斗争的重要性和必要性。在彭雪枫的建议下，北方局委派具有丰富学生运动经

---

① 《毛泽东选集》第 2 卷，人民出版社 1991 年版，第 641 页。
② 同上书，第 559 页。

验的曹振之（接替郭明秋）来成成中学做学生的工作，与此同时战动总会武装部长程子华委派具有丰富军事工作经验的冯厚福同志来成成中学从事军事工作。在成成中学组建抗日救亡组织以后，南汉宸、程子华等先后来成成中学指导工作，一如既往地关心成成中学师生的生活和工作情况。

在成成中学师生抗日游击队挺进大青山及参与大青山抗日游击根据地建设的过程中，八路军大青山支队（简称李支队）同样重视成成中学师生在宣传抗日与维护抗日民族统一战线及组建抗日根据地中的重要作用。在盛地村军政训练期间，一二〇师贺龙师长在与刘墉如队长交谈时就曾表示，希望四支队的师生们能成为一二〇师的一个干部教导队，发挥知识分子在部队建设过程中的指导作用。在此期间，上级党组织鉴于在新形势下需要大批干部的情况，从四支队调出部分原成成中学教师，如杜心源、焦国鼐、王仁山、武汝扬、温宗祯、刘静山和一位姓张的老师等人，被分配到晋西北地区担负了党的或抗日民主政权中的工作。同时调去战动总会的学生有杨旺盛（杨新，支队三班班长）、师海云（五班班长）、张进仁（二班班长）、郑培、袁长洲（袁方）、高润年、连光远、罗勉斋、李景文、张耀，他们被分配到新组成的战动总会柳林工作团工作；将张瑞芝、冯耀、安振声、郭涛、张宝堂等人调去延安学习。在挺进大青山建立抗日游击根据地后，为了进一步发挥知识分子在部队建设中的作用，李井泉支队长在与四支队领导同志几次商谈之后，于1939年3月前调出贺寿祺、朱志国、刘法权、赵树功、刘海青、曹顺、曹克泰等人到骑兵支队机关或连队担任参谋、文书、文化教员等职务。在此之前，张九如、吴凤岐、徐成栋和孙丕荣已于1938年12月被调整至七一五团三营做了文化教员。在中共绥远省委成立后，省委书记白如冰向全体干部传达了毛泽东《中国共产党在民族革命战争中的地位》的主要精神，并结合大青山抗日游击根据地的具体实践，依据文件中关于"干部政策"的指示精神，对四支队成成中学师生的工作进行了相应调整。宁德青、石国柱、刘伟、董理安、王维清、张万精、续谦、杨文江、秦赞贵、王恒、程世荣、王定洲、崔则温、曲养聪、任克定、王俊熙、田恩民、侯作桂、梁劲秀、阎百真、杨际升、张光仪、程元亮、张国靖、张汝云、王俊楼、吴春德、李逢春、王思谦等四支队人员，就是在这段时期被调整到其他工作岗位上发挥更大作用的。1940 年 4 月，四支队队长刘墉如调晋绥行政公署工作。1941 年 12 月 5 日，"因原四支队成成中学的师生绝大部分调赴大青山游击根据地党政系统和骑兵支队及所属各部队工作"，"晋西北军政委会电令将四支队改编为大青山骑兵支队独立营，下辖两个连，黄厚任营长兼政委"①。1942 年 3 月，遵循党中央精兵简政的方针，撤销了骑兵独立营营部，其原辖连队拨归骑兵支队司令部直接指挥。至此，四支队作为一个独立建制单位已不存在。

四支队大部分成成中学师生在调赴新的工作岗位之后，充分利用自身优势在维护和巩固大青山抗日游击根据的工作中起到了重要的作用。他们当中有的长期隐蔽在农村，化装成农民，与农民同吃、同住、同劳动，并利用一切机会宣传抗日救国道理以唤起农民觉悟；有的扮成货郎商贩，在走村串乡的过程中，了解民情、宣传抗日、收集情报；有的利用自身所掌握的知识化身为教师，在教堂和教友中间宣传党的抗日统一战线政策和民族宗教政策，以维护和扩大抗日民族统一战线；有的潜入敌伪内部，利用种种关系，以伪职的合法身份为掩护，在敌伪内部宣传抗日政策，在敌伪占领区群众中秘密发展革命力量。在他们中间较为典型（并有具体资料记载）的有：王恒在绥南担任中共归（绥）

---

① 《大青山抗日斗争史》编写组：《大青山抗日斗争史》，内蒙古人民出版社1985 年版，第 91 页。

凉（城）第五区区委书记，并通过种种努力建立了归凉五区区抗日民主政府；张万精在敌占区做地下工作十三年，顺利地完成了绥蒙党委交给他的工作任务；田恩民、侯作桂、梁劲秀、王定洲、崔则温、续谦等人在发展与建立大青山抗日游击根据地绥东工作区的过程中，做出了十分重要的贡献……总之，成成中学师生在党的正确指引下，置身工农群众之中，密切依靠人民群众，走与工农结合的道路，既提高了知识分子的政治修养，实现了自身世界观改造的同时，又找到了知识分子无产阶级革命化的正确道路，担负起了历史所赋予的重任，做出了不可磨灭的历史贡献。

第三节 "成成精神"的当代价值

当代中国正在发生着由传统社会向现代社会的转型，弘扬人的主体性就是社会转型中最为核心的内容。在社会转型过程中，如何培养公民人格，是衡量和评价社会转型是否取得突破性成功的关键环节。公民教育注重公民个人的人格独立以及权利与义务的统一。我国的公民教育与西方的公民教育有着明显的不同之处，我们决不能照抄或照搬西方的公民教育模式，而过分地突出和强调公民个体的独立和权利。尤其是自由主义公民只在乎个人的私欲和利益满足，而不顾公共的利益，个人容易成为"私己之民"。公民的"公"意，就在于具有公共理性、公共精神，参与公共生活和公共事务，为了公共利益和公共善的人。公民的"公"意，要求我们在进行学校教育时，更加突出和强调爱国主义的教育方向；在开展社会教育时，更加注重集体主义在公民教育中的作用。因此，由普通中学师生所形成的、在特殊年代造就的爱国主义精神——"成成精神"，对于通过学校教育和社会教育来培养公民之"公"意，就具有十分重要的实现指导意义。

一 学校教育：以爱国主义为导向，权利教育与责任教育并举，实现公民教育内在平衡

公民教育以培养时代公民为目标，公民权利与公民责任是当代公民教育的两个基本要素。然而，在当今学校教育过程中，未能对公民的公共精神形成足够的共识，从而使得整个公民教育失去了明确的方向。要培养公民应具有的公共精神，我们就必须在公民教育过程中继承和发扬爱国主义精神。因为，我们只有弘扬爱国主义精神，才能保证学校公民教育的正确方向；同样，我们只有发扬爱国主义精神，才能在学校公民教育实践真正实现权利教育与责任教育的内在平衡。

（一）爱国主义：学校公民教育的主旋律

爱国主义是中华民族的优良传统和精神支柱，是历经几千年巩固起来的对祖国的一种最深厚、最崇高的感情，这种感情集中表现为民族的自尊心、自信心和自豪感。而民族自尊心、自信心和自豪感的增强和提高，离不开学校公民教育过程中的爱国主义理论的传授。同样，培养有理想、有道德、有纪律、有文化的社会主义公民，继承和发扬中华民族的爱国主义传统和传统美德，是现今学校公民教育工作的核心内容。诚然，我们不可否认，爱国主义又是一个历史范畴，在不同时代、不同历史发展阶段，有着不同的社会基础、历史特点和具体要求。同样是正在接受中等教育的学生，在抗战时期爱国主义教育所面对的社会基础、历史特点和具体要求，同当代社会爱国主义教育所面临的主要任务截然不同。因此，我们只有从理论上深刻认识爱国主义的本质含义和时代特征，才能深刻理解和紧紧把握爱国主义教育的基本原则和指导方针，使爱国主义教育适应社会发展的需要，才能真正把理论和当代中国社会主义实践结合起来；也只有把爱国主义要求作为基本的道德要求，来规范青年学生的思想行为，才能使他们养成爱国主义的观念和行为习惯，树立正确的世界观、人生观和价值观。

成成中学师生为祖国的前途和命运勇于奉献自己一切的爱国主义情怀，是我们当今学校教育工作尤其是公民教育工作需要继承和发扬的优良传统。在学校德育工作中弘扬"天下兴亡，匹夫有责"的责任感和使命感，是弘扬中华民族伟大的爱国主义精神和传统美德的重要组成部分。在民族危难之际，站在爱国民主运动前列的进步青年学生，就是对"天下兴亡，匹夫有责"中华美德的最好诠释。在当今社会，学校公民教育工作过程中仍需培养学生的责任感和使命感，仍需要结合社会发展的具体实际，把其落实到学校公民教育工作的方方面面，以榜样的力量激励青年学生奋发进取，由此凝聚起学生对国家、民族的深厚感情，进而引导他们为国家的繁荣、民族的振兴而刻苦学习、努力奋斗。

成成中学教师在养成学生爱国主义精神的教育过程中起到了不可替代的作用。正是因为成成中学拥有像刘墉如、武新宇、焦国鼐、杜心源等一批具有爱国主义精神的教师队伍，才在中华民族危难时刻保证了学校教育工作的正确方向，为进步学生的成长提供了精神动力和智力支持。所以，在当代学校公民教育工作中，我们同样要把提高教师自身的爱国主义觉悟，作为一项重要工作长抓不懈。教师要在政治思想上做学生的表率，在不断提高自己的爱国主义觉悟的过程中，把个人发展与祖国需要统一起来，以自己的行为来影响和感染学生；教师要在自己的事业上做学生的榜样，在平凡的工作岗位上建功立业，以自己的事业成效来激发学生探索未知学科领域的热情和兴趣；教师更要在对学生的关爱和帮助中，促进学生全面发展，进而实现把学生培养成为社会主义建设者和接班人的培养目标。

（二）权利教育与责任教育并举，实现公民教育内在平衡

学校教育总的培养目标是让学生既"成人"又"成才"。正如陶行知先生曾指出，"先生不应该专教书，他的责任是教人做人；学生不应该专读书，他的责任是学习人生之道"[1]，教育首先应是"成人"的教育。这里的"成人"不同于儒家思想中的由"成己"到事功层面的"成人"，而专指自我修身方面的"成人"，即把学生教育成为一个真正的人——具有健全的身体、健康的心理、良好的行为习惯、远大的理想等。这里的"成人"同样又是区别于"成才"意义上的"成人"，而所谓的"成才"就是要教会学生学习、学会做事。因此，学校教育的应有之义就是要"格物、致知、诚意、正心"实现身修，达到"成才"与"成人"教育的完美统一。

学校教育达成"成才"与"成人"教育完美统一的培养目标，就是要培养时代所需的理想公民。公民教育不只是公民意识教育，而且是一种以培养公民完整素质为宗旨的新的教育形态。在以"义务本位"为价值取向的中国传统社会，突出强调义务，在一定程度上忽视了对公民权利的保护；而以"义"为本位的学校教育内容，更是把个体对社会和国家的道德义务和道德责任，通过具体知识的传授落实在每个个体的学习和生活之中。这种"义务本位"的教育价值取向形成了传统社会的"臣民文化"。"臣民文化"虽然在表面已经随着一种社会制度的结束而失去了其业已存在的基础，但是从深层次来看，在社会转型及教育转型的过程中，我们依然能够看到"臣民文化"的影子——个体权利意识淡薄、社会责任对个体自由的压制等。同样，它也形成了我们当今社会一种"责任优先"的公民教育理念。"责任优先"的公民教育理念仍坚持"义务至上"的伦理价值取向，仍注重个人

---

[1] 陶行知：《行知书信集》，安徽人民出版社 1981 年版，第 109 页。

对于国家、社会的责任和义务，在很大程度上忽略了个人正当的权利诉求。公民教育"事实上要求青少年学生无条件地认同既定的道德取向与道德规范……作为'受教育者'的学生可以说从未被真正视为具有独立人格的'主体'，从未被允许对各种道德取向进行自己的'选择'"①，过于强调把统一的责任伦理及其价值观传递或灌输给学生，忽略了个体的道德选择，进而对每个个体无形之中形成了道德强制和道德压迫，最终扼杀了公民权利与公民自由。

实质上讲，公民的权利和义务教育是不可分的，"社会通过培养使公民成为依法享有权利和履行义务的责权主体"②，培养权利的同时也在强调义务的重要性，是一种能够使公民权利和公民责任取得内在平衡的过程。这种内在平衡，既可以满足每个公民的权利诉求，又可以促进公民责任的积极履行。因此，"当人们被按照他们自己视为合适的方式行事的时候，他们也就必须被认为对其努力的结果负有责任"③。与此同时，"公民教育就是一种公民权利与公民责任获得内在平衡的教育，权利与责任形成统一性和交融性，权利同时也是责任，责任同时也是一种权利。在权利与责任的共通、交融中，当代公民教育可以更有效地塑造公民的权利意识和责任意识，更好地完成培育现代公民人格的目标和使命"④。而要实现公民权利和公民责任的内在平衡，就需要我们在学校教育过程中，将公民行为规范、公民知识、公民意

①　吴康宁：《教会选择：面向 21 世纪的我国学校道德教育的必由之路》，《华东师范大学学报》（教育科学版）1999 年第 3 期。

②　蓝维等：《公民教育：理论、历史与实践探索》，人民出版社 2007 年版，第 21 页。

③　[英] 弗里德利希·冯·哈耶克：《自由秩序原理》，邓正来译，生活·读书·新知三联书店 1997 年版，第 89 页。

④　叶飞：《"权利优先"抑或"责任优先"——对当代公民教育价值取向的反思》，《高等教育研究》2012 年第 3 期。

识、公民德行与公民参与能力等五个方面的内容，从低到高以螺旋式上升方式逐次进行。在具体教育过程中，我们要以学生主体的个性特征为根本出发点，在充分考虑不同年龄阶段学生身心发展规律的基础之上，分阶段、分层次地不断引导学生向更高目标迈进。与此同时，注重公民教育过程中知识与实践之间的紧密结合，并通过具体的公民教育实践，让学生在参与公民生活的过程中不断体验公民生活的真谛。"因为无论如何，只有直接的政治参与——明显具有公共性的活动——才是一个民主公民教育完全成功的形式"[1]，即"民主并不仅是一种政府组织形式，而更是一种一起生活的方式"[2]。学生只有在公民教育实践中，通过公民教育实践，才能真正领悟公民教育的实质；也只有在参与公民活动的过程中，才能通晓公民权利与责任教育并重对于实现公民教育的价值所在。

二 社会教育：以集体主义为旋律，强调公民责任，养成社会公德意识

《中国社会的困惑》一书中用"转型社会的国民生态危机"概括了我国社会公民思想道德存在诸如"物欲化倾向""粗俗化倾向""冷漠化倾向""无责任化倾向"等问题[3]，暴露了中国当代社会公民责任感教育的缺失，导致人的责任感下降，社会道德状况恶化，社会秩序在一定程度上也受到了威胁。因此，就我国当前现状而言，在培养公民权利意识的同时，坚持以社会主义社会核心价值观——集体主义为主旋律，养成社会公德意识，就成

---

① ［美］巴伯：《强势民主》，彭斌译，吉林人民出版社2006年版，第276页。

② ［英］帕特丽夏·怀特：《公民品德与公共教育》，朱红文译，教育科学出版社1998年版，第1页。

③ 邵道生：《中国社会的困惑》，社会科学文献出版社1996年版，第187—193页。

为解决我国转型社会中存在的国民生态危机的最佳途径。"当代中国社会转型过程中所出现的'公共领域'与'私人领域'分立，客观上使有关'公共事业'的使命、责任等问题被提到了重要议事日程，意味着必须重塑以'群体互惠与意义共享'为价值目标的自愿的'公民社会共同体'的生存信念，并将其作为一种理想的新制度价值理念选择"[①]。

（一）集体主义：公民教育的主旋律

中国的公民教育是伴随着封建制度的解体而出现的。从清朝末年的鸦片战争、中日甲午战争开始一直到日本全面侵华战争的爆发，抵御外敌、救亡图存就成为中华民族有识之士所面临的共同话题。"然则今日之中国，有国民乎，无国民乎，二十世纪之一大问题也。中国而有国民也，则二十世纪之中国，将气凌欧美，雄长地球，固可跷足而待也。中国无国民，则二十世纪之中国，将为牛为马为奴隶，所谓万劫不复者也。故得之则存，舍之则亡，存亡之机间不容发，国民之不可少也如是。"[②] 在如此背景之下，中国的公民教育从起初就不是以注重公民权利的伸张为主旨，而是以注重公民义务为根本。这种公民教育传统一直延续到新中国成立之后的很长时间。正如日本学者熊谷一乘所指出："民主主义和民族主义，作为现代国家的基本原理，构成了现代公民产生和现代公民崛起的契机。"[③] 个体公民身份地位的取得在很大程度上取决于整体的民族地位的取得。因此，我国的公民教育在伴随着民族独立地位逐步得以实现的同时，个体公民独立身份地位也随着纳入公民个人考虑的范围之内。

在成成中学师生集体参加抗日战争的年代，是在公民教育实

---

① 邓正来：《市民社会理论的研究》，中国政法大学出版社 2002 年版，第 4 页。
② 王忍之等：《辛亥革命前十年时论选集》（第一卷）（上），生活·读书·新知三联书店 1960 年版，第 74 页。
③ ［日］熊谷一乘：《公民科教育》，学问社 1992 年版，第 4 页。

践中国家本位主义的教育理念占绝对上风的年代，好公民就是"投身于大我之中，尽人生所应尽的责任"的人，否则"如果只谈人权，不尽己责，国家灭亡、民族灭亡，自己也就灭亡"①。这种以"牺牲小我"而维护"集体大我"的公民教育理论与教育实践，对于公民义务的重视程度远远高于对公民权利的重视程度。尤其是在现代公民教育由强调共同体公共善的"统"到关注公民多样化的利益需求的"分"的时代背景之下，以往我们的公民教育传统（尤其是在特殊历史年代所形成的历史传统）如何得以合理的继承和发扬，就成为摆在我们当今公民教育面前的一个亟待解决的问题。因此，公民教育过程中就面临着一个如何认识集体主义及倡导怎样的集体主义的问题。

集体主义是中国特色社会主义的核心价值观，同样也是中国公民教育的主旋律。中国特色社会主义是"既坚持了科学社会主义的基本原则，又根据我国实际和时代特征赋予其鲜明的中国特色"② 的社会主义。即："中国的特色社会主义，如果把科学社会主义作为自己的理论渊源，就必须坚持人的彻底解放与全面自由发展的核心价值观，坚持体现并服务于这个核心价值的核心价值观，即集体主义价值观。"③ 既然，集体主义价值观是社会主义的核心价值观，那么，我们在进行公民教育的过程中就应该坚持和发扬这种价值观。但是，我们也应该认识到，现今社会主义社会的集体主义价值观同抗日战争时期所倡导的国家本位主义，既有区别也存在一定的相互关联之处。我们在公民教育的过程中需要从中汲取积极成分的同时，更需要对现今社会的集体主义价

---

① 罗家伦：《写给青年》，中国人民大学出版社 2005 年版，第 118 页。
② 《十一届三中全会以来党和国家重要文献选编》，中共中央党校出版社 2008 年版，第 732 页。
③ 王中汝：《社会主义核心价值观：集体主义还是其他》，《社会主义研究》2010 年第 5 期。

值观有一个更为清晰的认识。

现阶段我们所倡导的集体主义，首先是以尊重个人为前提的集体主义。"任何集团（如阶级、国家）对个人都不应成为权威概念和外在压迫，个人决不能是无足轻重的工具或所谓'历史绞计'的牺牲品。"① 我们的集体主义固然反对个人利益至上的主张，但我们更反对由否定个人主义而导致对社会个体合理利益的否定，从而把社会主义社会的集体主义当成脱离社会和个人具体实际的道德说教和公文口号。实质上，从本质上来说，"个人和集体之间、个人利益和集体利益之间没有而且也不应当有不可调和的对立。……不应当有这种对立，是因为社会主义是撇不开个人利益的。只有社会主义社会才能给这种个人利益以最充分的满足。此外，社会主义社会是保护个人利益的唯一可靠的保证"②。其次是以平等为原则的集体主义。作为社会主义价值观的集体主义应以平等为原则，使个人的合法权益得到平等维护，以防止集体主义成为特殊集体谋求个人利益最大化的特殊工具，进而有效地杜绝集体主义有可能转变成为官僚主义和专制主义的工具的理论和实践倾向。同样，集体主义也只有以平等为原则，才可能既合理体现集体中的每个个体的合法利益，也才可能充分地彰显集体主义核心价值观的理论价值和实践作用。生活在社会主义社会中的每个独立的个体，只有切身感受到自身权益得到最大限度的保障，才能增强对社会的凝聚力和归属感，进而有效地发展和壮大集体利益。但是，我们也应该认识到，个人利益绝不是个人随意的利益需要，而是始终在特定时代的集体主义的框架之内得以实现和满足的，"只有在共同体中，个人才能获得全面发展其才能的手段，也就是说，只有在共同体中才可能有

---

① 李泽厚：《批判哲学的批判》，安徽文艺出版社 1994 年版，第 509 页。
② 《斯大林文集》，人民出版社 1985 年版，第 13 页。

个人的自由"①，集体主义才为个人价值定位的前提和基础。只有这样，在社会主义社会才可能避免集体利益与个人利益彼此冲突，才可能最大限度地保证个人的正当利益得到很好的实现。

（二）强调公民责任，养成社会公德意识

真正的公民身份得以实现，其背后有公民责任作为支撑。"责任是一切道德价值的泉源，合乎责任原则的行为虽不必然善良，但违反责任原则的行为却肯定都是邪恶"②，道德就是履行责任，具备较强公民身份认同的公民，其公民责任意识就较强，反之亦然。公民身份的外在表现就是公民责任，只有切实履行公民责任，其公民身份才可真正实现。"每个社会成员只有行使了公民责任和义务，才算是一个真正的公民。换言之，不行公民之职即不是公民。"③ 公民责任从本质上看，就是公民基于自由选择而必须承担的有利或不利的后果。社会的转型及传统社会的国家权力向社会本身的回归，使得"国家正在把原先由它独自承担的责任转移给公民社会，即各种私人部门和公民自愿性团体，后者正承担着越来越多的原先由国家承担的责任"④。这就要求在现代社会权利与自由高扬的时刻，更应该突出和强调公民责任。"自由与责任的这种关联性或互补性，意味着对自由的主张只能适用于那些被认为具有责任能力的人。"⑤

具体来说，公民责任包括公民的法律责任、政治责任、社会责任和参与责任。其中，法律责任主要是对违法行为的责任惩罚

---

① 《马克思恩格斯选集》第 1 卷，人民出版社 1995 年版，第 119 页。

② ［德］康德：《道德形而上学原理》，苗力田译，上海人民出版社 1986 年版，第 6 页。

③ 吴威威：《追求公共善：当代西方对公民责任的研究》，《唐都学刊》2007 年第 1 期。

④ 俞可平：《权利政治与公益政治》，社会科学文献出版社 2000 年版，第 112 页。

⑤ ［英］弗里德利希·冯·哈耶克：《自由秩序原理》，邓正来译，生活·读书·新知三联书店 1997 年版，第 85 页。

和对合法权利的保护；政治责任是指公民享有政治权利的范围和内容中的限定和界限；社会责任主要为公民行使其社会权利时应承担的一定的义务以及由此而产生的责任；参与责任为社会公民因拥有权力而须对社会或他人承担的责任。公民责任不是单向的要求公民应为社会单方面付出，而是享受自身所拥有的公民权利时必须承担的义务。"公民责任建设的重点和着力点在于：通过制度建设实现社会的自由、平等和正义，为公民责任建设营造一个良好的制度环境；通过政治文化建设和政治社会化增强公民对社会制度的普遍认同；积极创造条件保障公民依法行使公民权利，积极履行公民义务，培养公民的责任能力。"①

同样，公民教育中"责任话语"的提出并不是仅仅针对"权利话语"或"自由话语"而提出的，同样也不是它们的对立面。对于公民教育来说，"责任话语"与"权利话语"是一体两面，作为责任主体只有正确认识到权利与责任二者之间的关系，才能自觉主动地去履行应尽的责任，才能从内心深处接受社会给予的负担甚至是惩罚。在权利回归社会阶段，"要求政府把越来越多的原本属于社会和公民的权利归还给社会和公民，使公民拥有更多的参与权和选择权。随之而来的问题是政府权力下放后，在一定时期内形成的一个权力真空，需要公民自己去填补。公民能否依法正确地行使自己的权利，在很大程度上取决于公民是否具有良好的责任意识，因为责任是法律的生命。法律只有在广大公民权利意识、责任意识的滋润下，才能更好地发挥出其应有的效能。依法治国基本方略的贯彻实施，政府依法行政的具体落实，不仅需要规范和强化政府的责任意识，而且也需要所有公民切实负担起自己应负的社会责任"②。

---

① 陈道银：《公民责任建设与构建社会主义和谐社会》，《道德与文明》2008 年第 2 期。

② 周春明：《公民社会与公民责任》，《前线》2003 年第 11 期。

公德意识的孕育是塑造现代公民责任的先决条件。公民公德意识的增强，既可以提高公民的道德觉悟和道德境界，也可以促进公民道德行为习惯的养成，从而有利于责任公民的生成。同样，"正义原则的实践、法治体系的完善、公共生活的健康、公共权利的民主、个人权利的尊重都是公民权利的道德承担、社会责任感和追求公共生活的善以及公共道德行动的必要条件，而以上这些制度的伦理构建都依赖公民的基本德性"①。公德意识是社会公德的抽象，是公民对社会生活中公共道德规范的认同与自觉用以规范自己行为的社会意识。良好的社会公德意识对于维护社会生活的健康运转，起着十分重要的导向作用。在公民社会，"公民意识首先姓'公'，而不是姓'私'，它是在权力成为公共用品以及在政府与私人事务之间出现公共领域之后的产物"②，公共事务的关注以及投入，要求公民个人利益的追求应自觉以公共利益的实现为先决条件。而要实现社会的公共利益，形成国家主人翁责任感和正确的权利义务观，就需要社会中的每个公民养成社会公德意识。社会公德意识的养成，一方面需要依靠"外在培养"，即通过法律、制度及各种道德规范对每个公民进行强制性的引导；另一方面更需要每个公民"内在自修"，即通过自我教育，把法律、制度及规范内化为自觉的价值选择，并通过积极的自我道德践履来得以体现。通过"外在培养"与"内在自修"之间的相互作用，使每个公民在获得基本的社会公德知识的同时，在社会实践过程中切实承担起公民的责任，共同营造全社会的公共文化舆论，真正改变公民公德意识淡薄乃至错位的社会道德现状，使社会公德的营造真正落实到每一个社会公民的身上，

---

① 王啸：《全球化时代的中国公民教育》，福建教育出版社 2006 年版，第 105 页。

② 朱学勤：《"公民意识"：中国的困难与曲折》，载朱学勤《书斋里的革命：朱学勤文集》，长春出版社 1999 年版，第 363 页。

从而保证每个公民在追求个人幸福生活的同时又能切实维护社会公益。同样，其公民行为的自觉践行就是其公民身份的真正实现。

附录:

附录一　新中国成立前成成中学
教职员名单

职务	姓名	别名	籍贯	出生年份	任职时间	政治面貌	毕业院校
校董事会董事长	张崇儒	聘珍	榆次	1903 年	1924—1937 年	国民党党员	北平师范大学①
校董事会副董事长	张佩铭						
校长	萧静庵	萧澄	方山		1924 年 9 月—1932 年		北师大
	武新宇	汉三	阳高	1906 年	1932 年初—1933 年初	中共党员	北师大
	段丽卿	炎离	稷山		1933 年初—1933 年 5 月		北师大
	刘墉如	子崇	中阳	1905 年	1933 年 6 月—1937 年 10 月	中共党员	北师大
教务主任	张仲源		忻县		1924 年 9 月—1925 年冬		北师大
	张士心		忻县	1895 年	1925 年冬—1927 年夏		北师大

---

① 表格中的北平师范大学简称为北师大。

续表

职务	姓名	别名	籍贯	出生年份	任职时间	政治面貌	毕业院校
教务主任	高阅仙	步瀛	离石		1927 年初—1932年初		北师大
	武新宇	汉三	阳高	1906 年	1931 年秋—1932年初	中共党员	北师大
	刘丹顿	执德	崞县	1908 年	1932 年—1933 年夏	中共党员	北师大
	杜心源	崇仁	五台	1907 年	1933 年 10 月—1937 年 10 月	中共党员	北师大
	刘静山		离石	1909 年	1946 年 3 月—1948 年 6 月		北师大
教务员	常苏民		长治	1910 年	1931—1937 年		
	张德田	福兴	崞县	1904 年	1934 年—1937 年夏	中共党员	北师大
	刘益三						
	于春三						
	于体山						
	王家谟						
训育主任	张崇儒	聘珍	榆次	1903 年	1924 年—1931 初	国民党党员	北师大
	薄佑丞	毓相	定襄		1931 年—1932 年初	国民党党员	北师大
	刘墉如	子崇	中阳	1905 年	1932 年初—1932 年夏	中共党员	北师大
	王右章		清徐	1904 年	1932 年初—1934 年夏		北师大
	段丽卿	炎离	稷山		1930 年—1932 年初		北师大
	焦国鼐	筱宗	广灵	1909 年	1934 年秋—1937 年 10 月	中共党员	北师大

续表

职务	姓名	别名	籍贯	出生年份	任职时间	政治面貌	毕业院校
训育员	**焦国鼐**	筱宗	广灵	1909 年	1930—1934 年	中共党员	北师大
	狄景襄	承青	崞县	1908 年	1932—1933 年		北师大
事务主任	高阆仙	步瀛	离石		1924—1927 年		北师大
	狄景襄	承青	崞县	1908 年	1933—1934 年	教联	北师大
	栗儒珍		河北宣化		1932 年秋—1935 年底		北师大
事务员	杜汉山	春杰	五台				
	李实元	士元	离石				
数学教员	高阆仙	步瀛	离石		1924—1932 年		北师大
	杜茂堂						北师大
	高殿武		祁县				北师大
	董××						北师大
	王右章		清徐	1904 年	1931 年—1932 年冬		北师大
	刘墉如	子崇	中阳	1905 年	1930—1933 年	中共党员	北师大
	焦国鼐	筱宗	广灵	1909 年	1930—1937 年	中共党员	北师大
	李勇夫		崞县		1932—1937 年		北师大
英文教员	张志儒		忻县				北师大
	郭仲实	英尔					北师大
	张崇儒	聘珍	榆次	1903 年		国民党党员	北师大
	武新宇	汉三	阳高	1906 年	1931—1933 年	中共党员	北师大
	常喜鸿		徐沟		？—1936 年		北师大
	刘继武				1931—1933 年		英国爱丁堡大学
	董越千				1931 年—？		北师大
	李棣华		左权	1907 年	1931 年—1932 年夏		山西大学
	张德田	福兴	崞县	1904 年	1931 年—1937 年夏	中共党员	北师大
	张柏园	廷森	天津	1909 年	1933 年夏—1934 年夏	教联	北师大

职务	姓名	别名	籍贯	出生年份	任职时间	政治面貌	毕业院校
英文教员	杨志恒		河北		1933 年 7 月—1934 年 1 月		北师大
	李曙森		河北霸县	1910 年	1935 年—1936 年夏	中共党员	北师大
	阴纫斋	毓兰	沁县		1934—1937 年		燕京大学
	赵守仁		五台	1909 年	1935—1937 年	中共党员	北京大学
	高西林		霍县	1915 年	1937 年 9 月		
	刘丹顿	执德	崞县	1908 年	1932 年初—1932 年底	中共党员	北师大
	杨玉铨		左云		？—1936 年		北师大
德文教员	梁九思		河津		1931—1934 年		
语文教员	柳子卫				1924 年 9 月		
	张丽云	艾丁	安徽桐城	1910 年	1930—1934 年		山西教院
	郭玉吾		定襄				北师大
	林 枫	罗鸿	黑龙江望奎	1906 年	1934 年 2—6 月	中共党员	南开大学
	杜心源	崇仁	五台	1907 年	1932—1937 年	中共党员	北师大
	李撼声	廷涛	山东寿张		1935 年—1937 年夏	教联	北师大
	张樾如		平定				北师大
	郭绳武		平定	1913 年	1935 年夏—1937 年夏		北师大
	温宗祯	温良	崞县	1908 年	1935 年夏—1937 年夏		北师大
	常则青		榆次		1935—1936 年		北师大
	常爵五	列卿	汾阳	1909 年	1935 年—1937 年夏		北师大
	贺 凯		忻县	1913 年	？—1937 年夏		北师大

职务	姓名	别名	籍贯	出生年份	任职时间	政治面貌	毕业院校
历史地理教员	张培民		交城		1924 年 9 月—1934 年		北师大
	张迪生 *						北师大
	高静生		徐沟		1934 年—1937 年夏		北师大
	张衡宇		忻县	1908 年	1933 年春—1933 年 12 月	中共党员	北师大
	裴丽生	毓华	垣曲	1906 年	1936 年 9—12 月	中共党员	清华大学
	郝德青		平遥	1906 年	1935 年 1 月—1936 年 8 月	中共党员	北京大学
	萧政卿		忻县	1906 年	1931 年 9 月—1932 年 12 月	中共党员	北师大
	腾净东		吉林		1934 年 2 月—1936 年	中共党员	北师大
	狄景襄	承青	崞县	1908 年	1932 年 9 月—1934 年	教联	北师大
	席竹虚	尚谦			1934—1936 年	教联	北师大
	李一清		昔阳	1910 年	1935 年 2 月—1937 年 4 月	中共党员	清华大学
	孙迪民		辽宁		1932—1934 年	中共党员	北师大
	曹振之	盼之	河北束鹿	1915 年	1937 年 10 月	中共党员	北京大学
	张 冲						
化学教员	段丽卿	炎离	稷山				北师大
	董文立				?—1937 年 10 月		北京大学
	郭仁轩		交城	1902 年	1932 年 9 月—1936 年 7 月		北京大学

续表

职务	姓名	别名	籍贯	出生年份	任职时间	政治面貌	毕业院校
物理教员	王修生				1924 年 9 月—?		
	薄佑丞	毓相	定襄			国民党党员	北师大
	武汝扬		祁县	1912 年	1937 年 9—10 月		北师大
	焦国萧	筱宗	广灵	1909 年	1933 年 9 月—1937 年 10 月	中共党员	北师大
植物生物教员	李子祯		清源				
	姚长梓						
	郝左春		代县				北师大
	周龙高		定襄				北师大
	兰楚德	晋祥	大同		1934 年—?		日本长崎大学
公民教员	张通三						
	周新民						
	刘岱峰		盂县	1913 年	1935 年—1936 年冬	中共党员	北京大学
	宋劭文	时昌	太原	1910 年	1936 年 2—6 月	中共党员	
	杜千秋					中共党员	
	徐仲民				1935—1936 年		
体育教员	王仁山	安乐	灵丘	1904 年	1935 年—1937 年 10 月	中共党员	北师大
	张武成	济美	定襄		1928—1932 年		北师大
	郭全成						北师大
教课不祥	王公和						
	郭明秋		河北涿县	1917 年	1937 年 9—10 月	中共党员	
	吕义山		崞县	1911 年	1936—1937 年	中共党员	北京大学
	任弼绍	家骧	阳曲	1911 年	1933 年 8 月—?	中共党员	北师大
	伍伴年						

续表

职务	姓名	别名	籍贯	出生年份	任职时间	政治面貌	毕业院校
心理教员	宁德青	秉彝	稷山	1910 年	1935 年夏—1937 年 10 月		北师大
音乐教员	**常苏民**		长治	1910 年	1931 年 2 月—1937 年 6 月		
军事教官	张孝骞		崞县	1914 年	1935—1936 年		晋绥军官教导团
	郭宗武		灵丘		1936 年—1937 年夏		
	赵××		大同		1935—1936 年		
	孙定国		崞县		1936 年—1937 年夏		
	白 孝		大同		1936 年—1937 年 11 月		
校医	吕梦龄	望君	汾阳			中共党员	川至医专
	赵纪泽						
	孟友林						

说明：1. 教师名单列表中，名字加粗者（如：**刘墉如**）为 1937 年投笔从戎，参加"成成中学抗日义勇队""成成中学师生抗日游击队""战动总会游击四支队""大青山骑兵支队"抗日活动者。

2. 裴丽生，1936 年在成成中学任教，1937 年投笔从戎；郭明秋，1937 年成成中学教师，党支部书记，转战全国战场，为抗日战争、解放战争做出了不朽的功绩；李棣华，1931—1932 年成成中学教师，抗战期间在晋东南专署工作。

附录二 "七七"事变前太原成成中学师生中共党员和党的外围组织成员统计表①

组织名称		参加人数（人）	小计（人）
中国共产党	成中教师	20	59
	成中学生	39	
党的外围组织	教联	12	103
	社联	18	
	左联	1	
	中国共产主义青年团	14	
	中华民族武装自卫委员会	14	
	抗日反帝同盟会	1	
	红色互济会	1	
	反蒋救国会	3	
	抗日反帝大同盟	1	
	赤色革命者生活团	2	
	红军之友社	1	
	中华民族解放先锋队（民先队）	23	
	山西牺牲救国同盟会（牺盟会）	12	
组织成员统计		总计	162

① 表格来自《成成中学和成成学院》（第一和第三部分）和《成成中学——从地下斗争到抗日战场》。

成成记忆：一个被称作为红色中学的地方

说明：1. 此表根据征集到的史料，按中共党员和十三个党的外围组织成员登记表整理。

2. 凡在成成中学任教教师是"七七"事变以前的中共党员均列入此表。

3. "七七"事变前，成成中学有民先队员150余人，牺盟会员不超过100人。此表是按征集史料统计的。

4. 成成中学的学生党员和已经离校在社会上无正式职业者或被捕入狱在狱中参加党和党的外围组织的成员均列此表。

5. 1936年11月，成成中学成立了中共学生党支部，但师生中大部分中共党员的组织关系仍在校外，不与这个支部发生组织关系。

成成中学师生中共党组织及外围组织成立情况一览

组织名称	成立时间	情况介绍
中共教师党支部	1937年初	①成成中学教师大革命前后加入者为：武新宇、刘墉如、杜心源、萧政卿、张衡宇、郝德青、刘丹顿。②1937年初，成成中学中共教师党支部成立，刘墉如任书记，杜心源、赵守封任支委。③1937年2月，中共北方局负责人之一彭真以图书管理员的名义在成成中学秘密领导山西党的工作。④1937年"七七"事变前，焦国鼐、王仁山入党。⑤1937年，北方局干部郭明秋（女）到成成中学任支部书记［山西省委（工委改为省委）决定在成成中学设党的专职干部］。1937年9月，因郭明秋身体原因，又派曹振之接替其工作。⑥10月，学生中的进步分子阎必振（阎百真）、阎焕景、张国靖、阎时政（沙丁）、杨继升、杨旺盛（新）、张宝堂、田恩民、武生意、董理安等10位同志加入中国共产党
中共学生党支部的情况，参见附录三《成成中学学生参与组织活动一览表》		
中国左翼文化界（"文总"）	1932年春	①1932年春，山西省"文总""教联""左联""社联"在成成中学武新宇校长的办公室成立。②不久又成立"文总党团"，刘丹顿任首届文总党团书记，武新宇为教联书记，杜连秀为社联书记（1933年夏，杜连秀被捕后社联书记由任弼绍担任），王书良为左联书记。③"文总"领导后三个组织
中国左翼教育工作者（"教联"）	1932年春	①刘丹顿、武新宇、刘墉如、狄景襄（由社联转入教联）、焦国鼐为主要成员。②成成中学的"教联"成立较早，从1932年成立至1937年10月抗战开始后党支部代替教联之前，成成中学教联活动一直持续。③市"教联"成立后的工作主要有两项：一是发动并领导了驱逐第一师范校长黄丽泉的斗争；二是全力保持成成中学这块阵地

续表

组织名称	成立时间	情况介绍
中国左翼作家联盟（"左联"），没有查找到具体的活动情况资料		
中国社会科学家联盟（"社联"），参见附录三《成成中学学生参与组织活动一览表》		
抗日反帝同盟会、抗日反帝大同盟、共产主义青年团、中华民族抗日武装自卫委员会、红色互济会等情况，参见附录三《成成中学学生参与组织活动一览表》		

附录三　成成中学学生参与组织活动一览表

时间	名称	参与者	主要情况	备注
1925 年 5 月 18 日	反房税斗争	中共太原支部领导大中学校学生参加		太原市学生联合反阎斗争的起点
1925 年	声援上海"五卅"反帝斗争活动	太原市学联发动	太原成立了以市学联为骨干包括各界人士的"沪案后援会"	太原市"沪案后援会"后改名为"雪耻会"
1927 年 2 月至 7 月	中共党支部	李维清（书记）、刘玉、吕调元		刘玉于 1928 年被捕；吕调元系静乐县人，1925 年考入成成中学，1928 年加入中国共产党，1929 年考入北平朝阳大学政治系20 世纪 30 年代初，成成中学的学生党员有：裴鸿昌、李延年、旬兆瑞（李嘉森）、冀春寿
1927 年 5 月 9 日			在国民师范参加李大钊同志追悼会	

续表

时间	名称	参与者	主要情况	备注
1931年12月初	山西省学生抗日救国联合会		12月12日，学联代表30余人到省政府请愿；13日上午，请愿、游行，捣毁省教育厅和属于国民党系统的民国报社，砸了教育厅长苗培成的公馆；18日，前往国民党山西省党部请愿	12月18日党部纠察队打死进山中学学生穆光政，重伤十余人，制造了"一二·一八"惨案
1932年1月	声援"一·二八"淞沪抗战运动		募捐、宣传	
1932年至1937年	中国共产主义青年团	朱指南、龚允济、龚允恭、刘崇忠、张先隆、毛钧、张骏惠、吴连江（雷声）	①朱指南为成成中学最早的共青团员，1932年冬入团。②1934年入团的学生有：龚允济、龚允恭、刘崇忠、张先隆。③1935年入团的同学有：毛钧、张骏惠、吴连江（张先隆为其入团介绍人）	据不完全统计，在"七七"事变之前，成成中学学生共有14位共青团员，但是没有成立校内支部
1932年底	"驱黄"学潮		在太原市"文化团体总盟"负责人成成中学教师刘丹顿等共产党员的发动下，成中和国师、进山、一中、女师等校支持一师学生的斗争，并组成"反黄斗争后援会"，王庆生代表成中参加后援会的组织领导工作	"驱黄"运动在天津《大公报》和上海《申报》刊登

续表

时间	名称	参与者	主要情况	备注
1933年1月	"抗日反帝同盟会"	孙光祖（省教院）任秘书、姚庆惠（山大）任宣传部长、王庆生（成中）任组织部长	武新宇、刘丹顿直接领导，成员主要为进步学生，公开出面组织的骨干分子十余人，其中有：成中学生自治会主席王庆生以及国民师范、教育学院、一师、山大的学生领袖	1月18日机构由成中迁到文瀛湖畔的教育会，遭反动军警查封，扣捕张金声、郭瑝、王庆生等人。武新宇、刘丹顿离开太原。成成中学暂时没有校长，为段丽卿进入学校提供机会。直到1934年11月，王庆生才由刘墉如、焦国鼐等人具保出狱，次年回成中复学
1933年5月	"驱段运动"	成成中学初二学生代表：阎伟（阎秀峰）、李如桐、郭亮成、王鸿业、张永青；成成中学初三学生代表：康永福、龚永济（龚子荣）、郝廷光、李凤年	通过学生罢课等活动，驱逐段丽卿（阎锡山的反动组织"青年救国团"的骨干分子），刘墉如开始担任成成中学代理校长职务	通过驱除段炎离的斗争，夺回我党在成成中学丢掉4个多月的领导权
1933年秋	"社联"支部	张永青任支部书记，阎伟任组织，龚允济、龚允恭任宣传（共4名成员）	①由杜心源引导，经其表弟王良书（山西教育学院学生）联系，社联负责人李宝森（山西大学学生）批准成立。② 1934年，"社联"吸收成成中学初三同学李如桐和王伦。③1934年5月，成成中学"社联"遭破坏后，	

时间	名称	参与者	主要情况	备注
			当年秋季开学，原友仁中学的"社联"成员侯连昌、李延枢转入成中，与谌宪谋（1933年冬，经曾延伟介绍加入"社联"）同编一个组，李延枢任组长，接受曾延伟（友仁中学"社联"负责人）领导。④1935年8月，成成中学学生郭亮成、王鸿业经甄秉同（山大学生）介绍加入"社联"。郭亮成根据上级指示在成成中学展开"社联"工作	成中最早的"社联"成员为王庆生（由成成中学校友李延年同学发展）
1933年冬	抗日反帝大同盟（成中支部）	张永青任书记，常国选任组织部长	①中共山西省工委决定在太原建立外围组织"抗日反帝大同盟"，市社联领导人李宝森让成成中学学生张永青成立支部，经大同盟领导人张青松（即李雪峰，山西省教育学院学生）批准成立。②成成中学学生谌宪谋、李延枢、侯连昌、金天锐、陈继舜等，经另外渠道加入大同盟，以小组（成中反帝大同盟小组）为单位，在学校组织"黎明社""曦光社"等学生社团	成成中学的抗日反帝大同盟支部没有获得更大发展

续表

时间	名称	参与者	主要情况	备注
1934 年	"中华民族抗日武装自卫委员会"支部	刘崇忠为负责人	①1934 年，成成中学学生刘崇忠经中共山西省工委组织部部长张国声介绍参加共青团后，又由中共山西省工委宣传部部长李雪峰介绍加入"中华民族抗日武装自卫委员会"。②成中学生参加者有：马振骥、薛玉龙、杨源泉、郭树藩、张先隆、程万普、郭亮成、谌宪谋、金天锐、李延枢、马维周等	①乔明甫（中共党员）曾来指导活动；②1935 年 8 月，郭树藩等同学被捕，该会并入"社联"
1934 年	反会考运动	常国选、王维刚作为代表参加	中共山西党组织领导人李雪峰等人，通过"红军之友社""社联"等中共外围组织，以国师"红军之友社"成员为核心，在中等学校学生中发动一场反会考运动	太原市学生的反会考运动，涉及各县，震动全国
1934 年夏	"红色互济会"	领导班子：杜千秋（教师）、冀春寿（学生）、朱指南（学生）；介绍岳维藩同学参加	中共山西省工委鉴于外围组织头绪多、人数少的情况，决定将外围组织合并为"红色互济会"。其宗旨为：开展抗日斗争，营救和援助在狱中斗争的革命者及其家属	1935 年秋，朱指南到五台县大建安村参加工作，杜千秋回晋南老家隐蔽，使"红色互济会"活动因缺乏领导而结束

时间	名称	参与者	主要情况	备注
1935 年至 1936 年春	参加检阅场上的游行示威		①阎锡山为控制学生，于 1935 年给各校派军事教官，强迫学生参加军事训练。② 1936 年春，阎锡山为来太原督战的陈诚举行军事检阅活动，成成中学学生参加。③中共地下组织决定利用活动，以歌曲为武器展开抗日宣传	抗日救亡歌曲：《牺牲已到最后关头》《救亡进行曲》《五月的鲜花》等
1935 年 12 月	声援北平"一二·九"学生爱国运动	郭亮成、毛钧、郑玉钰、岳维藩、李镇川等人担任成成中学抗日救国会常委	①1935 年 12 月 9 日，在中国共产党领导下，北平爱国学生掀起抗日救亡运动。成成中学学生在"社联"骨干郭亮成的发动下，成立"成成中学抗日救国会"。②12 月 25 日上午，太原 17 所院校学生 3000 余人在海子边公园集会，并上街游行示威，并成立"太原市学生抗日救国联合会"（简称"四校抗日学联"，四校为：成中、国师、太师、女师）。③"四校抗日学联"派段若宗（国师）、冀春寿（成中）、李美秀三人前往北平参加华北学联筹备会	配合了平津学生南下宣传团
1936 年底或 1937 年初	重建"中共成成中学生党支部"	支部成员（6 名）：严峻（严亦峻）、高祯庆（高一清，支部负责人）、王唐文、张守敬、王珍、姚培林	①1934—1936 年初，成成中学学生党员有：朱指南、刘崇忠、马振骥、郭树藩。②成成中学党支部受中共太原市委委员潘纪文领导	1937 年暑假，由于支部 6 名成员毕业，学生党支部随之结束。秦赞忠、石国柱等新发展党员由严峻把其组织关系转到中共成中教师支部

续表

时间	名称		参与者	主要情况	备注
1936年至1937年	中共成中学生党支部领导的活动	发展中华民族解放先锋队（"民先队"）	参加者：田锡爵、郝跻忠、冀步蟾（冀春光）、吴连江、阎时政（沙丁）、樊国枢（范戈）、石国柱、陈继舜、高祯庆、严峻、王唐文、王珍、姚培林、秦赞忠、田恩民 负责人：郝跻忠、石国柱、田锡爵	1936年，太原开始建立"民先队"组织	在"七七"事变前，成成中学"民先队"队员发展到150人
		建立山西牺牲救国同盟会（"牺盟会"）	①成成中学同学中的中共党员全部参加。②骨干者：卫灵芝、李麟经、李希泌、薄哲文	①1936年"九一八"五周年之际，山西牺牲救国同盟会成立。②"牺盟会"是一个具有统战性质的抗日团体，名义上是阎锡山领导，实际上是由薄一波等共产党人掌握领导权。③成中牺盟会会员分为三个大队：第一大队队长高祯庆、第二大队队长严峻、第三大队队长卫灵芝	以共产党员为核心开展各种形式的抗日活动，并在活动中秘密发展党员，主要活动为：①1937年正月十五灯会游行。②参加欢迎绥东抗战英雄大会。③参加牺盟会主办的村政协助员训练班。④参加市牺盟会工作。⑤"七七"事变后，参加牺盟会总部在国民师范旧址举办的暑期训练班，学习游击战术和革命理论等课程
		组织成成中学"学生抗日救国会"	负责人：高祯庆	1936年11月，傅作义将军所部在绥远打败日伪军收复百灵庙后，高祯庆、严峻等共产党员，组织抗日后援会，后经刘墉如建议，改为"学生抗日救国会"	

续表

时间	名称	参与者	主要情况	备注
1937 年夏	第二次反会考运动	负责人：成成中学初三学生、中共党员王唐文	中共太原市委为排除会考对学生参加抗日救亡活动的干扰，指示成中共产党员再次发动全市性的反会考学潮	王唐文被开除，被迫到北平上学，后参加抗日斗争
1937 年夏	"太原市中等学校暑期学生抗日救国会"	支委会由成成中学的高祯庆、严峻和太师的王成章 3 位同学组成	全市性的学生组织，先由中共太原市委直接领导，后转归中共山西省工委领导	

附录四　太原成成中学在大青山牺牲的革命烈士英名录[①]

部职别	姓名（曾用名）	性别	出生年份	籍贯	入伍时间	政治面貌	参加革命后简历	牺牲时间、地点、原因
四支队二连连长	阎焕景	男	1914年	汾阳	1937年10月	党员	四支队排长、连长	1938年12月于固阳县四区战斗中牺牲
四支队一连排长	阎焕曜	男	1918年	汾阳	1937年10月	党员	四支队战士、班长	1939年5月于绥南凉城县二龙宿太战斗中牺牲
骑兵支队二团三连指导员	阎焕春	男		汾阳	1937年10月	党员	四支队排长、指导员	1942年在日军大扫荡中武三区战斗中牺牲
四支队三连排长	靳生谦	男	1922年	忻县	1937年10月	党员	四支队战士、班长	1938年12月于绥远武川县西河子病故
四支队一连指导员	秦赞忠	男	1917年	榆次	1937年10月	党员	四支队政治处干事	1939年5月于绥南凉城县二龙宿太战斗中牺牲

----

① 烈士名单来源于大青山纪念碑的碑后名录；每位烈士的姓名、性别、出生年月、籍贯、入伍时间、政治面貌、参加革命后简历及牺牲时间、地点、原因等史料，主要来源于《投笔从戎　血沃青山——四支队（成成中学师生抗日游击队）史稿》一书。

续表

部职别	姓名（曾用名）	性别	出生年份	籍贯	入伍时间	政治面貌	参加革命后简历	牺牲时间、地点、原因
四支队一连排长	樊景鸿	男		永济	1937年10月	党员		1939年5月于绥南凉城县二龙宿太战斗中牺牲
四支队一连排政治干事	石国干	男	1923年	绛县	1937年10月	党员	四支队宣传队队员	1939年5月于绥南凉城县二龙宿太战斗中牺牲
四支队一连政治干事	赵宏才	男	1922年	稷山	1937年10月	党员	四支队战士、班长	1939年5月于绥南凉城县二龙宿太战斗中牺牲
四支队二连政治干事	武浚溪	男	1922年	太谷	1937年10月	党员	四支队战士、班长	1938年12月于绥远清川县乌兰乌素战斗中牺牲
四支队一连排政治干事	张经纬	男		襄陵	1937年10月	党员	四支队战士、班长	1939年5月于绥南凉城县二龙宿太战斗中牺牲
四支队副官	刘俊	男		昔阳	1937年10月	党员	四支队副官民运干事	1940年2月牺牲于武川县二区
陶林县游击队政委	曲养聪	男	1923年	五台	1937年10月	党员	四支队宣传队员青年干事	1941年在陶林县三区长作战中牺牲
归武边区区长	王俊熙	男	1918年	太原	1937年10月	党员	四支队指导员	1940年8月牺牲于归武县小井乡
四支队政治处特派员	武生意	男	1917年	交城	1937年10月	党员	四支队政治处干事	1940年2月在绥远武川县乌兰花小北号村附近牺牲
四支队政治处民运干事	杜松山	男		临汾	1937年10月	党员	四支队战士、班长、政治干事	1940年2月在绥远清川县乌兰花小北号村附近牺牲

续表

部职别	姓名 （曾用名）	性别	出生 年份	籍贯	入伍 时间	政治 面貌	参加革命 后简历	牺牲时间、 地点、原因
晋绥军区 十七团 某连干部	董文祥	男	1922年	徐沟	1937年 10月	党员	四支队政治 干事	1946年在绥南 海滩战斗中 牺牲
萨托工委 民运部长	宋茂	男	1915年	宁武	1937年 10月	党员	四支队战 士、班长	1940年12月29 日牺牲
四支队三连 指导员	王俊楼	男		五台	1937年 10月	党员		1940年在陶林 县作战中牺牲
骑兵支队 民运干事	崔则温	男	1919年	阳曲	1937年 10月	党员	四支队战 士、班长	1941年3月牺 牲于绥东兴 和县
固阳县 县长	任克定	男	1916年	太原	1937年 10月	党员	四支队战 士、班长	1942年4月29 日牺牲于固阳 县境内
县南平川 区长	程世荣	男	1921年	洪洞	1937年 10月	党员	四支队战 士、班长	1941年冬牺牲 于归武县哈拉 沁村
绥东陶集 游击队队长	王定洲	男	1915年	襄陵	1937年 10月	党员	四支队战 士、班长	1941年4月于 陶林县马盖图 战斗中牺牲
塞北分区 警卫营 副连长	白家驹	男	1912年	五台	1937年 10月			1944年在黄树 坪牺牲
骑兵支 队一团 宣传部长	张国靖	男	1918年	沁县	1937年 10月	党员	四支队排 长、指导员	1943年牺牲
塞北分区 教育干事	王怀珠	男		安泽	1937年 10月	党员	四支队 排长、连长	1943年牺牲于 武川县麒麟村

部职别	姓名 （曾用名）	性别	出生 年份	籍贯	入伍 时间	政治 面貌	参加革命 后简历	牺牲时间、 地点、原因
归武边区 武卫队队长	胡仁怀	男	1920 年	定襄	1937 年 10 月	党员	四支队班 长、连政治 干事	1943 年牺牲于 旗下营附近
归凉县 科长	武凤鸣/歧	男	1915 年	太谷	1937 年 10 月	党员	四支队战 士、班长	1943 年春牺牲 于凉城县
塞北贸易局 局长	宁德青	男	1910 年	稷山	1937 年 10 月	党员	四支队政治 处主任	1945 年 8 月 15 日病故于山西 省偏关县
中共绥 蒙工委 地下工作者	董理安 （武建勋）	男	1918 年	徐沟	1937 年 10 月	党员	四支队排长	1945 年 8 月牺 牲于陶林县教 堂地村
四支队二连 政治干事	张九如	男	1922 年	霍县	1937 年 10 月	党员		1941 年牺牲于 凉城县
四支队 政治处 宣传队员	赵树功	男	1923 年	五台	1937 年 10 月		四支队宣 传员	1941 年于陶林 县境内战斗中 牺牲
骑兵支 队二团 一连指导员	李逢春	男	1923 年	平定	1937 年 10 月	党员	四支队宣传 队员、文书	1947 年在绥南 凉城境内战斗 中牺牲
骑兵支队 三团指导员	杨际昇	男		永济	1937 年 10 月	党员	四支队排 长、指导员	1949 年 1 月在 武川县二分子 战斗中牺牲
暂一师三十 六团连长	高铭生	男	1920 年	徐沟	1937 年 10 月	党员	四支队战 士、班长、 排长	1945 年在山西 临县尤高山战 斗中牺牲
四支队民运 工作员	李恩甫	男		崞县	1937 年 10 月	党员	四支队战 士、班长	在土默特旗 牺牲
绥蒙军区 联络科长	田锡爵	男				党员		1946 年集宁战 役牺牲
四支队 战士	张瑞芝	男		汾阳	1937 年 10 月		1937 年 10 月 2 日在柳 林庙战动总 会电台训 练班	1942 年在调到 冀中一次战斗 中牺牲

部职别	姓名（曾用名）	性别	出生年份	籍贯	入伍时间	政治面貌	参加革命后简历	牺牲时间、地点、原因
四支队战士	徐成栋	男		五台	1937年10月			1940年10月被萨齐民团杀害
四支队指导员	凯乐/洛	男		陕西		党员		
骑兵支队二团四连连长	赵家模	男		山西	1937年10月			1941年牺牲于陶林县
	张进仁	男	1912年	沁县	1937年10月			1940年牺牲于大青

附录五　（民族革命战争战地总动员委员会游击第四支队太原成中同学）为号召全国青年参战宣言（1938年2月7日）

中华民族的青年男女们！

日本帝国主义是不停地疯狂进攻，自占领太原、上海、南京后，继续向我武汉、徐州方向直逼，妄图夺取我陇海、津浦，控制我华中、华南，进而吞灭我全中国，完成其称雄世界，独霸东亚的迷梦。祖国的危机已到最后关头。摆在我们面前终只有两条路：不是争取抗战的最后胜利，完成我中华民族的自由解放，便是亡国灭种，做日本永世的奴隶！

我中华四万万人民，在我最高统帅蒋委员长领导下，早自卢沟桥事变以来，即走上神圣的民族自卫战争的光明大道，在此五、六月抗战的当中，也给予日本强盗严重的打击。全国上下团结更形巩固。对于全民族抗战的推展更形积极，在全国改革政治机构，肃清汉奸分子，改造部队，加强政治训练，改善民众生活，动员抗战力量。在华北尤其在山西，广泛地开展了游击战争，武装起千万民众参加作战。无疑的这一切是为了抗战到底，一切是为了战争的最后胜利，一切是为了民族自由与独立！不久，我们将更看到千千万万的新的民众的力量，出现在抗日战场！

青年朋友们！中华民族的子孙们！我们是年富力强，思想活泼，勇敢不怕牺牲，爱正义，爱和平，爱自由的，我们反抗奴役，反抗压迫，反抗侵略，我们的意志是坚定的，心胸是热烈的，我们的力量是伟大的，捍卫祖国的责任是我们的，我们应当为了祖国的生存流最后一滴血。我们成成中学的全体师生，根据这种认识，从敌人飞机炸弹之下，没有回家，没有流亡，也没有逃到西安、四川，我们背起了枪刀，组织了战动总会第四游击队。现在，我们是准备开赴雁北前线了！这是我们的希望，也是我们的目的，我们已经准备了头颅和热血，来答复日本强盗的进攻！在这开拔的前夜，我们向全国号召，向全国青年人号召，为了生存与自由，我们青年，首先要做全国人民的榜样，大家一齐参加战争，组织游击队，我们相信：最后的胜利是我们的！是我们青年人的！

我们高呼：

全国青年参加抗战！   发扬青年的积极性！

发扬青年的牺牲精神！   青年人要做抗战的榜样！

为保卫祖国血战到底！   拥护抗日领袖！

争取抗战的最后胜利！

二十七年二、七、出发前夜

附录六　成成学院宣言

各界同胞：

　　我们成成中学校在悠久光辉的历史中，为山西人民培养出千余优秀人才，目前散布于华北各解放区与广大人民联系在一起，进行着各种建设；尤其聚集于晋绥边区的全体师生及校董，在建设晋绥边区中竭尽了他们最大努力，并获得了很大成绩。

　　日本侵略者的魔爪一伸进太原，我们成中全体教职员和全校同学即一致振臂奋起。开全国教育之先声，首创成中师生游击队，武装起义，浴血奋战。南起晋中清源、交城、离石县，北达绥远大青山，配合八路军抗击强敌于晋绥广大原野上，此种创举，全国罕有。后应工作需要，一部分赴大青山为创造与巩固根据地而坚持于今；一部分则分别从事于晋绥边区的军事、政治、经济、文化事业，八年来兢兢业业为人民服务，颇著成效。上述事实，既为全国人民所洞察，亦堪告慰我三晋父老。

　　在艰苦的半年抗战中，成中师生为求民族解放，不惜献出自己的头颅鲜血。据我们现已知道的，光荣牺牲的有：张衡宇、刘子超、萧政卿、宁德青、孙迪民等诸位教员及张仁槐、王鸿业、郝廷、武生意、冀步远、阎焕耀等七十八位同学。在复校之际，我们对他们表示沉痛的哀悼！有的教职员同仁和同学，为家室所累，长期受尽敌人的摧残压迫，失业失学。复校之际，我们对他们表示极大的同情和慰问。

现在中国和平民主建设阶段已经到来，我们非常兴奋，抗战初始年仅十三四岁的同学，经过八年抗战，已达青年时代，他们要求复校，以便他们返校总结抗战工作经验，再次深造自己。继续为人民服务，建设新中国。我们全体教职员认为：和平建设时期，教育事业更加重要，为适应形势需要及同学之要求，在成中校友会的督促、成中校董的委托及晋绥边区师大校友会的推动下，一本从事教育为人民服务的初衷，决定解甲返职，恢复学校，并为适应山西人民及同学的需要，扩大组织，增设大学部，将校名改为"成成学院"。复校伊始，困难缺点，在所不免，热望山西父老给予精神上、物质上的帮助，并时加指导和批评，欢迎旧同仁、旧同学继续返校任职、任教和升学，大家同心同德，合力医治战争八年给文化教育事业上的沉重创伤，并为新中国的文化教育事业而奋斗。

谨此宣言。

成成中学校董：武新宇、杜心源、刘墉如、郝德青、王法文、狄景襄、梁寒秋、李长如、刘静山、武汝扬、王德理。

成成中学教职员：武新宇、杜心源、刘墉如、郝德青、王法文、狄景襄、武汝扬、李曙森、郭明秋、曹振之、常苏民、冯静川、刘静山。

成成中学校友：龚子荣、阎秀峰、张永青、孔繁珠、王庆生、张韶芳、段士楷、冀步蟾、杨效农、戈润生、丁旭、张鲁、力群、杨万升、李维中、郑培、李丰年、师海云、董其泰、阎必振、冯旭、董理安、董明德、王礼庭、阎权等四百八十六人。

中华民国三十五年三月一日

附录七　20 世纪 20 年代初山西各级各类学校情况统计表

（一）1919—1924 年山西省小学教育统计表

年度	类别	校数（所）	在校学生（人）		毕业学生（人）		教职员（人）	
			初小	高小	初小	高小	教员	职员
1919	国民小学	18187	647863		19881		21787	18253
	高等小学	390		32450		4110	1670	582
	其他小学	8565	338412	1417	20801	101	10581	392
1920	国民小学	19481			25902		23241	20256
	高等小学	492		41247		5188	2041	710
	其他小学	7650	196899	1026	7819	280	8879	274
1921	国民小学	21536	835986		39306		25513	20509
	高等小学	490		45056		10952	2393	701
	其他小学	8111	164528	1207	43917	310	8680	337
1922	国民小学	24162	991564		47898		28535	22343
	高等小学	515		44448		10895	2492	734
	其他小学	6857	121258	1119	25252	386	70272	195
1923	国民小学	26084	1089144		56459		30785	24214
	高等小学	536		44481		9813	2578	794
	其他小学	6438	11201		21333	166	6655	69

续表

年度	类别	校数（所）	在校学生（人）		毕业学生（人）		教职员（人）	
			初小	高小	初小	高小	教员	职员
1924	国民小学	25398	1022521		54604		32631	24771
	高等小学	556		29921		10396	4693	28
	其他小学	6403	113313	241	21465	88		

说明：表列数字摘自 1925 年《山西省第十次教育统计年鉴》；1925 年前其他小学中含三种乙种实业学校，之后为简易小学、短期小学等。

（二）各级各类中学学校统计表①

1921 年，山西省内各级各类中学达到 26 处，其类别规模如下表：

学校类别	数量（所）	在校生人数（人）
省立中学校	9	3032
联合省立中学校	5	954
单独县立中学校	9	1020
公立女子中等学校	1	338
私立川至中学校	1	154
私立育德女学校	1	73

（三）各类专门学校统计表

到 1921 年，除 1918 年初成立的育才馆和 1919 年 8 月成立的外国文言学校外，已有的各类专门学校如下表：

学校名称	数量（所）	在校学生人数（人）
省立政法专门学校	1	277
省立农业专门学校（附甲农）	1	389

---

① 该表据山西省公署统计处统计数字。

续表

学校名称	数量（所）	在校学生人数（人）
省立工业专门学校（附甲工）	1	518
省立商业专门学校（附甲商）	1	196
省立甲种农业学校	3	399
省立师范学校	6	486
省立国民师范	1	1829
省立医学校	1	120

（四）普通高等教育情况统计表

民国初年，山西省内普通高等教育的情况如下：

成立年份	原学校名称	更改后学校名称	备注
1912	山西大学堂	山西大学校	1918 年改名为国立第三大学，1931 年山西大学校改名为山西大学
	山西法政学堂	山西公立法政专门学校	1931 年改为山西省立法学院
	山西高等农林学堂	山西公立农业专门学校	1931 年改为山西省立农业专科学校
	山西商业学堂	山西公立商业专门学校	1930 年改为山西省立商业专科学校
1914	山西工业学校	并入山西大学校	1917 年在所设的甲种工业学校内增设专门科，1919 年改称山西公立工业专门学校，1931 年改为山西省立工业专科学校
1915	铭贤学校增设大学预科		1923 年预科停办，1928 年和 1931 年附设农科和工科

续表

成立年份	原学校名称	更改后学校名称	备注
1919	山西外国文言学校创办		1926 年停办
	山西留日预备学校创办		
1921	山西医学传习所	山西医学专门学校	1928 年改为山西医学专科学校，1932 年改为私立山西川至医学专科学校
1922	私立山右大学创办		
1924	山西私立兴贤大学创办		
	私立美术专科学校和私立艺术专科学校成立		创办不久即停办
1929	山右和兴贤大学合并为私立并州大学		1931 年并州大学改称太原私立并州学院

（五）职业教育和社会教育情况统计表

在学校教育迅速发展的同时，职业教育、社会教育也相应发展，一方面自高级小学起加授职业教育课，另一方面开办各种类型的实业学校。作为实施职业教育的重要步骤，从 1918 年 1 月至 1919 年 12 月，相继举办了一系列的训练班和讲习班。

行政研究所和地方行政讲习所统计

专业	班数（个）	学生数（人）	毕业人数（人）
承政员	3	301	258
主计员	4	187	170
承审员	3	175	174
县视学	3	170	143
实业技士	4	146	147

续表

专业	班数（个）	学生数（人）	毕业人数（人）
宣讲员	3	345	190
管狱员	2	201	160
农桑技术员	3	146	51
编间委员	2	275	266
区长	4	435	411
区长助理	10	1256	1227

专业培训班统计

专业	班数（个）	学生数（人）	毕业人数（人）
模范示教	4	1179	1109
省立师范讲习所	30	2067	1988
童子军讲习员		250	236
练习权度检定生	3	105	105
农民传习所		429	118
林业传习所	2	79	
省立女子蚕桑传习所	10	355	163
医学传习所	3	226	
银行簿记传习所	1	100	79
商业传习所	1	100	
警察传习所	4	322	276
巡警教练所	14	1062	1040
保安警察	24	2117	2031

此外，还在各县举办师范讲习所105所（每县1所），商业传习所128所，女子蚕桑传习所14所，女子职业传习所4所，社会教育学校284所［山西省公署统计处编：《山西省第一次学校系统以外教育统计》（民国七年1月至八年12月），民国九年3月刊行］。

附录八　成成中学师生抗日游击队的相关文献记载

1. 1938 年 7 月，一二〇师三五八旅七一五团、师部骑兵营一个连以及由太原成成中学师生组建的战动总会第四游击支队（支队长是成成中学校长、共产党员刘墉如），共同组成大青山支队，由三五八旅政委李井泉、参谋长姚喆率领；中共大青山特委书记、战动总会晋察绥工作委员会（后改称绥察战地动员委员会）主任武新宇，带领工作人员随军行动。以上军政人员共计 2000 余人，从晋西北挺进绥远。9 月初，越过平绥铁路，进入大青山，与杨植霖等领导的当地抗日武装汇合，经过一系列的战斗，创建了以大青山为依托的绥南、绥西、绥中抗日游击根据地。

——山西省出版史志编纂委员会、内蒙古《晋绥边区出版史》编委会编：《晋绥边区出版史》，山西人民出版社 1997 年版，第 6 页。

2. 1937 年 10 月 25 日，日军进犯太原后，成成中学师生退出太原时，组成师生抗日义勇军，到离石县后，改编为战地动员委员会游击第四支队，支队长由成成中学校长刘子崇（墉如）担任，支队副为冯富厚，政治主任为曹振之。

——董其珩、张乃赓：《山西教育大事记（1840—1990）》，山西高校联合出版社 1996 年版，第 80—81 页。

3. 1938 年 8 月，战动总会所属游击第四支队（成成中学师生游击队）同八路军第一二〇师一部组成大青山支队，北上挺进绥远，开辟新的抗日根据地。

——山西新军历史资料丛书编审委员会编：《山西新军概括》，中共党史出版社 2007 年版，第 425 页。

4. 特别应该提出的是游击第四支队，是一支全国闻名的师生游击队。太原成成中学有一部分教师和学生，抗日战争以前就是中共地下党员。校长刘墉如，在太原失守前到战动总会找我，说他们学校的教员和学生，一致要求组织游击队，问我的意见怎样，我当然欢迎。不久，成成中学退出太原到了清源县，我就到清源县同他们商量这支游击队怎样编制，怎样开展工作。以后太原失守，成中师生游击队到了离石，就由战动总会编为第四支队，刘墉如任队长，为了整训这支游击队就让他们开到岢岚附近。1938 年党中央命令一二〇师由李井泉带一个支队到绥远大青山开辟根据地，一二〇师要战动总会出一部分干部，出一支武装力量，同他们这个支队一块到大青山。战动总会就组织了一批干部，由武新宇带队，成成中学的师生是知识分子，是一支出干部的队伍，所以决定武装力量由四支队去。武新宇在刘墉如前任成中校长，阎锡山发现他是共产党员，他在太原站不住了，就跑到北平。他带队比别人更合适，这样以武新宇为主任的晋察绥边区工作委员会，带领几十名干部和第四支队 300 余人，于 7 月随李井泉一起到大青山创造根据地。成中的同志在创建大青山根据地中作出了重要贡献，不少同志牺牲了，至今内蒙古人民仍然怀念他们。

——山西新军历史资料丛书编审委员会编：《山西新军概括》，中共党史出版社 2007 年版，第 397—398 页。

5. "我们要深入敌人的后方呀！"去年六七月间，第二战区战动总会便提出这么一个迫切需要的口号。七月二十六日，战动总会晋绥边区工作委员会在武新宇同志的领导下从岢岚出发北征了。他们配备的武装有英勇游击第四支队（即成中师生游击队发展起来的）。这一群祖国的战士们抱了满腔的热血，突过了敌人的封锁线，胜利的足迹终于踏上了大青山。

——受三：《正在巩固中的大青山游击根据地》，《西线》1939 年创刊号。

6. 以太原成成中学师生为骨干组成的四支队，虽然大部分是十六七岁的青年学生，参加革命时间较短，但是他们受该校地下党员的教育和影响，具有很高的爱国热情，在国家危亡关头，他们在校长刘墉如（中共地下党员）率领下，毅然放弃学业，投笔从戎，走上了武装抗日救国的道路。

——内蒙古军区《大青山武装抗日斗争史略》编写组编：《大青山武装抗日斗争史略》，内蒙古人民出版社 1984 年版，第 11—12 页。

7. （一九三八年）九月间，李井泉将军率一二〇师绥蒙游击支队迎着深秋的寒风驰向大青山，同去的有动委会晋察绥边区工作委员会武新宇同志（以后是晋绥边区行政公署副主任），及该会抗日游击四支队（著名的太原成成师生游击队）。他们以迅雷不及掩耳的行动，积极主动地打击敌人，连克陶林城、乌兰花，开展了绥中、绥西、绥南以及察哈尔的游击战争，粉碎敌人大小近百次的残酷进攻与"扫荡"，一直坚持到抗战胜利。

——穆欣：《晋绥解放区鸟瞰》，山西人民出版社 1984 年版，第 6 页。

8. 成成中学师生抗日义勇队（后称为成成中学师生抗日游击队，继而又改编为战动总会游击第四支队）于 1937 年 10 月间在清源县正式成立。队长刘墉如，军事教官冯富厚（一个红军团长），政治教官曹振之、杜心源，中队长、中队副阎焕景、张国靖、杨际昇、王怀珠、石国柱、董理安。成成中学抗日义勇队绝大多数是本校的学生，还有从进山中学、太原中学、阳兴中学等校来的 40 多位进步学生。

——王生甫：《山西新军史》，山西人民出版社 2005 年版，第 72—77 页。

9. 太原成成中学校长刘墉如，在太原未失守时就到战动总会找我，他说他们学校的教员和学生，一致要求组织游击队，问我的意见怎么样，我当然欢迎。成成中学退出太原到了清源县。我就到清源县去同他们一块商量成成中学师生游击队怎样编制，怎样开展工作。为了整训成中师生游击队，就让他们开到岢岚附近，编为第四支队。以后党中央令一二〇师由李井泉同志带一个支队到大青山开辟根据地，要战动总会出一部分干部和一支武装，战动总会决定由武新宇带一部分干部和成成中学师生游击队去。成成中学的同志在创建大青山根据地中是有成绩的，锻炼出有战斗经验和创建根据地经验的好干部，也牺牲了不少好同志。

——程子华：《程子华回忆录》，中央文献出版社 2005 年版，第 102—103 页。

10. 成成中学的刘校长是共产党员，日军侵入山西后，在我党领导下建立有名的"师生游击队"，同敌伪军做殊死战斗，屡建战功。

——岳夏：《八路军驻晋办事处的始末》，载山西省社会科学研究所编《山西革命回忆录》，山西人民出版社 1983 年版，第 132 页。

11. 以三五八旅第七一五团、师部骑兵营一个连以及动委会领导的独立游击第四支队（由太原成中师生组成）组成大青山支队，由三五八旅政委李井泉和我率领（当时我是三五八旅参谋长）挺进绥远，开辟大青山抗日游击根据地。

——姚喆：《塞外烽火照青山》，《内蒙古文史资料》1984 年第 11 辑。

12. 大青山抗日根据地是由中国共产党领导的大青山支队，于 1938 年 10 月开创的。大青山支队以八路军一二○师三五八旅七一五团为主体，并由第二战区战地总动员委员会、抽调干部组成的大青山动员委员会以及晋绥总动员委员会所属的第四支队（由太原市成成中学师生组成）所组成。

——宋克缵：《坚持绥中、绥南抗日斗争的回忆》，《内文》1984 年第 11 辑。

13. （贺龙）亲自部署了创建大青山抗日游击根据地的工作，选派一二○师三五八旅政委李井泉同志、参谋长姚喆，七一五团团长王尚荣和全体指战员，武新宇同志领导的战地总动员委员会的晋察绥工作委员会，以及刘墉如同志负责的以太原成成中学师生为主组成的游击四支队，在李井泉、姚喆同志率领下，于 1938 年 8 月由晋西北五寨出发，挺进大青山。沿途打破敌人多次围追堵截，于 9 月初到达大青山，与杨植霖、高凤英、刘洪雄同志带领的蒙汉抗日游击队胜利会师。

——范建国：《回忆抗日战争时期武川县一、二联区的斗争》，《内文》1984 年第 11 辑。

14. 这支以成成中学师生为主的游击队，从太原来到"天苍苍、野茫茫"的大青山，由步兵变骑兵，经受了艰苦的斗争，有许多人的鲜血洒在了塞外沙场。四支队是抗日战争中我国青年运动的一面旗帜。

——中共山西省委党史研究室编：《战动总会简史》，文津出版社 1993 年版，第 92 页。

15. 这里再谈一下第四支队。1938 年 8 月，决定把这支师生游击队开到大青山，当时有两方面的考虑：一是他们跟上一二○师红军老部队，学习方便，经过实际锻炼，能够更快地成长。二是开辟大青山根据地需要这样一批知识分子，以适应敌、社情复杂的绥远党、政、军多方面工作的需要。四支队的同志们开赴大青山地区后，历尽艰险，英勇斗争，他们的革命业绩值得颂扬。一整个学校的师生组织起来，编成正式革命武装，走上"天苍苍、野茫茫"的大青山，有许多同志的鲜血洒在塞外沙场，应当说，四支队是抗战时期我国青年运动的一面旗帜。

——武新宇：《从太原到大青山——回顾在战动总会的战斗历程》，载中共山西省委党史研究室编《战动总会简史》，文津出版社 1993 年版，第 293 页。

16. 这里再提一下战动总会的第四支队。这个支队是以太原成成中学的大批师生为基础组织起来的。抗日战争之前，成成中学有一些老师和学生，是中共地下党员，抗战开始后，他们带动大部分同学，组成游击队，加入战动总会。这个支队是全国闻名的师生游击队，它继承了我国历史上仁人志士在国难当头投笔从戎的爱国主义传统，发扬了现代中国知识阶层献身民族解放事业的崇高革命精神。这支游击队，跟随晋察绥边区工作委员会开赴绥蒙大青山地区以后，为创建抗日根据地，与敌人进行了顽强的搏斗，历尽了艰险。几年之内，支队长王贤光、黄政、孙楚烈等和百分之八十以上的其他指战员，英勇地为民族解放事业而献身了。他们的浩然正气和可歌可泣的事迹，非常感人。

——段云等：《抗战初期的战动总动员委员会——华北敌后模范的统一战线组织》，载中共山西省委党史研究室编《战动总会简史》，文津出版社 1993 年版，第 307 页。

17. 我当时知道动委会还有一些群众干部，有大量的平津和其他地方来的青年，最使我难忘的就是成成中学刘墉如校长，他们把一个学校师生组织起来，同我们联系。太原失陷以后，又带到晋西北，这个师生游击队，是中国青年知识分子在民族危亡中"投笔从戎"的好榜样，历史上要有一笔，要大书一笔。据说，这些师生，很多同志都在战争中牺牲了。他们为祖国流尽了最后一滴血，流芳千古！

——萧克：《在晋察绥战动总会成立五十周年纪念会上的讲话》（1987年11月6日），载中共山西省委党史研究室编《战动总会简史》，文津出版社1993年版，第322页。

附录九 大青山抗日游击根据地大事年表(1937—1945年)

1937 年

1 月 毛泽东、朱德接见在延安学习的六十多名伊克昭盟蒙古族牧民。

2 月 3 日 中共中央指示："目前以援绥抗日及蒙汉联合抗日的口号为蒙古的工作中心。"

春 蒙古工作委员会改称为少数民族工作委员会。高岗任书记,李静波任蒙民部长,赵通儒任副部长。

9 月 以张家口为中心成立察南十县的伪自治政府,于品卿为伪主席。

中共北方局在太原成立绥远工委,李衡任书记,王德任组织部长,郑林任宣传部长。不久,迁到河套改称绥西工委,并成立中共五原、临河两个县委。

10 月 27 日 绥远沦陷。

10 月 28 日 伪"蒙古军政府"改组成为伪"蒙古联盟自治政府"。

中共三边特委成立,白如冰任书记。

冬 杨植霖、高凤英、刘洪勋、贾力更等人在归绥一带组织蒙汉抗日游击军,进行抗日斗争。

1938 年

1 月 3 日　中共陕甘宁边区党委举行会议，何凯丰、李富春、高岗、郭洪涛、王若飞出席。会议指出，当前内蒙工作的中心是发动蒙古民族各阶层与全国人民团结一致，共同抗日。

1 月 20 日　中共中央书记处作出对蒙古混成旅（后改编为国民革命军新编第三军）工作的决定。要求在群众中组织群众性的抗日救蒙会，巩固党在部队中的领导，注意培养蒙古族干部，将该旅扩建成为内蒙古民族抗日武装的基本队伍。

4 月 18 日　毛泽东电示八路军一二〇师贺龙、关向应等人，要求调查大青山山脉、平绥路沿线可否建立根据地的问题。

在陕北三边地区成立了中共绥蒙工委，与三边特委分开。白如冰任书记，赵通儒、刘瑞森任委员。从伊克昭盟推进绥远地区工作。

5 月 14 日　毛泽东电示朱德、彭德怀、贺龙等："在平绥路以北大青山脉建立游击根据地甚关重要，请你们迅即考虑此事。"

6 月 11 日　毛泽东电示朱、彭、贺等人，强调坚持大青山抗日游击根据地的重要性和艰巨性。要求配备精干而且政治军事皆能对付，机警耐苦，有决心在大青山创立根据地的干部。

7 月　建立大青山工委，武新宇任书记。

绥蒙工委派刘洪勋和一二〇师联系，要求八路军早日开赴大青山。

8 月　八路军李井泉支队由晋西北北上，开往大青山地区。

9 月初　李支队到达大青山，和杨植霖等领导的蒙汉抗日游击队会师。大青山地区的抗日游击战争从此迅速开展起来。战动总会同李井泉支队一起挺进绥远地区以后，战动总会工作人员在八路军经过的地方，广泛开展动员和宣传工作，并组织了一批县、区、乡战动总会，有力地支援了游击战争的顺利进行。

12 月初　李井泉支队七一五团主力由王尚荣团长率领开赴冀中，留下一个营的兵力分别组成三个支队。

1939 年

3 月　绥蒙工委和大青山工委合并组成绥远省委。

5 月 4 日　在中国共产党抗日民族统一战线政策的推动下，傅作义在五原成立了绥远省抗日总动员委员会，各县、区相继成立了分会。应傅作义的请求，党中央派潘纪文、鲁志浩等几十名干部到傅作义部队做政治工作。

6 月　大青山抗日游击队的一营兵力在打退了日军的大扫荡后，扩充为三个营。正式组建成立大青山骑兵支队。

9 月　战动总会为了协助建立抗日政权，发动人民参政，在八路军游击区建立了区乡政权。

1940 年

3 月　建立绥西专员公署，杨植霖任专员。

4 月　中共中央发出《关于绥远敌占区工作的决定》。

7 月　根据形势发展和地形条件，中共中央决定将绥远省委和雁北地区党组织合并组成晋绥边区党委。

8 月　绥远各族各界代表在大青山西梁召开抗日团结会议，决定成立晋绥游击区行署驻绥办事处（简称绥察行政办事处）。

1941 年

3 月　由于斗争形势的发展，雁北地区又划归晋西北管辖，中共晋绥边区委员会改称中共绥察边区委员会。

8 月 24 日　绥察边区党委作出关于绥察地区行政工作的决定。

1942 年

10 月 24 日　晋绥分局决定，将大青山根据地的领导机关与雁北军分区合并为塞北工委和塞北军分区，统一领导塞北地区的对敌斗争。

1943 年

3 月 14 日　中共中央晋绥分局发出关于绥远工作给塞北工委的指示信。

1944 年

3—4 月　和林武工队建立了和林县政府。大青山抗日游击队开始进行局部反攻。

1945 年

2 月 17 日　塞北工委改组成为中共绥蒙区委员会，高克林任书记。

3 月 12 日　中共中央西北局决定重建伊盟工委，赵通儒任书记，对外称陕甘宁边区政府民族事务委员会三边办事处。

7 月 1 日　绥察行署改名为绥蒙政府，同时成立绥蒙军区。

附录十　太原成成中学大事记
(1924—1949 年)[①]

1924 年

北师大的晋籍毕业生萧静庵、高阆仙、张聘珍、王右章、薄佑丞等人倡议，经校友、教育家杜星南、崔文珍等人支持报教育厅批准，创办成成中学。7 月，正式招生；9 月，开学。

1925 年

5 月 18 日　成成中学学生参加中共太原支部领导的反房税斗争。

6 月　在中国社会主义青年团太原团地委的领导下，由傅懋恭、张叔平、纪廷梓等学生发起，组成"太原市学生联合会"。

成成中学学生参加太原市学联组织的"太原市沪案后援会"（"山西各界为帝国主义惨杀同胞雪耻大会"，简称"雪耻会"）。

1926 年

1927 年

2 月　成成中学学生参加中共山西临时省委在国民师范学校

---

① 本大事记主要参考《投笔从戎　血沃青山——四支队（成成中学师生抗日游击队）史稿》《成成烽火：成成中学师生抗日游击队纪实》《成成中学——从地下斗争到抗日战争》《成成中学校史（1924—1993)》《晋绥革命根据地大事记》《阎锡山统治山西史实》《山西教育大事记》《太原教育志》等。

礼堂组织的追悼李大钊大会。

1928 年

1929 年

夏　成成中学毕业生李汉光、高著贤、常乃慰等四名同学考入北京大学。

1930 年

9 月　刘墉如开始在成成中学担任数学教师，为成成中学教师中的第一位共产党员。

1931 年

夏　韩纯德等六位同学考入北洋工业学院。

9 月　武新宇、萧政卿开始在成成中学担任英文和史地教师，是成成中学教师中的第二批共产党员。

11 月　山西省学生抗日救国联合会成立。

12 月 18 日　成成中学教师武新宇、刘墉如、焦国鼐、张艾丁、常苏民等和学生参加山西省学生抗日救国联合会，并组织省城学生展开的纪念"九一八"三周月向国民党山西省党部请愿示威的斗争。进山中学学生穆光政中弹牺牲。

1932 年

1 月　成成中学学生参加太原市学生声援"一·二八"淞沪抗战运动。

年初　萧静庵校长调往进山中学，武新宇担任成成中学第二任校长。刘丹顿开始任成成中学教务主任。

春　山西省"文总""教联""左联""社联"等在成成中学成立。

3 月　中共山西临时特委成立，栗志周任特委书记。

秋　成成中学学生参加市文化总同盟发动的支持第一师范进步学生，反对校长黄丽泉的"反黄斗争后援会"。天津《大公报》、上海《申报》都先后刊登了山西学生反黄斗争的消息。运城、大同和长治等地的中等学校也都举行罢课，支援反黄斗争。

1933 年

1 月　武新宇、刘丹顿因被通缉而离开成成中学。

5 月　成成中学发动驱逐第三任校长段丽卿的运动。

12 月　刘墉如经校董事会无记名投票，当选为成成中学第四任校长。

冬　成成中学成立"抗日反帝大同盟"支部。

1934 年

5 月 1 日　成成中学的"社联"组织被破获，龚允济、龚允恭、阎伟等同学被捕。

7 月　成成中学学生参加太原市中等学校应届毕业生第一次反会考运动。

1935 年

上半年　为了更好地开展学生工作，经"青年救国团"核心领导组成员张隽轩（地下党员）介绍，经上级党组织的联系人胡熙庵批准，刘墉如、杜心源和焦国鼐加入了"青年救国团"。

12 月　国民师范、省立第一师范、成成中学、太原女师等校的进步学生成立"四校抗日学联"，推段若宗、冀春寿、李美秀等三人为代表赴北平出席华北学联筹备会。

成成中学学生参加声援"一二·九"学生爱国运动。

1936 年

10 月　经中共太原市委批准，成成中学建立了第一个学生中的中国共产党支部，共六个党员，由高祯庆担任支部书记。

1937 年

年初　中共山西省工委批准成立成成中学教师党支部，刘墉如为支部书记，杜心源、赵守封任支委。

6 月　成成中学学生组织第二次反会考运动。

7月　成成中学学生组织太原市中等学校暑期抗日救国会。

8月　太原成成中学迁往清源县（今清徐县）城中公园，中共山西省工委派郭明秋（女）来校专做党的工作。

8月下旬　八路军驻晋办事处正式成立，彭雪枫任主任，并在太原成成中学挂出了"国民革命军第八路军驻晋办事处"的牌子。

刘塘如校长数次到太原八路军驻晋办事处找彭雪枫主任和程子华同志请示工作。

9月18日　为纪念"九一八"六周年，太原市工人群众在海子边举行大规模集会。在会上，山西省总工会宣告成立，康永和为会主任。

8—9月　朱德总司令、彭德怀副总司令率八路军主力挺进山西抗日前线。

9月6—9日　周恩来、彭德怀到山西代县太和岭口与阎锡山谈判中提出，要保卫山西、保卫华北，就要动员广大群众实施战争全动员及组织游击战争。经过商谈，阎锡山同意成立"第二战区民族革命战争战地总动员委员会"（简称"战动总会"，县级称"战动会"，历史资料一般称"动委会"），该会由八路军以及晋绥察三省政府、各军队、各群众团体的代表共20余人组成。

9月19日　毛泽东发出变更八路军战略部署的指示，一一五师仍留晋东南，并逐步南移，一二〇师进入晋西北，一二九师进入晋东南。

9月24日　成成中学在清源县城新址开学。

在中共北方局高级党团组织领导下，山西的第一支工人武装"山西工人武装自卫总队"（后称工委旅）在太原组建。

9月下旬　第二战区民族革命战争战地总动员委员会在太原成立。

9月　中共北方局派曹振之来成成中学接替郭明秋负责党的

工作。

通过八路军办事处介绍，成中教师杜心源、王仁山参加战动总会游击干部训练班，学习军事知识。

9 月 27—30 日 山西牺牲救国同盟会在太原召开第一次全省代表大会。牺盟会最初由山西自强救国同志会中的左派进步青年宋劭文、戎子和、刘玉衡、张隽轩等人倡议，阎锡山批准，于 1936 年 9 月成立。

10 月 10 日 成成中学师生抗日义勇队正式成立，队部下辖 3 个中队 9 个班，以后陆续扩大。太原太中、进山、并州、阳兴、友仁等中学以及祁县中学先后共有 20 多名同学慕名而来也参加了义勇队。

10 月 八路军驻晋办事处彭雪枫主任和战动总会程子华部长分别来到清源县城向成成中学全体师生发表演说，阐述关于抗战的形势前途和开展敌后抗日游击战争等问题。后来战动总会南汉宸部长也来成成中学了解义勇队情况。周子祯、王庆生领导的牺盟会太原中心区到达清源县，遵照太原市委书记赵林的指示，和成中党的负责人刘墉如、曹振之接上了关系，共同配合开展抗日救亡工作。

11 月初 成成中学师生抗日义勇队，改称成成中学师生抗日游击队。

11 月 9 日 成成中学师生抗日游击队及太原牺盟会中心区工作人员在交城县沙沟村被晋绥军七十三军赵霖部拦阻滞留。

11 月 23 日 成成中学师生抗日游击队胜利到达离石县。战动总会中共党组负责人程子华、南汉宸同志来队看望，对全体同志与赵霖斗争取得的胜利给予慰勉赞扬。

11 月 25 日 成成中学师生抗日游击队，在离石县城郊歧则沟村整编为第二战区民族革命战争战地总动员委员会游击第四支队（以下简称四支队）。

11月　关向应受中共北方局委托组建的中共晋西北临时省委（1938年后半年改称区党委）正式成立，对外称一二○师民运部，机关驻岢岚。

12月初　八路军一二○师派红军干部唐子清、皮修香、胡定钧和刘少勇来四支队工作。宣布四支队主要领导成员命令：支队长刘墉如，副支队长冯福厚，参谋长宋玉森，政治处主任宁德青，政治处副主任曹振之（党内为总支书记）。

1938年

1月　战动总会将原成成中学教师杜心源、焦国鼐、武汝阳、王仁山、温宗祯、刘静山、张××等人调出，在晋西北地区做党和民主政权的工作。

战动总会从四支队调出学生30多名，除少数人送延安学习外，多数分配在晋西北地区各部门工作。

2月7日　战总会第四支队前太原成成中学同学发表《为号召全国青年参战宣言》。

2月9日　四支队从盛村出发，向晋西北岚县挺进。

2月12日　八路军一二○师政治部在岚县斜坡村召开联欢会，欢迎四支队全体同志。贺龙、关向应、萧克、周士第、甘泗淇等领导同志出席。甘泗淇主任代表一二○师致欢迎词，宁德青主任代表四支队致答词。美国驻华大使馆参赞卡尔逊也参加了联欢会，周立波同志以战地记者身份陪同卡尔逊访问，事后，他写了《师生游击队》一文，刊载于武汉出版的《群众周刊》（同时刊登的还有《为号召全国青年参战宣言》）。

3月15日　根据上级决定，晋西北"战动总会"各个游击队进行整编，由10个游击支队改编为7个支队，归第二行政区保安司令部统辖。为此，四支队改编为续范亭将军领导的保安二区第四支队。

3月中旬—4月　四支队驻岢岚，参加了一二○师召开的收复西北七县庆捷大会，贺、关、萧等领导同志多次接见支队领导刘墉如，并对部队工作做了指示。

3 月 20 日　自此日开始，毛泽东连续六次发电报给朱德、彭德怀、贺龙、关向应、萧克征询在大青山山脉、平绥路沿线建立抗日游击根据地的问题，并对如何建立大青山抗日游击根据地做了明确指示。

7 月 26 日　第二战区战动总会晋察绥（大青山）边区工作委员会在岢岚成立，主任武新宇，组织部长武达平，宣传部长张晋勋，武装部长李维中，动员分配部长乔凰山，总务处长张含英。同时成立中共大青山特委，书记武新宇。同日，七十多人的工作队在武新宇带领下，从岢岚出发，到五寨集结，准备向绥远大青山挺进。

7 月 29 日　根据中央军委和毛泽东指示，一二〇师召开党委会议，决定选派三五八旅七一五团、师直骑兵营一连及战动总会游击第四支队共两千余人组成一二〇师大青山支队，支队司令员兼政委李井泉，参谋长姚喆，政治部主任彭德大，对外称李支队。

8 月 2 日　四支队从五寨城出发，随同八路军三五八旅七一五团组成的大青山支队，在李井泉的统率下向敌后大青山地区挺进。同行的还有以武新宇率领的战动总会晋察绥边区工作委员会的一批干部。

9 月 1 日　大青山支队及晋察绥边区工作委员会胜利通过平绥路封锁线，进入大青山东部地区的大滩一带。

9 月 9 日　大青山支队在面铺窑子同杨植霖领导的抗日团会合。之后，李井泉听取了杨植霖的汇报，同时决定将"抗日团"改为"绥蒙游击大队"，直接受大青山支队指挥。

11 月　在大青山支队及晋察绥边区工作委员会的统一部署下，四支队派一连随七一五团一营副营长邹凤山到绥南蛮汗山开展工作；二连由宁德青带领随李井泉和武新宇到绥西开展工作；黄政、曹振之带领四支队部和三连随姚喆在绥中、吴川、陶林县境，宣传发动群众、开展游击战争。

11 月 22 日　中共中央作出《关于绥蒙工作的决定》，并决定成立中共绥远省委（后改称区党委），受北方局领导，书记白如冰。

1939 年

1 月　四支队袭击陶林县章旦沟头号敌据点，黄政牺牲。王贤光调任四支队副支队长。

2—3 月　由四支队调出大批干部，到地方党、政系统，及大青山各单位工作。

3 月　中共绥远省委进驻大青山，并组建了绥西地委、书记杨植霖，绥中地委、书记武达平，绥东地委、书记白成铭（兼）等三个地委。

4 月　大青山支队军政委员会成立，由李井泉、姚喆、彭德大、武新宇、白如冰等五人组成，李井泉任书记。

6 月　七一五团留在大青山地区的一个营扩编为三个营，并且正式建立大青山骑兵支队。

7 月 1 日　战动总会在阎锡山的强令下发出结束通告。

12 月　大青山骑兵支队作出从 1938 年 9 月至 1939 年 12 月的工作总结。

1940 年

年初　李井泉调回晋绥军区工作，姚喆任大青山骑兵支队司令员。

2 月 19 日　大青山骑兵支队改为一二〇师骑兵支队，姚喆为支队长（骑兵支队亦称姚支队）。

3 月 12 日　彭德大不幸中流弹牺牲。

4 月　中共归绥市工委成立，宁德青为书记。同时建立了绥蒙各界抗日救国会。

四支队支队长刘墉如调任晋绥行政公署教育处长，王贤光任支队长、孙楚烈任副政委。

5 月 28 日　贺龙、关向应指示：一二〇师骑兵支队营的建制改为团的番号。一团团长邹凤山、政委范宝顺，在绥南地区活动；二团团长王贤光、政委彭宝山，在绥中地区活动；三团团长朱有德、政委姜文华，在绥西地区活动。

5 月　郑乃品、黄厚先后任四支队支队长，黄厚兼政委，孙楚烈任副政委（不久病故）。

7 月 25 日　贺龙、关向应指示，大青山地区准备建立绥察行署，统一全区行政工作，加强根据地建设。

8 月　曹振之调任中共绥中地委宣传部长。

9 月 18 日　晋西区党委机关报《抗战日报》在兴县创刊，报社社长、总编辑先后为：赵石宾、廖井丹、周文、郝德青、常芝青。

10 月 25 日　李井泉在《八路军军政杂志》第二卷第十期发表题为《一年余来的大青山游击战争》的文章。

12 月　归武区区长、原四支队成中学生王俊熙壮烈牺牲。

1941 年

3 月　一二〇师骑兵支队组成绥东工作团开辟集宁、丰镇、兴和、商都等县的工作。除工作团团长王瑜山外，各分团负责人都是四支队原成成中学的学生。

中共晋绥边区委员会改称中共绥察边区委员会。

4 月 7 日　陶北区区长兼游击队长的四支队原成中学生王定洲牺牲。

12 月 5 日　姚喆、陈刚、张达志通令大青山党政军机关，奉晋西北军政委员会电令，四支队改为骑兵支队独立营，营长兼政委黄厚。

1942 年

2 月 5 日　晋西区党委作出《关于绥远工作的指示》，指出绥远工作的总方针是"坚持游击战争，执行隐蔽政策，积蓄力量，以备将来"。

3 月下旬　遵循中央精兵简政方针，撤销了骑兵支队独立营，所属连队归骑兵支队司令部直接指挥。

1943 年

3 月 14 日　中共晋绥分局发出《关于绥远工作给塞北工委的指示信》，信中总结了五年来坚持大青山抗日斗争所取得的成绩，同时，也指出了工作中存在的缺点错误和经验教训。

1944 年

10 月 26 日　《晋西大众报》在兴县创刊。1945 年 6 月，该报改名为《晋绥大众报》，1949 年 7 月 24 日停刊。

1945 年

1 月 30 日　中共中央晋绥分局发出《关于一九四五年对敌斗争工作指示》。

1946 年

3 月　具有光荣革命历史的太原成成中学，在文水复校，增设大学部，改名成成学院。武新宇、杜心源分任正、副院长。1 日，发表复校和改名成成学院文告。

5 月 4 日　成成学院正式开学。

1947 年

1948 年

1949 年

9 月 1 日　中共山西省委、山西省人民政府、山西省军区同时成立，程子华任省委书记、省政府主席、省军区司令员兼政治委员。赖若愚任省委副书记。裴丽生、王世英任省政府副主席。
政府委员由下列 17 人组成：程子华、赖若愚、裴丽生、王世英、
赵宗复、程谷梁、康永和、焦国鼐、周化民、刘少白、马林、张
隽轩、周义中、何穆、杜任之、马志远。

中共中央晋绥分局撤销。

1950 年

1 月 5 日　以山西省太原市立中学为基础，正式恢复成成中
学，定名为"山西省立成成中学校"，由教育厅直接领导。温承
泽被任命为校长，陈化民为副校长兼党支部书记。

参 考 文 献

第一部分　成成中学校史资料

（一）著述

1. 成成中学校史编写组编：《成成中学校史（1924—1993）》，1992 年。

2. 本书编委会编：《成成烽火：成成中学师生抗日游击队纪实》，中共党史出版社 2009 年版。

3. 中共太原市委党史研究室编：《成成中学——从地下斗争到抗日战场》，1993 年。

4. 中共内蒙古自治区委党史研究室编：《投笔从戎　血沃青山——四支队（成成中学师生抗日游击队）史稿》，中共党史出版社 1992 年版。

5. 暂编第一师历史资料丛书编审委员会：《成成中学和成成学院》（第一、第三部分），1991 年。

6. 太原成成中学编写组编：《光荣成成：太原成成中学建校八十五周年》，希望出版社 2009 年版。

7. 贾振国主编：《光荣在成成——薪火相传话成中》，2004 年。

（二）论文（回忆史料）

1. 洛甫：《把山西成为北方游击战争的战略支点》，《解放》

1937 年第二十五期。

2. 彭雪枫：《游击队政治工作概论》（1937 年 10 月），载中共山西省委党史研究室编《战动总会文献资料回忆录》，1987 年。

3. 刘丹顿：《半年来战动总会所领导的青年工作委员会》（1938 年 12 月 25 日），《战地动员》（半月刊）1938 年第 7 期。

4.《大青山抗日游击根据地是怎样创造的》（1939 年 7 月），载中共山西省委党史研究室编《战动总会文献资料回忆录》，1987 年。

5.《大青山根据地是怎样建立起来的》（1939 年 6 月），《西线》1939 年第二卷第一期。

6. 郁文：《大青山中师生打游击——师生游击队队长访问记》，《新华日报》1940 年 12 月 3 日。

7. 程子华：《党派我到山西搞抗日武装》，载中共山西省委党史研究室编《战动总会文献资料回忆录》，1987 年。

8. 李井泉、武新宇、王尚荣、杨植霖：《大青山抗日游击根据地的开辟和发展》，载中共山西省委党史研究室编《战动总会文献资料回忆录》，1987 年。

9. 石国柱：《回忆成中师生游击队》，载中共山西省委党史研究室编《战动总会文献资料回忆录》，中共山西省委党史研究室 1987 年版。

10. 朱志国：《宁武扩兵记》（1983 年 12 月于石家庄），载中共山西省委党史研究室编《战动总会文献资料回忆录》，1987 年。

11. 武新宇：《从太原到大青山——回顾在战动总会的战斗历程》，载中共山西省委党史研究室编《战动总会简史》，文津出版社 1993 年版。

12. 段云等：《抗战初期的战动总动员委员会——华北敌后模范的统一战线组织》，载中共山西省委党史研究室编《战动总会简史》，文津出版社 1993 年版。

13. 萧克：《在晋察绥战动总会成立五十周年纪念会上的讲话》（1987 年 11 月 6 日），载中共山西省委党史研究室编《战动总会简史》，文津出版社 1993 年版。

14. 张光仪：《战动总会游击第四支队轶事》（1984 年于重庆），载中共山西省委党史研究室编《战动总会简史》，文津出版社 1993 年版。

15. 焦国鼐：《争夺成成中学领导权》，载中共太原市委党史研究室编《成成中学——从地下斗争到抗日战场》，1993 年。

16. 狄景襄：《我在太原成成中学的经过》，载中共太原市委党史研究室编《成成中学——从地下斗争到抗日战场》，1993 年。

17. 张永青：《太原成成中学社会科学同盟支部简况》，载中共太原市委党史研究室编《成成中学——从地下斗争到抗日战场》，1993 年。

18. 王庆生：《我和成成中学》，载中共太原市委党史研究室编《成成中学——从地下斗争到抗日战场》，1993 年。

19. 高一清：《回忆太原成成中学地下党的一些活动情况》，载中共太原市委党史研究室编《成成中学——从地下斗争到抗日战场》，1993 年。

20. 石国柱：《成成中学往事的回忆》，载中共太原市委党史研究室编《成成中学——从地下斗争到抗日战场》，1993 年。

21. 贺寿祺：《从太原到大青山》，载中共内蒙古自治区委党史研究室编《投笔从戎　血沃青山——四支队（成成中学师生抗日游击队）史稿》，中共党史出版社 1992 年版。

22. 王达仁：《弃学从军踏上抗日征程》，载中共内蒙古自治区委党史研究室编《投笔从戎　血沃青山——四支队（成成中学师生抗日游击队）史稿》，中共党史出版社 1992 年版。

23. 朱志国：《回忆成中师生游击队》，载中共内蒙古自治区委党史研究室编《投笔从戎　血沃青山——四支队（成成中学师生抗日游击队）史稿》，中共党史出版社 1992 年版。

24. 梁劲秀：《洒在敌后的足迹》，载中共内蒙古自治区委党史研究室编《投笔从戎　血沃青山——四支队（成成中学师生抗日游击队）史稿》，中共党史出版社 1992 年版。

25. 张光仪：《战斗在蛮汗山的回忆片段》，载中共内蒙古自治区委党史研究室编《投笔从戎　血沃青山——四支队（成成中学师生抗日游击队）史稿》，中共党史出版社 1992 年版。

26. 田恩民：《抗战时期归凉北四区斗争片断》，载中共内蒙古自治区委党史研究室编《投笔从戎　血沃青山——四支队（成成中学师生抗日游击队）史稿》，中共党史出版社 1992 年版。

27. 张万精：《土默川地下工作十年》，载中共内蒙古自治区委党史研究室编《投笔从戎　血沃青山——四支队（成成中学师生抗日游击队）史稿》，中共党史出版社 1992 年版。

28. 续谦：《难忘的一段往事》，载中共内蒙古自治区委党史研究室编《投笔从戎　血沃青山——四支队（成成中学师生抗日游击队）史稿》，中共党史出版社 1992 年版。

29. 韩纯德：《回忆在太原成成中学的生活》，载贾振国主编《光荣在成成——薪火相传话成中》，2004 年。

30. 马复星：《太原成成中学校的光荣历史》，载贾振国主编《光荣在成成——薪火相传话成中》，2004 年。

31. 安晋藩：《琐忆太原成成中学》，载贾振国主编《光荣在成成——薪火相传话成中》，2004 年。

32. 严亦峻：《太原成成中学在白色恐怖下革命活动片断》，载贾振国主编《光荣在成成——薪火相传话成中》，2004 年。

33. 刘选伍：《忆太原成成中学师生在白色恐怖下革命活动片断》，载贾振国主编《光荣在成成——薪火相传话成中》，

2004 年。

34. 秦基建：《太原成成中学小记》，载贾振国主编《光荣在成成——薪火相传话成中》，2004 年。

第二部分　山西地方文献资料

（一）著述

1. 《山西文史资料》（第一辑、第二辑、第三辑、第四辑、第十八辑、第二十二辑、第三十三辑、第三十七辑、第四十七辑、第五十辑、第五十二辑、第五十九辑、第六十一、六十二辑、第六十八辑）。

2. 赵立法编著：《山西高等教育简史》，山西人民出版社 1989 年版。

3. 山西省政协文史资料研究委员会编：《阎锡山统治山西史实》，山西人民出版社 1981 年版。

4. 太原市教育委员会教育志编写组编：《太原教育史料》，1988 年。

5. 太原市教育委员会教育志编写组编：《太原教育史料》，1990 年。

6. 山西文史资料编辑部编：《山西文史精选——建国前的山西教育》，山西高校联合出版社 1996 年版。

7. 山西省史志研究院编：《山西牺牲救国同盟会历史资料选编》，山西人民出版社 1996 年版。

8. 侯伍杰主编：《山西历代纪事本末》，商务印书馆 1999 年版。

9. 薄一波：《七十年奋斗与思考》，中共党史出版社 1996 年版。

10. 《文物季刊》1995 年（山西国民师范旧址革命活动纪念馆专刊）。

11. 山西省地方志编纂委员会编：《山西大事记（1840—1985）》，山西人民出版社 1987 年版。

12. 王生甫：《山西新军史》，山西人民出版社 2005 年版。

13. 平遥中学校史编审委员会编：《平遥中学校史（1924—1999）》，1999 年。

14. 宫日明主编：《平中之歌》（太原平民中学八十五周年校庆纪念文集）。

15. 山西省史志研究院编：《山西通志·教育志》（第 37 卷），中华书局 1999 年版。

16. 《太原教育志》编纂委员会编：《太原教育志（1840—1990）》，山西人民出版社 1996 年版。

17. 董琪珩、张乃赓编著：《山西教育大事记（1840—1990）》，山西高校联合出版社 1996 年版。

18. 共青团山西省委编：《不尽黄河滚滚来——山西青年运动史画册》，山西人民出版社 1992 年版。

19. 《太原五中校史（1906—1996）》，1996 年。

20. 太原市政协文史资料研究委员会编：《太原文史资料》1985 年第 5 辑。

21. 周海峰编著：《阎锡山传》，作家出版社 2006 年版。

22. 宋玉岫、李源泉主编：《山西教育人民辞典》（公元前 2698—公元 1997 年），山西教育出版社 2000 年版。

23. 《山西期刊史》编纂委员会编：《山西期刊史（1900—2008）》，山西人民出版社 2010 年版。

24. 山西省史志研究院编：《中共山西历史忆事》（第一卷），山西人民出版社 1991 年版。

25. 山西省史志研究院编：《中共山西历史忆事》（第二卷），山西古籍出版社 1999 年版。

26. 山西省文学艺术工作者联合会编：《山西文艺史料》（第

2辑），山西人民出版社1959年版。

27. 共青团山西省委、山西省档案馆编：《山西青年运动历史资料·晋绥革命根据地分册》1986年第1辑。

28. 山西省委党校研究室编：《晋绥革命根据地大事记》，山西人民出版社1989年版。

29. 山西省地方志编纂委员会办公室编：《抗日战争时期山西大事记》，1984年。

30. 山西新军历史资料丛书编审委员会编：《山西新军概括》，中共党史出版社2007年版。

31. 山西新军历史资料丛书编审委员会编：《山西新军暂编第一师》（上、下），中共党史出版社1993年版。

32. 山西省教育委员会编：《山西教育督导文鉴》，山西高校联合出版社1992年版。

33. 王建富、程秀龙：《太原地下党革命斗争史话》，山西人民出版社1985年版。

34. 《太原国民师范学校校史（1919—1958）》，1989年。

35. 穆欣：《拔剑长歌一世雄——续范亭生平》，《山西文史资料》，1988年。

36. 山西大学校史编纂委员会编：《山西大学百年校史》，中华书局2002年版。

37. 陈文秀等主编：《山西大学青年运动史（1902—2002）》，中央文献出版社2002年版。

38. 中共山西省委党史研究室编：《中国共产党山西历史纲要》，中共党史出版社1991年版。

39. 刘淑珍：《晋西北抗日根据地教育简史》，四川教育出版社2000年版。

40. 三晋文化研究会学术部编：《三晋文化研究论丛》（第一辑），山西人民出版社1994年版。

41. 冯捷:《晋绥麂兵:八路军一二〇师征战纪实》,解放军文艺出版社 2005 年版。

42. 穆欣:《晋绥解放区鸟瞰》,山西人民出版社 1984 年版。

43. 山西省委组织部编:《中国共产党山西省组织史资料》,山西人民出版社 1994 年版。

44. 山西省太原市委组织部编:《中国共产党山西省太原市组织史资料》,山西人民出版社 1993 年版。

45. 山西省地方志办公室、山西省政协文史资料委员会编:《阎锡山日记》,社会科学文献出版社 2011 年版。

46.《山西牺牲救国同盟会历史资料选编》(内部资料),1986 年。

47. 张国祥:《山西抗日战争史》,山西人民出版社 1992 年版。

48. 张成德、孙丽萍:《山西抗战口述史》,山西人民出版社 2005 年版。

49. 张国祥编著:《山西抗日战争图文史》,山西人民出版社 2005 年版。

50. 樊吉厚、李茂盛、岳谦厚:《华北抗日战争史》,山西人民出版社 2005 年版。

51. 山西省出版史志编纂委员会、内蒙古《晋绥边区出版史》委员会编:《晋绥边区出版史》,山西人民出版社 1997 年版。

52. 徐惠琴:《山西革命根据地作家类型生成研究》,山西人民出版社 2012 年版。

53. 山西省社会科学研究所编:《山西革命回忆录》,山西人民出版社 1983 年版。

(二)论文

1.《革命战争年代兴县文化教育》,《山西地方志通讯》

1985 年第 3 期。

2. 薄一波：《牺盟会和山西新军斗争历史的回顾》，《中共党史资料》1987 年第 21 辑。

3. 杨怀丰：《解放前太原的日报、晚报及通讯社概况》，《山西文史资料》1982 年第 22 辑。

4. 《武新宇忆战动总会往事——由北平到太原到大青山》，《山西文史资料》1987 年第 52 辑。

5. 任弼时：《山西抗战的回忆》，《解放周刊》1938 年第 29 周。

6. 李井泉：《一年来的大青山游击战争》，《八路军军政杂志》1940 年第 2 卷第 10 期。

7. 张光仪：《蛮汗山抗日根据地回忆片断》，《内蒙古文史资料》1984 年第 11 辑。

8. 袁德录：《大青山抗日根据地的开辟及斗争史略》，《内蒙古文史资料》1984 年第 11 辑。

（三）报纸

1. 《晋阳日报》（1906 年创刊，前身为《晋学报》）。

2. 《山西教育报》（1912 年创刊，1918 年停刊；后出版《山西教育公报》）。

3. 《并州日报》（1914 年创刊）。

4. 《山西日报》（1917 年创刊）。

5. 《平民周刊》（1919 年创刊，1922 年停刊；后出版《山西平民周刊》）。

5. 《太原日报》（前身为《山西正报》和《山西公报》，《山西公报》创刊于 1913 年，《山西正报》创刊于 1928 年并于 1934 年改为《太原日报》）。

6. 《太原新民报》（1927 年创刊）。

7. 《太原晚报》（1931 年创刊）。

8.《晋绥日报》（前身为《抗战日报》，1940 年 9 月 18 日创刊，1946 年 7 月 1 日更名为《晋绥日报》）。

9.《绥蒙抗战》。

10.《晋绥大众报》（前身为《晋西大众报》，创刊于 1940 年 10 月 26 日，1948 年改为《晋绥大众报》，1949 年 7 月 24 日停刊）。

第三部分　其他相关文献资料

1.《大青山抗日游击根据地资料选编》（历史档案部分），内蒙古人民出版社 1986 年版。

2.《大青山抗日游击根据地资料选编》（中册），内蒙古人民出版社 1987 年版。

3.《大青山抗日游击根据地资料选编（1938—1945）》（下编），内蒙古自治区档案馆 1984 年版。

4. 乌嫩齐主编：《见证历史——大青山抗日将士回忆录》，内蒙古人民出版社 2003 年版。

5. 本书编写组编：《大青山武装抗日斗争史略》，内蒙古人民出版社 1984 年版。

6. 王经雨：《大青山上》，作家出版社 1959 年版。

7. 王晓华：《大青山抗日斗争史话》，内蒙古人民出版社 1982 年版。

8.《大青山抗日斗争史》编写组编：《大青山抗日斗争史》，内蒙古人民出版社 1985 年版。

9.《包头文史资料选编》（第一、二、三辑合订本），1985 年。

10. 张少庭：《无声的战场》，中国青年出版社 1958 年版。

11. 翟作君、蒋志彦：《中国学生运动史》，学林出版社 1996

年版。

12. 张永青：《永青文札》，西南师范大学出版社 2006 年版。

13. 中共江西省委党史研究室编：《李井泉百年诞辰纪念文集》，中共党史出版社 2009 年版。

14. 中华全国学生联合会编：《中国学生的光荣传统——中国学生运动历史图片集》，中国青年出版社 1956 年版。

15. 刘川生主编：《青春的足迹：北京师范大学青年运动纪事》，北京师范大学出版社 2009 年版。

16. 共青团中央青运史研究室编：《中国青年运动史》，中国青年出版社 1984 年版。

17. 中国新民主主义青年团中央委员会办公厅编：《中国青年运动历史资料》（1931 年），1957 年。

18. 北京师范大学校史编写组编：《北京师范大学校史》（1902—1982），北京师范大学出版社 1982 年版。

19. 张留学等：《中国近代学生运动史》，河南人民出版社 1992 年版。

20. 王念昆：《学生运动史要讲话》，上杂出版社 1951 年版。

21. 杨叶编：《中国学生运动的故事》，江苏人民出版社 1957 年版。

22. 北京师范大学校史资料室编：《五四运动与北京高师》，北京师范大学出版社 1984 年版。

23. 北京师范大学校史资料室编：《一二九运动与北京高师》，北京师范大学出版社 1985 年版。

24. 郑洸主编：《中国青年运动六十年（1919—1979）》，中国青年出版社 1990 年版。

25. 中共山西省委党史研究室编：《战动总会简史》，文津出版社 1993 年版。

26. 中共山西省委党史研究室编：《战动总会文献资料回忆

录》，中共山西省委党史研究室编印 1987 年版。

27. 吴得民、卢耸岗主编：《艰难的奉献：杜心源纪念文集》，四川人民出版社 2011 年版。

28. 山西省教育史晋绥边区编写组编：《晋绥革命根据地教育史资料选编》（1、2），1987 年。

29. 黄坚立：《难展的双翼：中国国民党面对学生运动的困境与决策（1927—1949）》，商务印书馆 2010 年版。

30. 北京大学历史系《北京大学学生运动史》编写组编：《北京大学学生运动史（1919—1949）》，北京出版社 1979 年版。

31. 张惠芝：《"五四"前夕的中国学生运动》，山西教育出版社 1996 年版。

32. 呈玉章：《吴玉章回忆录》，中国青年出版社 1978 年版。

33. 中共上海市委党史资料征集委员会主编：《抗日战争时期上海学生运动史》，上海翻译出版公司 1991 年版。

34. 广州青年运动史研究委员会编：《广州学生运动史（1919—1949）》，华南立功大学出版社 2002 年版。

35. 中华全国妇女联合会编：《中国妇女运动史》（新民主主义时期），春秋出版社 1989 年版。

36. 中国第二历史档案馆编：《中华民国史档案资料汇编》（第三辑，教育），江苏古籍出版社 1991 年版。

37. 中国第二历史档案馆编：《中华民国史档案资料汇编》（第五辑，教育），江苏古籍出版社 1994 年版。

38. 同济大学中共党史教研室编：《同济大学学生运动史（1919—1949）》，同济大学出版社 1985 年版。

39. 共青团中央青运史研究室编：《青年共产国际与中国青年运动》，中国青年出版社 1985 年版。

40. 共青团上海市委编：《上海学生运动史（1945—1949）》，上海人民出版社 1983 年版。

41. 贾植芳：《狱里狱外》，上海远东出版社 1995 年版。

42. 郑振铎、冰心：《西行书简·平绥沿线旅行记》，山西古籍出版社 2002 年版。

43. 穆欣：《林枫传略》，中共党史出版社 2006 年版。

44. 彭雪枫：《彭雪枫文集》，中央文献出版社 2004 年版。

45. 本书编写组编：《群众周刊大事记》，红旗出版社 1987 年版。

46. 新华时报群众周刊史学会编：《坚持团结抗战的号角》（1938—1947 年代论集），重庆出版社 1986 年版。

47. 程子华：《程子华回忆录》，中央文献出版社 2005 年版。

48. 张宝贵编：《杜威与中国》，河北人民出版社 2001 年版。

49. 裴丽生主编：《纪念杜任之文集》（内部印制），1994 年。

50. 韩钟昆编：《裴丽生传》，北岳文艺出版社 2000 年版。

51. 张庆泰主编：《忆林枫》，辽宁人民出版社 1987 年版。

52. 陶柏康、谭力：《中国共产党与左翼文化运动》，上海人民出版社 2011 年版。

致　　谢

本书是在我的博士后论文《成成记忆：一个被称作为红色中学的地方》的基础上修改而成的。首先，我非常感谢博士后合作导师行龙教授的关心和指导。2011年的冬天，极幸运的机会结识了行龙先生，并在先生门下开始自己的历史学博士后的学习生涯。记得，那是一个冬天的上午，在自己给先生发去是否方便接电话之类的信息之后，收到了先生的回电。在惊喜和感动之后，平复了自己的心情，向先生表达了自己想追随先生学习的请求。先生欣然同意了我的请求，并给我以最大的便利办好了相关手续。还记得，自己和先生第一次讨论关于如何开展科学研究的事宜；还记得，先生告诉自己如何选择研究选题的技巧；还记得，先生叮咛自己如何努力学习争取更大进步的声音；还记得，先生如何教导自己一定要从基础做起进行科学研究的期待；还记得……从冬到冬，先生给予了自己最大的关怀和鼓励。

又是一个冬天。2016年的冬天，在先生的帮助之下基本上完成了旷日持久的研究工作。在自己随手捡起地上飘落的树叶的同时，也看到了手拿树叶的先生。叶落寻母，飘落之中垂青之养育自己的大地。师生情谊，在自己看到先生手中的树叶的那一刻起，化作了飘落的情愁和淡淡的忧伤。自己，一直想做一个"老赖"，不想出站，甚至都没有主动提起过出站。因为，社会史中心给自己无数次的感动，让自己陶醉在家中，毫无离意。中心的各位师兄、各位同人给自己提供了最大的便利。每次"鉴知"学术论坛、每次学术会议交流，都为自己的成长和进步提供了精神力量和前行动力。偶尔路上碰到的寒暄、偶尔电话里的交流、偶尔学校活动中的碰面，都像家人一样暖心、动情。

又是一个冬天。《沁河风韵》系列丛书举行新书发布会，自己也是其中的一份子。坐在暖暖的会议中心，看到同排的师兄弟满满的兴奋和自豪。我们同桌、我们同一个师门、我们受业于同一位先生——行先生。正是因为先生，自己才有幸参与其中；正是因为先生，自己才选择了可行的研究方向；正是因为先生，自己才有勇气和力量，完成书稿的写作；正是因为先生，自己才能捧着散发墨香的书籍，享受知识带给自己的幸福和快乐。手捧着书，感到了温暖；手捧着书，感受了力量；手捧着书，体悟到了幸福；手捧着书，铭记着教诲，充满了前行的力量。《风韵流觞海会寺》的情怀里，满满的幸福和快乐，感恩先生。

又是一个冬天。先生为我们精心安排研究工作汇报会，从汇报的日子到专家的组成，从表格的填写到论文的格式，大大小小，像父亲叮咛即将远行的孩子一样，充满了慈祥和爱意。到了结束一段研究工作的时刻，到了用自己的成果向先生表达敬意的时候，向先生一样成为一名"走向田野与社会"的智者才应是自己毕生的追求。

感谢以韩树林书记和侯怀银院长为首的学院各位领导和同人为我的学术发展创造了广阔的空间，为我提供了诸多学习和交流的机会；感谢刘庆昌教授对我亦师亦友的思维启发、学术鼓励和学业支持，感谢陈平水院长为我提供的人际支持和工作勉励；感谢山西大学社会史研究中心以胡英泽主任为首的各位师兄弟的关心和厚爱；感谢一路同行的郭俊红、卫才华两位战友。当然，更加需要感谢的是，我的家人对我学习、生活、工作一如既往的关心、帮助和支持，我的爱人——刘莉萍女士是我人生中唯一的粉丝，是她成就了我今天的一切；我的宝贝女儿——孙悠然，是我一生的骄傲，看着女儿悠然自得地快乐生活，自己的内心无比的幸福和自豪。最后，衷心感谢中国社会科学出版社许琳编审及本书出版过程中有关人员付出的艰辛而细致的劳动！

又是一个冬天……

冬去春来，满怀希望！

孙　杰

山西大学教育科学学院

2016 年 12 月